소녀는 왜

다섯 살 난 동생을

죽였을까?

소녀는 왜 다섯 살 난 동생을 죽였을까?

티나 바이런 지음
홍금진 옮김

동양북스

우리는 매달릴 수 있는 또 다른 영혼을
얼마나 필요로 하는가.

— 실비아 플래스

차례

할머니의 전두엽

> **전두엽 (Frontal lobe)**
> [명사]
> 1. 이마 바로 뒤에 위치하는 반구형 대뇌로 행동, 학습, 성격, 수의운동(隨意運動)에 관여하는 부분.
> 2. 행동의 결과를 예측하는 능력, 계획 능력, 이해력, 분위기 파악 등과 같이 지능과 자주 연관되는 고차원적인 정신 기능에 영향을 주는 부위.

내가 인간의 전두엽에 맨 처음 마음을 빼앗겨버린 순간은 할머니의 전두엽이 당신의 어두침침하고 어질러진 집 안 벽 걸레받이 부분에 흩뿌려진 것을 보았을 때이다. 당시 나는 열다섯 살이었다.

한참 후에 알게 된 바에 따르면 임신 8개월차에 헤로인 중독자였던 젊은 여자가 강철 부지깽이로 우리 할머니 머리를 난타했다고 한다. 전에 할머니네 집에 세 들어 살던 그 여자는 자기의 전 집주인, 최근 기독교로 개종한 독일 출신 유대인이 세를 주고 있는 층 위로 두 층이나 더 있는 큰 집의 잡동사니 가운데 보물과 현금 뭉치가 감춰져 있다는 사실을 알고 있었다.

머리를 몇 번 가격한 후 지갑과 서랍을 재빨리 뒤진 그 여자는 마약 거래상에게 갚을 돈과 다음에 맞을 마약 1회분어치 돈을 주머니에 넣고 집을 나섰다. 우리 할머니는 머리에 난 상처에서 피를 줄줄 흘리며 당신 집 거실 카펫 바닥 위에 누워 계셨다. 그때 할머니의 의식이 있었는지, 없었는지는 나도 모른다. 하지만 할머니가 어떻게 돌아가셨는지는 아주 잘 알고 있다. 할머니는 자신이 흘린 피에 서서히 질식되어 숨이 막혔을 것이다.

질식. 그것이 문제였다. 만약 할머니가 머리에 입은 외상으로 그 자리에서 바로 돌아가셨다면 그 일은 살인 사건으로 처리되었을 것이다. 할머니가 완강하고 고집 센 여자, 아버지를 임신한 채 나치 치하 독일에서 도망친 여자, 가족 중 다수를 강제수용소에서 잃은 여자, 강철 부지깽이로 얻어맞은 때를 제외하고는 그 무엇에도 굴복하지 않았던 여자가 아니었다면 말이다.

그 자리에 누워 죽음을 거부하던 할머니는 자신의 피에 숨이 막혀 저세상으로 갔다. 할머니를 두들겨 팬 여자는 한정책임능력법률상 책임 능력이 제한되어 있는 상태에 따라 과실치사로 고작 3년 형을 받았다. 그 여자는 감옥에서 아기를 낳은 다음 18개월 뒤 출소했다.

솔직히 말해서 내가 열다섯 살이던 그날 할머니네 집에 들어섰을 때, 할머니의 뇌가 걸레받이에 묻어 있었는지 아닌지 확신할 수 있는 건 아니다. 그것은 정확한 기억일까, 아니면 나중에 내가 스스로에게 건 주문일까? 사실 내가 그날의 일을 얼마나 기억하고 있는지조차 불분명하다. 딱 두 가지만 제외하면 말이다. 카펫 위의 어마어마한 혈흔과 덫에 걸린 짐승처럼 울부짖던 아버지.

그 순간 나는 이성적으로 대처하는 역할을 맡게 되었다. 내가 사랑하는 아버지가 울부짖고 있었지만 나는 그저 모든 감정을 차단한 채 '어떻게'와 '왜'를 이해해보려고 노력했을 뿐이다.

할머니는 고통스럽게 돌아가셨을까? 돌아가시기 전에 자신이 죽어가고 있다는 걸 알고 있었을까?

그 여자는 무엇 때문에 할머니의 머리를 박살 냈을까? 미리 계획했던 걸까? 정말로 그 여자는 할머니를 죽이고 싶었던 걸까, 아니면 자신이 마음껏 약탈할 수 있도록 불구로만 만들고 싶었던 걸까?

어처구니없는 절체절명의 순간에 이런 의문이나 품고 있다니 나도 어지간히 향락적인 인간이구나 싶었다. 하지만 열다섯 살의 내 전두엽은 사춘기를 겪고 나서 재편성의 단계를 겪고 있었다. 다시 말해서 이것저것 되는대로 해본 다음 그 결과에 대해서는 나 몰라라 할 때였단 얘기다.

하지만 3월의 그날 아침은 전두엽의 날이라 해도 과언이 아니었다. 집 안 벽에 흩뿌려져 있던 할머니의 전두엽(아마도), 할머니를 살해한 여자의 전두엽(기능 미달인 것이 분명한), 그리고 그 나이답지 않게 침착하게 이성을 되찾은 나의 전두엽까지. 지금 돌이켜 생각해보면 바로 그날부터 임상 심리학자를 향한 여정이 시작되었다고 나는 믿는다.

이 책은 나의 임상 실습에 관한 이야기이다. 임상 실습은 1989년 부터 1992년 사이에 3년 동안 이어졌는데, 당시 나는 20대 초반이었고 다양한 정신보건 기관에 배치되어 독특한 환자들을 담당했다. 괴로워하는 아이들, 위기에 빠진 가족들, 치매에 걸려 점점 변해가는 자신을 지키려는 남녀·약물 의존증, 섭식 장애, 성기능 장애, 불치병에 맞서 싸우던 사람들, 그리고 소시오패스가 한 명 있었다.

나는 영국 북부에 있는 요크 대학 심리학과에서 의학사를 마친 후, 다시 내가 자란 도시 런던으로 이사 와서 아파트를 얻었다. 내 어린 시절은 늘 분주하고 창의력 넘치고 흥미로웠다. 아버지는 성공한 TV, 영화, 연극 연출가였는데 굉장히 멋지고 감성적인데다 의욕이 넘치는 분이었다. 어머니는 수술실 수간호사였는데 가끔 모델 활동도 했다. 나보다 겨우 15개월 어린 여동생 카트리나하고 나는 내가 사랑해 마지않았던 예술과 문화에 둘러싸인 환경에서 자랐고 내가 끔찍이 싫어했던 명문 여학교에 다녔다. 우리의 삶은 우리 집을 찾아오는 흥미로운 사람들로 풍요로웠다. 저녁 식사 자리에서 오가는 대화는 늘 생기 넘치고 열정적이었다. 어머니는 아버지와 함께 일하는 창의력 넘치는 사람들이 가끔 만들어놓곤 하는 광기 어린 세계에서 늘 침착하고 한결같은 존재였다.

사실 임상 심리학자가 되겠다는 생각은 꿈에도 해보지 않았다. 그보단 사회문제에 관한 다큐멘터리를 만들면서 영화나 방송 업계에서 일하고 싶었다. 그런데 정말 뜻밖에도 대학원 임상 실습 과정을 시작하게 되었고 나는 이 기간 동안 정신 질환에 관한 사실적인 영화와 텔레비전 프로그램을 만들 수 있을 것 같다는 생각이 어렴풋이 들었다. 그리고 그 이후 25년 가까운 세월 동안 저술 작업, 기사 기고, 방송, 정책 고문과 임상 진료 등의 일들을 꾸준히 하고 있다. 그중 가장 내 마음에 드는 건 내가 10대가 된 두 아이들, 릴리와 잭의 엄마라는 사실이다.

아동 발달과 양육에 관한 책을 몇 권 쓰기는 했지만 온전히 정신 보건 분야에서 일하면서 쌓은 경험에 대한 글을 쓸 수 있을 거란 생각은 한 번도 해보지 못했다. 지금껏 알았던 사람들 중 가장 경이로운 사람들, 자신들의 삶을 다 털어놓을 만큼 나를 신뢰해주었던 사람들과 함께한 경험을 정제하는 데는 이렇게나 오랜 세월이 걸렸다.

나는 처음으로 돌아가 악의는 없었지만 미숙하고 어린 여성이 되어 실습 때 겪었던 이야기들을 들려주려 한다. 나는 현장에서 배워야만 했다. 일주일의 반은 유니버시티 칼리지 런던1826년에 설립된 영국 런던에 위치한 연구 중심의 공립 종합대학교. 런던대학교라고 할 수 있지만 University of London과 구별하기 위하여 유니버시티 칼리지 런던이라 번역함에서 강의를 듣고 정신 건강의 여러 모델과 접근법에 대한 교육을 받고 에세이, 사례 보고서, 논문을 쓰고 시험을 치르면서 보냈고 나머지 반은 6개월 단위로 배정된 현장에서 정기적인 감독을 받으며 학교에서 배운 것을 적용해보면서 보냈다.

실습은 공공 의료 기관 내에서 이루어졌으며, 병원, 클리닉, 정신 건강 부서, 지역 병원의 진료소에서 경험을 쌓았다. 나는 급성, 만성, 때때로 심신을 극히 쇠약하게 하기도 하는 정신 건강상의 여러 문제들과 힘겨운 씨름을 하고 있는 각계 보건 전문가들 및 정신 건강 전문가들이 나에게 보낸 환자들을 맡았다. 경미한 손상을 입은 이들도 있었고 고질적 문제에 시달리고 있던 이들도 있었다. 이따금 정신보건법에 따라 정신병원 입원 명령을 받을 정도로 위험한 환자들도 있었다.

나는 3년 동안 6개월 과정의 현장 실습을 여섯 번 받았다. 내가 이수한 프로그램은 여러 정신 건강 문제를 모든 연령층과 전 범위에 걸쳐 경험해볼 수 있도록 구성되어 있다.

이 책은 순진한 초보 임상심리사였던 내가 만났던 사람들로부터 영감을 받아 썼다고 할 수 있다. 그러나 비밀 보장의 의무는 내 직업의 핵심 원칙이기 때문에, 여기서 묘사한 등장인물과 정황 등 모든 내용은 허구이다. 이 책에 영감을 준 모든 사람들. 교육 기간 중 만날 수 있었다는 사실 자체가 특권이라 느끼게 해주신 모든 분들. 그분들께 이 책을 바친다.

2014년 4월, 런던에서

타냐 바이런

상담실

{1}

상담실

{1}

밤마다 발작하는 남자

"네 눈엔 내가 쓰레기로 보이지?"

나는 진료실, 난생처음 생긴 내 진료실에 앉아 있었다. '진료실'이라는 단어는 약간 과장된 표현일지 모르겠다. 외래환자 정신과로 나를 반가이 안내해준('즐거운 우리 집에 잘 오셨습니다') 다정하고 나이 지긋한 수위 아저씨, 조지가 친히 알려준 바에 따르면 내가 지금 앉아 있는 공간은 5개월 전까지만 해도 보관소로 쓰던 벽장이었다고 한다.

"뭘 보관했는데요?"

나는 석면포를 떠올리며 물었다.

"이것저것 다 보관했지. 붕대, 변기 겸용 의자, 낡아빠진 약품 카트까지 죄다. 우리 과에 새로운 멤버를 영입해야 한다니까 그제야 여길 개조하더라고. 무슨 규정 같은 게 있는 모양이야."

"무슨 규정이 창문 없는 진료실을 허용한대요?"

조지가 웃으며 말했다.

"새 멤버가 오면 꼭 사고가 나니까 그렇지."

"사고요?"

"창문으로 곧장 뛰어내리는 인간들이 있단 말이야."

세상에나! 어쩌다가 내가 이 일을 할 수 있다고 생각했단 말인가?

나는 진료실에서 홀로 머리를 감싸 쥔 채 생각했다. 텔레비전 프로그램 프로덕션 회사의 연구원 자리를 수락하기에는 지금도 늦지 않았을지 모른다고 말이다. 젠장, 그때 나는 스물두 살이었고 가히 세계 최고라는 영국의 수도에 내 아파트도 소유하고 있었다. 나는 호사스러운 직업에 더 높은 보수를 받으면서 책임은 덜 지는 일자리를 얻을 수도 있었다. 그런데 도대체 무엇을 증명해 보이겠다고 이곳에 왔을까?

교육 과정에 참석한 다른 사람들은 나보다 훨씬 유능해 보였다. 우선 나는 스무 명으로 이루어진 우리 그룹에서 막내였다. 대부분이 연구소 출신이거나 이미 임상 경험이 있는 사람들이어서 주눅이 들었다. 이제 겨우 만난 사이일 뿐인데도 그 사람들은 '뭔가'를 알고 있는 것만 같았다. 딱히 기대할 만한 실습 생활이 될 것 같지는 않았다. 학창 시절처럼 나는 '우리 반의 멍청이'가 되고 말 테니까.

제기랄! 나는 쥐뿔만큼도 아는 게 없었다. 처량한 심정으로 나는 내 벽장을 둘러보았다. 불과 한 시간 전 내가 아래층에서 걸어오면서 보았던 유리와 대리석과 크롬이 빛나는 아트리움과는 아주 대조적으로, 이곳에서는 퀴퀴한 냄새가 났다. 여기는 대표적인 종합 교육 병원이다. 여기에 들어서면서 나는 다른 세상, 그러니까 평온하고 깨끗한 세상에 들어서는 느낌을 받았다. 심지어 직원에게 신체적인 공격을 하지 말아달라는 표지판마저 부드러운 산세리프체로 인쇄되어 있어 이처럼 거친 메시지가 온화하다 못해 미안하다고 사과하는 것 같은 느낌이 들 지경이었다.

아래층에 있는 접수처 직원들 또한 친절했다. 모두들 제복을 입고 미소를 머금고 있었고 환자의 권리와 불만 제기 절차에 관한 전단지도 도처에 널려 있었다. 병원이라기보다는 고급 호텔의 로비 같았다.

격무에 시달린 듯한 직원 몇몇과 함께 엘리베이터를 타고 8층까지 올라갔는데 그중 내가 자기들과 같은 엘리베이터에 탑승했다는 사실에 눈곱만큼이라도 관심을 보인 사람은 아무도 없었다. 나는 새 명찰을 보고 이름이 바깥쪽으로 향하고 있는지 확인해보았다.

'임상심리사 실습생.'

그러나 내 명찰에 눈길을 주는 사람도, 관심을 갖는 사람도 없었다. 그 순간 나는 개학 첫날 전학 간 아이가 된 것만 같았다.

4각형 구조의 8층을 5분 동안이나 빙글빙글 돌고 나서야 외래환자 정신과의 위치를 찾을 수 있었다. 외래환자 정신과가 무슨 비품실 입구처럼 생겨먹은 바람에 8층을 세 바퀴나 돌면서도 지나쳐버린 거였다. 8층에서는 병원의 아래층이 풍기는 풍요로움은 전혀 느껴지지 않았다.

마침내 내가 외래환자 정신과 수납처에 도착했을 때, 나를 맞이해준 심술 맞은 인상에 동그란 얼굴의 여자는 나에게 방 열쇠를 찔러주고는 벽장문을 가리키면서 "저기서 환자들을 보게 될 거예요"라고 말해주었는데, 그러는 동안 내내 〈우먼스 오운〉이라는 잡지에서 시선 한 번 떼지 않았다.

"무슨 문제라도 있어요?"

바로 뒤에 어떤 남자를 세워놓은 채 나를 내려다보고 있는 크리스를 보자 정신이 번쩍 들었다.

"아뇨. 안녕하세요. 어머나, 죄송해요."

나는 생각에 잠겨 책상에 엎어져 있다가 허우적거리며 일어섰다.

크리스 무어헤드 박사는 뛰어난 지도 교수지만 대쪽 같은 성미에 어마어마하게 똑똑하고 실수 따위는 용납하지 않는 사람으로 명성이 자자했다. 임상 실습 과정 면접 때 봤던 그녀의 모습이 떠올랐다. 웃지도 않았고 담소 따위도 없었다. 그리고 가장 난처한 질문을 던졌다.

"이 자리를 원하는 수백 명의 다른 지원자들을 제치고 타냐 선생이 이 실습 과정에 한 자리를 배정받을 만한 자격이 있다면 그게 뭐라고 생각하나요?"

누가 실습 과정의 담당 교수가 될 것인지가 발표될 때, 내 이름이 무어헤드 교수의 이름과 함께 불리자 꽤 많은 동료 실습생들이 안도의 한숨을 내쉬는 모습이 눈에 띄었다. 2년차와 3년차 선배 몇몇은 웃으며 내 등을 토닥여주었다. 그중 한 명은 심지어 '행운을 빌어요' 라는 말까지 했다.

키가 크고 호리호리하다 못해 야위기까지 한 여자로 한 번 시선이 마주치면 절대로 피하지 않아 상대의 기를 꺾는 습관이 있는 크리스 교수가 바로 뒤에 서 있던 남자를 가리키며 말했다.

"이분은 외래환자 정신과 과장님, 호러스 윈터스 교수님이십니다. 윈터스 교수님, 이쪽은 제 실습생입니다. 앞으로 6개월 동안 일주일에 이틀 반은 여기서 보내게 될 거예요."

윈터스 교수는 손은 내밀었지만 시선은 전혀 나를 보고 있지 않았다. 그의 목소리는 마치 너무 여러 번 반복해서 매끄럽게 닳기라도 한 것처럼 들렸다.

"우리 과에 오신 것을 환영합니다. 이곳에서 즐거운 시간을 보냈으면 좋겠군요. 저는 언제든 찾아오셔도 좋습니다. 선생이 우리 팀에 얼마나 소중한 기여를 하게 될지 벌써부터 기대되는군요."

윈터스 교수가 요란하게 퇴장했다. 나는 키득키득 웃고 싶었지만 크리스 교수는 할 말이 더 있는 모양이었다.

"여기 정신과에서 자격증 없는 사람을 받는 경우는 극히 드물지만 선생이 잘해낼 거라고 내가 설득했어요."

"좋게 봐주셔서 감사합니다, 교수님."

"고마워할 거 없어요. 실망시키지나 말아요."

크리스 교수가 떠난 후, 나는 궁리 끝에 의자가 넘어가지 않게 하기 위해 의자의 기울기 각도를 조절하는 부분에 오래되고 약간 축축한 처방전 패드를 끼워 넣었다. 누가 공공 의료 기관 아니랄까 봐.

벽장 진료소를 정리하고 있는데 노랫소리가 들려왔다. 작은 목소리는 점점 커졌다가 가사를 알아들을 만할 때쯤 돼서 또다시 점점 희미해졌다. 〈사운드 오브 뮤직〉에 나오는 노래가 분명했다. 내가 환청을 듣고 있는 건가? 아니었다. 노랫소리는 또다시 점점 커졌다.

"마리아 문제를 어떻게 풀까?
그녀를 어떻게 붙잡아놓을까?
그녀를 뭐라고 표현할까?
수다쟁이, 사람을 홀려요, 어릿광대!"

정말 묘한 목소리였다. 작지만 맑고 순수해서 내 진료실 문밖의 분주한 외래환자 정신과 접수처에서 점점 커지기만 하는 소음을 뚫고 내 귀에 들어올 정도였다.

이 노랫소리가 들리는 사람이 어째서 나 말고 없는 거지? 나는 진료실을 나와 주변을 두리번거렸다. 첫 번째 상담 예약 시간까지는 한 시간이 남아 있었고 나 혼자 있었기 때문에 그 노래를 부른 사람이 누군지 알고 싶었다. 하지만 대기실에 들어섰을 때, 내 눈앞에 펼쳐진 광경이 너무나 충격적이어서 노래는(여전히 아름다웠지만) 뒷전으로 밀리고 말았다. 어머니가 여기 계셨다면 나한테 그만 좀 쳐다보라고 나무랐을 것이다. 조지가 차 두 잔을 가지고 나타나고 나서야 나는 겨우 시선을 돌릴 수 있었다.

"성 정체성 클리닉이에요."

조지가 대기실 의자에 앉더니 나한테도 앉으라고 권하기에 시키는 대로 했다. 달콤한 오렌지 맛이 나는 따끈한 차를 마시니 안정을 되찾고 임상심리사의 자세로 돌아올 수 있었다. 여기는 남을 평가해서는 안 되는 공간이라고 나는 스스로에게 되뇌었다.

"성 정체성 클리닉이라고요?"

내가 물었다.

"그렇다니까. 남자애들이 여자가 되고 싶어서 오는 데라고. 윈터스 교수가 그 애들의 대장이야. 평가를 받은 다음에, 자기들이 선택한 성별로 5년을 버틸 수 있으면 수술도 받고 품행 교육도 받고 싹 다 바꾸는 작업에 들어가는 거지."

"작업이요?"

"울대뼈도 깎고, 화장법도 배우고, 몸매에 맞게 옷 입는 법도 배우고, 고추는 그냥 잘라버리면 돼. 근데 아무래도 근육질 몸매까지 싹 바꾸진 못 하지."

주변을 둘러본 나는 조지의 무신경한 어휘 선택은 끔찍이 싫었지만 그 내용에는 동의하지 않을 수 없었다. 팬터마임의 여자 주인공보통 남자가 연기함이라고밖에 설명할 길이 없는 이들도 있었고 믿기 어려울 정도로 잘생기고 예쁜 남녀도 있었다.

그중 넋을 잃을 만큼 아름다우면서 동양적인 외모를 지닌 여자가 한 명 있었다. 작고 여윈 그 여자는 허리까지 이어지는 곧고 윤기 흐르는 검은 머리를 커튼처럼 양 갈래로 늘어뜨리고 있었는데 그 모습이 대단히 멋졌다. 그녀는 자기 체형에 맞게 옷 입는 법을 잘 알고 있는 것이 분명했다.

'세련되게 그러나 너무 야하지는 않게!'

나와 제일 친한 세 친구라면 이렇게 평했을 것이다. 몸동작 특히 속눈썹을 떠는 모습이 약간 과장된 구석은 있었지만 천생 여자 타입이라고 생각한다면 그럴 만한 제스처였다. 나는 약이 올랐다. 내 옷차림(자선가게에서 산 남성복에 빳빳한 흰색 셔츠, 꽉 조인 빈티지 디오르 벨트와 닥터마틴 신발)을 보자 유행에 한참 뒤처진 사람이 된 기분이 들었다.

어떻게 원래 남자였는데 여자인 나보다 더 여자처럼 보일 수가 있지?

여자 화장실에서 나오는 다른 두 사람 덕분에 나는 이런 생각에서 헤어나올 수 있었다. 둘 중 키가 더 작은 쪽은 깜짝 놀랄 만한 옷차림을 하고 있었다. 그녀는 돌아가신 우리 할머니가 가족 행사 때나 입을 법한 원피스를 입고 있었다. 재질도 좋고 헐렁하게 재단되었지만 감청색이라 고리타분해 보이는 드레스에 허리를 꽉 조인 붉은색 벨트를 매고 상의는 어깨와 가슴 위를 야릇하게 덮고 목둘레선이 깊게 파여 도발적으로 보이는 세일러풍 줄무늬 티셔츠였다. 남자 손답게 솥뚜껑처럼 큰 손에는 빨간색 클러치백을 들고 건막염을 유발할 여지가 있는 재질로 만든 파란색 웨지힐을 신고 비틀비틀 걷고 있었는데, 그 신발은 꼭 잔디밭 통기용 신발^{신발 바닥에 스파이크를 박아 잔}

디밭 위를 걸어 다니면 흙에 구멍이 뚫리게 되어 있는 신발부터 여성용 터번과 전기 찜솥까지 안 파는 게 없는 일요판 신문의 카탈로그를 보고 샀을 것만 같았다. 가발은 샛노란색 파마 스타일이었는데 꼭 1970년대 말 바르 미츠바bar mitzvah, 유대교에서 행하는 남자의 성인식에서 여장 남자가 연기하던 베티 미들러 같았다. 다른 한 여자는 좀 더 도발적이었다. 아까 그 동양풍의 사랑스러운 남자 숙녀의 눈부신 아름다움에는 전혀 못 미치지만 섹시함에서는 단연 앞선다고 할 수 있었다. 어떻게 그럴 수가 있는 걸까? 180센티미터를 웃도는 키에 어깨도 넓고 장딴지는 나무둥치만 한데다 누구라도 열망할 만한 울뚝불뚝한 근육질 팔뚝을 소유한 남자가 말이다. 몸에 꽉 끼는 검정 드레스를 입고 퍼스펙스Perspex, 흔히 유리 대신에 쓰는 강력한 투명 아크릴 수지 밑창에 현기증이 날 만큼 높은 굽이 달린, 스트립쇼 쇼걸들이 신는 신발을 신고 메리 퀀트Mary Quant, 런던을 패션의 중심지로 이끈 디자이너로 미니스커트를 창시했다 단발머리 스타일에 갈색과 꿀빛으로 부분 염색한 가발을 꼼꼼하게 쓰고 있었다.

이 여자는 〈프리실라〉1994년작 영화로 여장 남자들의 이야기이다의 애덤/펠리시아배우 가이 피어스 역할 또는 〈뜨거운 것이 좋아〉1959년 빌리 와일더 감독의 코미디 영화로 토니 커티스와 잭 레먼이 여장을 하고 나온다에서 조세핀 역을 맡았던 토니 커티스였다. 그러나 키가 더 작은 쪽은 테렌스 스탬프〈프리실라〉에 나온 배우와 잭 레먼〈뜨거운 것이 좋아〉에 나온 배우, 그러니까 각각의 배역인 버나뎃과 대프니에도 미칠까 말까 한 수준이었다.

나는 '조세핀'에게 넋을 잃었다. 나와 시선이 마주치자 조세핀은

빗자루같이 긴 속눈썹을 깜빡이더니 새빨갛고 반짝이는 입술 사이로 혀끝을 쑥 내밀고는 웃어주었다. 나는 얼굴이 화끈거려 고개를 돌려버렸다. 그때 누군가 노래를 흥얼거리며 내 곁을 날아가듯 지나가더니 중앙 엘리베이터 뒤로 사라졌다.

"마리아 문제를 어떻게 풀까?

그녀를 어떻게 붙잡아 놓을까?"

"저건 이디스야."

조지가 알려주었다. 그러더니 잠시 후 덧붙였다.

"회환이지."

"회 뭐요?"

"회전문 환자라고."

"그게 뭔데요?"

"무슨 짓을 저질러가지고 병원에 와서는 2층 반대편에 있는 입원환자 병동으로 실려가. 거기서 안정을 찾아. 약도 알아서 먹고. 그래서 풀려나지. 이제 관리 책임은 지역사회로 가는 거야. 그런데 지역사회에서는 관리 같은 걸 안 하지. 그러다 보니까 약이 떨어지게 되고 동네 사람들을 공포에 떨게 해가지고 또다시 여기로 돌아온다니까. 회전문처럼 말이야."

나는 생각에 잠긴 채 조지를 바라보았다. 나이는 70대, 새것 같은 검정색 점퍼 아래로 흰색 소맷동이 정확히 똑같은 길이만큼 나와 있는 것으로 보아 군인 출신일 것 같았다.

"안녕, 이디스."

조지가 내가 들었던 아름다운 목소리의 주인공을 올려다보며 인사를 건넸다.

"어머, 안녕하세요, 조지 아저씨. 이 어여쁜 아가씨는 누굴까나?"

이디스가 이리저리 돌아다니다가 외래환자과로 왔고 어느새 나는 여태까지 본 여자 중에서 가장 작고 가장 피부색이 어두운 여자가 내민 손을 잡고 있었다.

"이디스 그랜빌, 우리 병원의 새 멤버한테 인사하라고."

"안녕하세요? 오늘같이 축복받은 날 기분이 어떠신가요?"

이디스가 너무나 작고, 너무나 환하게 미소 짓고 있는데다 두 눈이 초롱초롱 빛나고 있어서 거의 넋을 잃을 뻔한 나는 말문이 막혀 대답할 수가 없었다. 조그맣고 다부진 이 흑인 여자는 머리에 빳빳하고 새하얀 베갯잇을 핀으로 고정시켜 놓고 있었다. 얼마 안 가 나는 그 베갯잇이 수녀의 베일을 흉내 낸 것이라는 사실을 깨달았다. 이디스는 수녀원장이었다.

"선생님이 무슨 생각하고 있는지 아는데 그건 틀렸어요."

"내가 무슨 생각을 하고 있는데요, 이디스?"

"내가 줄리 앤드루스영화 〈사운드 오브 뮤직〉의 여주인공라고 생각하고 있잖아요."

이디스가 키득키득 웃으며 덧붙였다.

"어머나, 조지 포지 아저씨! 이분이 내가 줄리 앤드루스인 줄 아나 봐요!"

조지는 배꼽 빠지게 웃느라 숨까지 가빠져 쌕쌕거리다가 수년간 피운 플레이어스 네이비 컷담배 상표명을 기침으로 토해내고 있었다.

"어머, 아니에요. 절대 아니라구요!"

"그럼, 축하해요, 아가씨, 왜냐하면

함께 있으면 혼란스럽고

멍하고 어리둥절하죠.

정신이 없어요.

예측할 수 없는 날씨 같고

변덕스럽죠.

사랑스럽기도 하고

악마이기도 해요.

그녀는 악마-"

"그녀는 양이랍니다!"

나는 있는 힘을 다해 목청껏 불렀다. 임상 교육 따위 집어치우라지. 어린 시절 내내 크리스마스 때마다 〈사운드 오브 뮤직〉을 보고 자란 내가 이 정도쯤이야. 조지가 환하게 웃고 내가 고개 숙여 인사하자 이디스가 짝짝짝 박수를 쳤다.

"오늘이 여기 첫날이에요, 아가씨?"

"그렇답니다."

"그래 선생 생각은 어때요?"

"아직 생각이랄 게 없는 것 같아요."

"조지 아저씨, 이 아가씨가 새 멤버라고 했죠?"

"그렇다니까, 이디스. 나라면 그렇게 말하겠어."

이디스가 와락 두 팔을 둘러 나를 꼭 껴안았다.

"예쁜이 아가씨, 방금 들어왔군요. 진짜 얼마 안 됐네. 이 이디스
가 도와줄게요."

이디스는 내 손을 잡고 조지와는 팔짱을 낀 다음 우리 모두를 내
벽장 진료소까지 깡충깡충 뛰어가게 했다.

"아하, 우린 여길 '똥통'이라 불렀죠. 변기 겸용 의자에 약물에,
똥 같은 건 죄다 여기 있었거든요. 여기는 벽장이었을 때가 더 나은
것 같네요."

그 후 40분에 걸쳐 내가 의자가 넘어질까 봐 조심스럽게 걸터앉
아 있는 동안 조지가 우리 모두를 위해 차를 더 가져다주었다. 이디
스는 자신의 인생사를 들려줌으로써 나에게 실습생의 현실을 일깨
워주었다.

블랙록이라 불리는 카리브해 옆 작은 마을, 토바고에서 태어난
이디스는 아홉 남매 중 끝에서 두 번째, 딸로는 막내였다. 침례교 목
사인 아버지는 신도들에게는 한없이 자상한 사람이었지만 자기 자
식들에게는 전혀 아니었던 모양이다. 파더(Father, 아버지의 실제 이름
이 파더였다)는 플리머스에서 중심 도시인 스카버러까지 토바고 섬
을 북쪽 끝부터 남쪽 끝까지, 샬롯트빌에서 샌디포인트까지 동쪽 끝

부터 서쪽 끝까지 두루 돌아다녔다. 파더는 해변에 있는 록스버러와 팔라투비어에서 성경 모임을 여러 차례 열었고 모리아Moriah, 팔레스타인 남부의 산악지방. 아브라함이 이삭을 희생물로 삼으려던 곳와 시나몬 힐에서는 기적을 행했다. 파더는 목숨을 여럿 구했고, 파더가 집을 비우면 가족 또한 평화로웠다.

목회 활동을 하느라 집을 비우지 않을 때면, 파더는 자신의 집에서 일어나는 죄악을 막느라 안간힘을 썼다. 이디스는 자신의 어린 시절을 논할 때 빼놓을 수 없는 것, 즉 '찰싹찰싹'과 '벨트 매질'과 구타에 관해 들려주었다. 특히 툭하면 몽상(파더는 교회에서 이를 죄악이라 했다)에 빠지고 노래(파더는 찬송가가 아니면 죄악이라고 했다)를 부르는 어린 여자아이에게는 더욱 심했다.

딸들 중 막내이자 어머니가 가장 아끼던 불쌍한 이디스는 셰퍼드 부시에 있는 카리스마 고모에게 가장 먼저 보내졌다. 고모네 집은 장차 이디스가 자신이 얼마나 구박덩이인지를 깨닫게 될 곳이었다. 이야기가 이쯤 진행되었을 때, 이디스는 뜬금없이 다시 노래를 부르기 시작했다.

"그녀는 골칫거리에다
말썽만 피우죠.
금욕도 거부할 거예요.
부드럽지만
거칠고

소녀는 왜 다섯 살 난 동생을 죽였을까?

의문투성이지만
어린애 같고
골칫거리!"

이디스가 갑자기 노래를 멈추더니 고개를 갑자기 뒤로 떨구고는 동시에 눈알을 굴리기 시작했는데 급기야 흰자만 보이는 지경에까지 이르렀다. 아주 심각한 증세지만 나는 겁먹지 않으려고 노력했다.

"누가 골칫거리라고요, 이디스? 말해봐요."

이디스의 눈이 감기더니 눈동자의 움직임이 멈췄다. 잠시 후 두 볼을 타고 눈물이 주르륵 흘러내렸다. 이디스는 입을 벌린 채 낮은 신음 소리를 내더니 다시 노래를 부르기 시작했다.

"그녀는 거칠어―
의문투성이!
어린애 같아!
골칫거리!
그녀는 거칠어―
의문투성이!
어린애 같아!
골칫거리!
그녀는 거칠어!
의문투성이!

어린애 같아!

골칫거리!"

한바탕 노래를 부르는 사이사이, 이디스는 두서없는 이야기를 늘어놓았다. '따끔거린다'는 말은 계속 등장했다. '따끔거린다'와 '거시기'. '여자 거기'. 카리스마 고모와 박박, 박박, 박박 문지르기. 꿈은 꾸지 마. 꿈꾸는 건 나빠. 노래 부르지 마. 노래 부르는 건 나빠. 박박 문지르고 따끔거리고 락스.

'거짓말쟁이, 락스. 거짓말쟁이, 락스.'

이디스가 바늘이 고장 난 축음기처럼 똑같은 가사를 반복하는 동안 나는 노래를 이어가기 위해 그다음 가사가 무엇인지 기억해내려고 정신을 집중했다.

"그녀는 거칠어-

의문투성이!

어린애 같아!

골칫거리!

그녀는 거칠어-

의문투성이!

어린애 같아!

골칫거리!

그녀는 거칠어!

의문투성이!

어린애 같아!

골칫거리!"

마침내 가사가 떠오른 나는 노래를 이어 불렀다.

"그녀는 천사죠!

그저 소녀일 뿐!"

그러자 노래가 완전히 멈췄다. 잠깐 동안의 멈춤이 아닌 완전한 멈춤이었다. 이어지는 침묵. 노래도 신음 소리도 없었고, 거짓말이나 락스 얘기도 멈췄다. 이 자그마한 여성은 품위 있게 일어서더니 머리 위의 베갯잇을 매만졌다. 그러더니 나를 정면으로 응시했다. 마호가니 빛 볼을 타고 여전히 줄줄 흐르는 눈물 줄기에도 불구하고 그녀가 손을 쭉 내밀었다.

"대화 정말 즐거웠어요."

"만나서 정말 반가웠어요, 이디스."

"부탁인데 마리아라고 불러주세요."

그렇게 마리아는 벽장 진료실을 나서서 익숙한 회전문과 함께 그녀를 반겨주는 입원 환자 정신과가 있는 엘리베이터 통로 반대편으로 갔다.

그녀를 보내고 나서 나는 정말로 슬펐다. 정신병과 민족성의 관계에 관한 최근의 강의가 생각났다. 영국에 거주하는 흑인 및 소수 민족에게서 나타나는 정신 질환 진단 비율과 정신병원 입원 비율은 본토 국민들에게서 나타나는 비율에 비해 비정상적으로 높고, 아프리카계 카리브해인의 경우에는 정신분열증 진단 비율이 다섯 배나 높다는 사실을 알고 충격을 받았다.

빈곤, 인종차별, 정신 질환에 대한 문화적 편견, 이 모든 것이 일조한 결과였다. 나는 이디스도 이러한 상황의 희생자인 건지, 수년간 회전문을 드나든 후 진단받은 병이 자기실현적 예언이 되어버리고 만 것인지 궁금했다.

"자, 행복한 우리 집에 잘 오셨소이다."

조지가 사색의 순간을 깨며 말했다.

다시 한 번 벽장에 홀로 남게 되자, 나는 문을 닫고 이 공간을 좀 더 상담실다운 분위기로 바꾸기 위해 움직이기 시작했다. 지금 상태로는 누구든 나에게 상담 온 사람이 일말의 모욕감을 느끼지 않을까 걱정스러웠다.

"외래환자 정신과에 오신 것을 환영합니다. 저희는 여러분의 품격에 딱 맞는 치료 환경을 고안했습니다."

우선 깔끔하게 정리 정돈부터 했다. 오래된 처방전 패드, 15년이나 지난 환자용 전단, 전기충격요법 안내서를 치웠다. 전기충격요법이라니, 생각만 해도 등골이 오싹했다. 나는 내 책상 옆에 있는 수납장을 열고 그것들을 전부 쑤셔 넣었다.

의자들도 교체가 필요한 상태여서 쓸 만한 게 없을까 보려고 우리 과를 여기저기 기웃거려보았다. 그러다 텅 빈 강의실에서 낮은 의자 두어 개를 발견했다. 이 정도면 충분할 것이다. 환자와 나의 눈높이가 같아질 테니까. 나는 의자를 질질 끌면서도 아무에게도 들키지 않고 무슨 짓이냐는 질문도 듣지 않고서 접수처를 무사히 통과할 수 있었다. 여기 있는 물건을 몽땅 가져다가 야금야금 집으로 가져갔더라도 아마 아무도 눈치채지 못했을 것이다.

의자를 들여와서 45도 각도로 배치하니 훨씬 나아 보였다. 물에 적신 수건 몇 장으로 의자에 묻은 먼지를 어느 정도 닦아낸 다음에는 화분을 찾아 나섰는데, 이번 탐색은 좀 더 까다로웠다. 훨씬 럭셔리한 의사 진료실에서 화분을 하나 훔칠까 말까 고민하던 중 결국 여자 화장실 내 작은 꽃병 안에서 조화 다발을 발견했다. 조화를 물에 씻은 다음 아까와는 다른 수건으로 닦아내니 조금은 향기로워 보였다. 커피테이블도 구해놓고 난 후, 나는 뿌듯한 마음으로 내 진료실 한가운데 서 있었다.

이제 첫 번째 환자를 기다리는 일만 남았다.

심리학 학사학위를 따고, 임상 실습 과정에 들어가기 위해 치열한 경쟁을 뚫고, 다시 런던으로 이사 와서 북부에 아파트를 얻고 적응하면서 온갖 스트레스에 시달린 지 3년 만에 맞이한 지금 이 순간을 나는 얼마나 기다려왔던가. 그러나 한편으로는 도망가버리고 싶은 심정도 들었다.

병원 실습은 일주일에 이틀 반이고, 주중 나머지 이틀과 반나절만 병원에서 보내는 날 저녁에는 교실에서 강의를 듣게 되어 있었다. 사실상 나는 환자들에 대해 아무것도 모르는 상태에서 그들을 만날 예정이었고 그 환자들을 다루는 데 필요한 강의와 학습은 실습과 동시에 진행되고 있었다. 의대 실습생들도 이런 일을 겪는 걸까? 살아 있는 인간의 피부에 메스를 대본 적이 없는 누군가에게 수술을 받는 중이라고 상상해보라!

조지가 건설노무자용¹ 차 ⟨건설 현장의 인부들이 현장에서 마시는 저렴하고 강한 향의 차를 일컫는다⟩답게 진하고 달콤한 오렌지 향 차를 한 잔 더 가지고 왔는데 지금의 나에게는 더할 나위 없이 완벽하게 들어맞았다. 조지는 내 책상에 서류 더미도 툭 내려놓았다.

"자, 여기, 선생의 첫 환자기록부 묶음이요. 꼼꼼히 읽어보도록 해요."

나는 자리에 앉아 환자기록부를 바라만 보았다. 이제 모든 것에서 실감이 나기 시작했다.

우리 임상학부 동기들 사이에서는 '그들'을 '환자'라고 불러야 할지 여부를 두고 기나긴 논쟁이 벌어진 적이 있었다. 정신역학 심리학파들은 환자라고 부르는 데 반대했는데, 그를 환자라고 부르는 것이 한 사람의 위상을 떨어뜨리고 그를 하나의 의학적 대상으로 전락시킨다는 점 그리고 분명 한계가 극명한데도 지금까지 널리 퍼져 있는 정신 건강의 표준 모델에 동조하게 된다는 점 때문이었다. 그들은 대신 '고객'이라는 단어를 선호했다. 그 반면에 행동주의 심리학파는 환자라는 표현에 적극 찬성했다. 그들은 우리에게 치료를 받으러 온 사람들이고 우리의 개입을 필요로 하는 존재이며 그들과 우리

사이에 명확한 관계를 규정할 필요가 있다는 것이다. 정신분석가들은 역시나 그 어느 쪽에도 찬성하지 않은 채 잘난 척만 했다.

'무슨 이유 때문에 우리는 그들을 '환자'라 불렀는가? 우리 안에도 내재해 있으나 받아들일 수 없는 병적인 이상이 있는 경우 그들을 '환자'라고 부름으로써 우리는 무엇으로부터 우리 자신을 방어한 것인가? 마찬가지로 우리가 과도하게 동일시하고 있는 병적인 이상이 있을 때, '환자'라는 꼬리표는 어떤 투사에 해당했는가?'

빌어먹을! 내가 무슨 변호사나 창녀도 아닌데, 왜 그들이 내 고객이란 말인가. 그들은 환자가 맞으니 지그문트여, 나도 못 받아들이고 있는 내 안의 불구자 같은 면을 가지고 나한테 한 방 먹여볼 테면 먹여보시길! 그들은 누가 뭐라 해도 환자다! 그러나 다음 몇 주에 걸쳐 서서히 현장에 빠져들면서 부딪쳐보니 그 사람들은 환자도 고객도 아니었다. 그들은 그냥 인간이었다. 삶과 사연이 있는, 연약하고 가끔씩 불행을 느끼고 흥미로운 면을 보이는 실재하는 인간들이었다.

나의 임상 상담 중 초반 몇 회는 불안 조절 그룹을 운영하는 유자격 전문가들과 함께했다. 그 덕분에 무엇보다도 내 불안감을 처리하는 데 큰 도움을 받을 수 있었다. 그 후 임신하기 위해 노력 중이면서도 입덧을 할지도 모른다는 생각에 겁에 질려 있는 구토공포증 여자, 일련의 사고를 겪은 후 우울증 때문에 힘들어하고 있는 젊은 남자, 지하철과 밀폐된 공간에서 공황 발작을 겪게 된 여자, 수년간 부인의 유일한 간병인 노릇을 하다가 홀아비가 된 할아버지를 담당하게 되었다. 나는 이 일이 아주 좋았다. 내가 정말 누군가에게 도움이 되고 있다는 기분이 들었기 때문이다.

　몇 달이 흘렀다. 이때 나는 이제 다시 지하철을 탈 수 있게 된 밀실 공포증 여자에게 내원하지 않아도 좋다고 말할 수 있었다. 그러던 어느 날 아침, 처음 만나게 될 어떤 남자의 기록을 휙휙 넘겨보던 중이었다. 그의 증세는 꽤나 간단해 보였다. 불안 장애와 공황 발작이었다. 그 주제에 관해서는 강의를 상당히 많이 들었기 때문에 마냥 막막하지만은 않았다. 그렇다고는 해도 강의 몇 번, 남의 시선을 약간 의식하면서 동료 실습생들과 진행한 역할극 몇 번, 내원을 종료시킨 환자 한 명으로는 충분하다는 생각이 전혀 들지 않았다. 내가 실수를 하는 바람에 그 남자의 증상을 악화시키기라도 하면 어쩌지? 내가 공황 발작을 일으키기라도 하면 어쩌지? 문을 두드리는 소리가 났고 그가 나타났다. 바로 레이 로바즈였다.

　"안녕하세요, 레이 로바즈 선생님."

　"레이라고 합니다."

　우리는 낮은 의자에 마주 앉았다. 악수를 나눈 다음 거울을 보는 것과 같도록 자리를 잡았다. 지금까지의 진행에 대해서는 꽤나 만족스러운 기분이 들었다.

　"문제는 이거요. 내가 선생을 보는 게 좀 겁난다는 거지. 정신과 의사니 뭐니 그런 사람들 말이외다. 나는 미친놈이 아니거든. 우선 그 점부터 분명히 짚고 넘어가고 싶군. 내가 정신병자가 아니라는

　　　　　　　　　　소녀는 왜 다섯 살 난 동생을 죽였을까?

거."

"제가 선생님을 왜 그렇게 생각하겠어요?"

"여기 들어올 때, 가발 쓴 성전환자 자식들 사이에 앉아 있었는데 빌어먹을 그 〈사운드 오브 뮤직〉에 나오는 노래를 부르는 검둥이 여자도 봤거든. 그 여자 단단히 미쳤더구만. 하지만 난 아니야. 그 점 분명히 해둡시다."

"전 아무런 판단도 내리지 않습니다, 레이 선생님."

"하긴 그것 때문에 온 건 아니지."

"로바즈 선생님, 아니 레이 선생님. 죄송해요, 레이 선생님. 선생님이 미치지 않았다는 점은 분명하게 알아들었습니다."

현대 스코어 1:0.

"좋아, 그 점만 똑똑히 알고 있으면 됐어. 자, 내가 무슨 얘길 했으면 좋겠소?"

"저한테 무슨 얘길 하고 싶으신가요?"

그가 어리둥절하다는 표정을 지었다.

그래, 이대로는 진전이 전혀 없을 거야. 힘겨루기는 이만하면 됐으니 임상 심리학자답게 굴자. 시작해볼까.

"글쎄요, 레이 선생님, 처음부터 시작하는 게 어떨까요? 우선 제가 아는 걸 말씀드린 다음에 거기서부터 시작하는 건 어떠세요?"

"그게 좋겠군. 그나저나 고 파란 눈 예쁘단 소리 혹시 못 들어봤소?"

현대 스코어 2:0. 얼굴 붉히지 말자. 젠장, 너무 늦었어. 집중해야지. 진행하자. 눈 맞추기 상태 유지하고.

화끈거리고 달아오르는 기운이 목에서부터 위로 쭉 올라오는 낯익은 현상이 느껴지자 나는 고개를 돌려 책상에서 레이의 환자 기록을 집어 들었다. 그러고는 다시 원래대로 고개를 돌렸다. 레이는 양팔을 머리 위로 쭉 편 채 나를 보고 웃으면서 의자 등받이에 기대고 앉아 있었다.

"근무하시다가 이유를 알 수 없는 현기증 발작을 연달아 몇 차례 겪으셨군요. 말만 들어도 꽤나 걱정스럽네요. 여기서부터 시작해볼까요?"

"그러시든가, 의사 양반."

레이가 나에게서 단 한 순간도 시선을 거두지 않은 채 의자에서 몸을 앞으로 내밀었다.

"예전엔 쓰레기를 수거했었소. 트럭을 몰고 쓰레기통을 비웠지. 그게 내가 하는 일이오. 같은 팀이랑 수년째 하고 있고."

나는 웃으며 고개를 끄덕였다. 레이는 더 이상 웃고 있지 않았다.

"그런데 어쩔 수 없는 상황 때문에 직업을 바꿔야만 했어. 기분 진짜 더러웠지. 하지만 남자니까 일을 안 할 수가 없어서 경비 일, 그러니까 문지기 같은 일을 하기 시작했지."

"경비원이셨군요?"

"점쟁이시구만, 의사 양반. 아주 똑똑한 아가씨야."

"쓰레기 수거 일이 그리우신가요?"

"쓰레기 수거가?"

레이가 내가 여왕 노릇이라도 한 것처럼 내 말투를 흉내 내면서 웃었다.

"그래, 하지만 아까 말했다시피 내가 어떻게 할 수 없는 상황이 있으니까."

나는 궁금했지만 왠지 더 이상 캐물을 수가 없었다.

"어쨌거나, 의사 양반, 그게 그러니까."

레이가 손가락으로 수를 세며 말을 이었다.

"한 8개월 전이었을 거요, 처음으로 가슴이 아팠던 때가. 무서워 뒈지는 줄 알았지. 막말해서 죄송하게 됐소이다."

"그래서 심장마비를 일으킨 줄 아셨군요?"

"아니지, 아가씨, 난 오르가슴인 줄 알았다고."

우리가 어디까지 얘기했더라? 지금 환자한테 4:0으로 지고 있는 건가?

"아, 그러셨군요. 죄송합니다."

"사과는 받아주지, 파란 눈이 예쁜 아가씨."

이번에는 고개를 돌릴 핑계거리가 없었으므로 정면으로 맞서보기로 했다. 마음이 찝찝했다. 진행이 순조롭지 못한 탓이었다.

"돌리지 않고 말하자면 말이지. 내가 열다섯 살이었을 때 우리 집 영감이 심장마비로 급살을 맞았단 말이지. 그 양반도 나처럼 쓰레기를 수거했어. 재수 없는 양반이긴 했지만 쉰일곱 살에 죽을 정도는 아니었다고. 담배도 피우고 술도 마시고 안 좋은 짓은 다 했지만 다른 놈들보다 유별난 것도 없었단 말야. 보나 마나 심장이 맛이 갔거나 뭐 그랬겠지."

"그래서 그때 심장병 전문의를 찾아가셨던 거군요?"

"그랬지. 나한테 전깃줄을 붙여주더니 러닝머신 위에서 뛰어보라고 하더구만. 그 왜 댁들이 부르는 무슨 검사 있잖소?"

"심전도 검사 말인가요?"

"심전도 검사, 피 검사 다 받아봤는데—"

레이가 자기 가슴을 주먹으로 세게 두드리며 말을 이었다.

"빌어먹을 황소처럼 건강하게 나왔지."

"한시름 놓으셨겠군요."

"아니지, 예쁜이, 아니었어. 전혀. 왜냐하면, 그 뭐냐, 젠장맞을 발작이 계속됐거든. 게다가 전보다 더 자주 일어나서는 더 오래갔단말이야. 빌어먹을 호모 새끼처럼 기절까지 하기 시작하고. 그것도일하다가."

"발작 빈도가 어떻게 바뀌었죠?"

"쉽게 좀 말해주쇼."

"죄송합니다. 발작을 얼마나 더 자주 경험하셨죠? 매일 일어났나요?"

"그랬지. 근데 그건 어떻게 해볼 수가 있었지. 발작이 오려는 징조가 보이면 지나갈 때까지 애들이 나를 문에서 치워버리면 그만이니까. 문제는 자는 동안에도 가끔씩 발작이 일어나곤 한다는 거야."

"그거 정말 무서우셨겠어요."

"더럽게 무섭단 말이지."

레이가 손으로 얼굴을 문질렀다. 가면이 벗겨지고 허세가 사라지고 있었다.

"꼭 물에 빠져 죽는 것 같다는 말로밖에는 설명을 못 하겠구만. 잠에서 깼는데 숨을 쉴 수가 없는 거야. 물 밖으로 나가려고 바둥거리지만 그전에 가슴이 터져버릴 것처럼 말이야. 창문 쪽으로 가서 창문을 열고 숨을 쉬어보려고 하는데 숨이 쉬어지지 않는 거지. 폐가 멈춰버리기라도 한 것처럼."

레이가 말을 하다 말고 갑자기 멈춰버렸다. 이마에는 땀방울이 송골송골 맺혀 있었다. 호흡이 가빠지고 있었다. 그가 거대한 손으로 의자 팔걸이를 움켜쥐었다. 공황 발작인 것 같았다.

불안 조절 그룹 모임에 몇 주간 참석한 것이 얼마나 다행이었는지 모른다. 이제는 주도권이 나에게 넘어온 것 같았다. 그러자 심술궂게도 기분이 좋아졌다. 내 맞은편에 앉아 있는 남자가 고통스러워하고 있는 것이 분명한데도 말이다.

"레이 선생님, 숨을 천천히 쉬어보세요."

"이런 제기랄, 숨을 쉴 수가 없다고."

쉿소리를 내며 말하는 레이의 동공이 확장되고 있었다. 나는 몸을 앞으로 내밀고 그의 손을 잡았다.

"레이 선생님, 절 보세요. 저를 보세요. 좋아요, 이제 제가 하는 말을 잘 들으세요. 제가 숫자를 셀 테니까 저랑 같이 세시는 거예요. 아셨죠? 시작합니다. 하나……둘……저랑 같이 하셔야죠, 레이 선생님. 셋……넷……바로 그거예요. 좋아요. 잘하고 계세요. 다섯……여섯. 자, 천천히."

레이가 내 손을 너무 꼭 쥐는 바람에 손가락이 부러질 것만 같았다.

"좋아요, 레이 선생님. 이제 제가 당신 앞에서 촛불을 들고 있을 테니까 숨을 세 번 쉬시고 후 불어서 꺼주세요. 좋아요. 자, 좀 더 멀리, 세게 불어주세요. 잘하셨어요. 좋아요, 레이, 제가 촛불을 제 쪽으로 끌어당길 테니까 계속 후후 불어주세요. 바로 그거예요."

몇 분 뒤, 레이는 훨씬 침착하게 자리에 앉아 종이컵에 담긴 물을 마시게 되었다. 나도 기분 좋게 편안히 앉았다. 기분이 정말로 좋았다. 내가 그의 공황 발작을 가라앉히지 않았는가!

나는 그의 이력을 좀 더 자세히 살펴보았다. 불쌍한 남자라는 생각이 들었다. 이곳 외래환자 정신과에 오기 싫어했던 게 당연했다. 그는 병원에 있는 모든 과를 다 거친 상태였다. 심장이니 폐니 혈관이니 뇌니, 모든 장기의 검사를 받은 후였다. 전형적인 사례였다. 의사들은 환자에게 자기들이 진단을 내리면 무조건 나아질 거라는 허상을 심어주고는 아무것도 알아내지 못하면 정신과로 넘겨버린다.

'미안하네, 친구. 자네가 아픈 줄 알았는데 알고 보니 아픈 게 아니더군. 그러니 머리가 돈 게 틀림없네.'

나는 척 봐도 겁에 질리고 연약한 것이 분명한 남자에게 그토록 쉽게 주눅이 들어버린 나 자신을 책망했다. 그러고는 그의 얼굴을 똑바로 쳐다보았다.

"선생님이 이 병원한테 얼마나 골탕을 먹었는지 알 것 같네요. 어쩌면 이 병원이 어떻게 돌아가는지 병원 직원들보다 선생님이 더 잘 알고 계실지도 모르겠네요!"

레이가 웃으며 말했다.

"그렇고말고. 병원 서비스에 대한 감사도 꽤 잘해낼 수 있을 정도라니까!"

레이의 얼굴에서 미소가 점점 희미해져 갔다.

"좋아요. 그렇게 해서 여기, 정신과까지 오게 되셨군요. 우리가 생각해봐야 할 건 이 공황 발작이 무엇을 의미하느냐, 예요."

"의미?"

"네. 선생님이 발작을 겪는 이유가 뭘까요? 그건 뭘 상징하는 걸까요?"

"상징이라고? 이봐요, 의사 양반. 미안하지만 나는 그냥 아무거나 알약이든 뭐든 먹어야 되는 게 있으면 그것만 있으면 된단 말이요, 이 염병할 놈을 막을 수 있게."

"그게 그렇게 간단한 문제가 아니랍니다."

"어째서?"

"자, 문제는 선생님이 발작을 앓고 계신다는 거예요. 그것도 아주 심각하게. 그런 발작이 선생님의 신체에도 영향을 미치고 있기 때문에 이론적으로는 증상을 가라앉히기 위해 약을 처방하는 게 가능할 겁니다. 하지만 그걸로 문제가 해결되지는 않아요. 이미 복용하고 계신 약이 있지 않으신가요?"

"있소이다. 작은 핑크색 알약을 먹는데 그걸 먹으면 진정이 되더구만. 그리고 밤에 먹는 것도 있는데 그 뭐더라, 'ㄷ'으로 시작하는데."

"디아제팜diazepam, 정신 안정제로 불안, 흥분, 불면증 등의 치료에 쓰인다이요?
약을 먹으면 좀 어떻던가요?"

"핑크색 알약은 괜찮고. 밤에 먹는 건 별로야. 다음 날 아침에 기
분이 엿 같거든."

"몸을 가누기가 힘드신가요?"

"꼭 전날 밤에 진탕 퍼마시고 잔 기분이란 말이지."

"그러시군요. 그렇다면 투약은 재검토해봐야겠어요, 아, 그런데
요-"

"그런데고 뭐고. 알약이나 다시 주쇼. 집에나 가게."

레이가 흥분하기 시작했다.

"레이 선생님……."

나는 몸을 앞으로 내밀고 불끈해지려는 그의 주먹에 손을 댔다.
그가 내 손을 움켜잡자 나는 기절초풍했다.

"저기, 선생님. 우리가 할 수 있는 일은 많아요. 알약도 그중 하나
고요. 하지만 알약 쪽은 제 분야가 아니랍니다. 제 역할은……그러
니까 제 역할은 레이 선생님이 공황 발작을 겪는 이유를 함께 알아
보는 거예요. 왜냐하면-"

"이봐요, 의사 양반-"

"왜냐하면, 레이 선생님."

나는 단호한 어조로 말을 이었다.

"왜냐하면요……이렇게 한번 생각해보세요. 지금 본인한테 감
염된 상처가 있잖아요, 그렇죠? 그 감염 부위는 알약과 연고로 치료

는 되겠지만 쓰라림을 일시적으로 완화해줄 뿐 감염의 근원 자체를 없애주지는 못해요. 증상을 다루려면 그 원인을 파악해야 한다는 말씀이에요."

나는 어깨를 으쓱했다.

"공황 발작은 여러 가지 이유로 일어날 수 있고, 대개는 스트레스와 불안이 원인입니다. 이미 일어난 일이나 현재 일어나고 있는 어떤 일 때문에 선생님이 지금 불안하신 거예요. 그것 때문에 점점 더 공황 발작에 취약해지신 거고요."

나는 다시 의자에 기댔다. 레이가 무표정한 얼굴로 나를 바라보았다.

"그래서 우리 아버지가 왕재수였다. 나한테 듣고 싶은 말이 그거요? 우리 아버지는 왕재수에 쓸모없는 사람이었다, 그 말 말이야. 어머니는 내 목숨과도 같은 분이셨지만 내가 아홉 살 때 돌아가셨고. 이러면 되는 거요? 아버지는 우리를 제멋대로 살게 내버려뒀고 나는 내 멋대로 살다가 결국 큰집에 짧게는 몇 번, 길게는 한 번 다녀오게 됐지. 어떻게 진전이 좀 있는 것 같아, 의사 양반?"

"레이 선생님, 제 말은-"

"아니, 내 말 잘 들어. 내 어린 시절은 엿 같았어. 당신 같은 사람하고는 천지 차이겠지. 완전 엿 같았으니까. 하지만 나랑 같이 자란 놈들도 대부분 엿 같은 어린 시절을 보냈다고. 그래서 뭐 어쩌라고? 힘들었어. 우린 가난했으니까. 나한텐 엄마도 없었고. 불쌍한 레이. 염병할."

이번에는 레이의 호흡이 지나치게 빨라지지는 않았다. 오히려 아주 차분하고 집중한 상태였다. 나는 내 자리에 앉아 초긴장하고 있었다. 기압의 변화처럼 우리 사이에 흐르는 기운도 뭔가가 바뀌어 있었다. 나는 재빨리 실내를 눈으로 훑었다. 어느새 나는 비상 단추를 찾고 있었다. 모든 상담실에는 비상 단추가 하나쯤 있게 마련이다. 어디 있는지만 알면 된다. 도대체 어디 있는 거지? 저기 있군. 책상 저 끝에. 아까 상담실 의자를 배치할 때 이 점에 대해서는 전혀 고려하지 않은 바람에 지금 내가 앉아 있는 곳에서는 비상 단추에 손이 닿지 않게 되었다. 갑자기 입안이 바싹 말랐다.

"요즘 사는 이야기를 들려주세요, 레이 선생님."

나는 레이로 하여금 계속 말을 하게 함으로써 그의 흥분을 가라앉힐 심산이었다.

레이가 외투를 벗자 헬스클럽 상호가 찍힌 민소매 상의만 입은 근육질 상반신이 드러났다. 양팔에 문신이 새겨져 있었고 내 판단으로는 목과 가슴에도 있는 것 같았다.

"이게 내 인생이야, 의사 양반."

나는 레이의 피부에 새겨진 잉크를 보았다. 용도 있었고 한쪽 팔을 휘감고 있는 거대한 코브라 같은 것도 보였다. 반대쪽 팔뚝에는 벌거벗은 여자가 있었고 그 아래에는 이름이 몇 개 나열되어 있었다.

"브리트니, 베서니, 브랜던이 누구죠?"

"내 새끼들이야."

나는 어색한 미소를 지으며 고개를 끄덕였다.

"아이들 얘기를 해주세요, 레이 선생님."

"난 걔들을 사랑해."

"믿어 의심치 않습니다."

"아니, '믿어 의심치 않는' 걸로는 부족하지. 그 애들을 위해서라면 난 죽을 수도 있어."

나는 그 말을 정말로 믿었고 그래서 무서웠다.

"그 애들은 내 전부니까."

한참 동안 어색한 침묵이 흘렀다. 무슨 말이든 하고 싶어 입이 근질거렸지만 본능과 '치유하는 침묵'의 역할에 대한 최근 강의 내용이 생각나서 꾹 참았다.

"브릿브리트니의 애칭은 열일곱 살이야. 네일, 머리 같은 걸 가르치는 미용학교에 다녀. 베스베서니의 애칭는 조금 제멋대로 구는 편이고. 열다섯 살에 애가 하나 있는데 배 속에 또 한 놈이 들어 있어. 브랜던은……그 애는 내 분신이자 아들이자 꼬마 동지지."

레이가 말하다가 멈추더니 문신이 새겨진 강인한 팔로 자신의 몸을 끌어안기 시작했다. 자기 몸을 포옹하는 힘이 세지면서 허리를 점점 더 숙였는데, 그 모습이 마치 몸을 동그랗게 옹크리려는 것 같았다.

"레이 선생님, 무슨 일이세요? 혹시 가슴이……?"

곧이어 그가 보인 행동은 매우 충격적이었다.

그 행동은 신음 소리로 시작되었는데 고통스러워서 그러는 것 같았다. 그 고통은 불안과 공포에서 생긴 고통이 아니라 철저히 육체적이고 본능적인 고통이었고 이 점이 나를 매우 불안하게 했다. 처음 낸 신음 소리는 목구멍에서 나는 소리로, 이 거대한 사나이의 몸속 깊은 곳에서부터 밀려올라와 언제까지나 계속될 것만 같았다. 레이는 불끈 쥔 두 주먹을 양옆으로 늘어뜨리고 허리를 90도로 숙이고 있었다. 신음 소리가 어찌나 오랫동안 계속되었는지 나는 나도 모르는 사이 허겁지겁 숨을 몰아쉬고 있었다. 마치 레이 대신 호흡을 해줄 수 있기라도 한 것처럼.

그러다가 레이는 수면 위로 떠오른 다이버처럼 고개를 뒤로 젖히더니 헉 하고 숨을 몰아쉬었다. 요란한 헐떡거림은 결국 레이의 왼쪽 눈가에서 작은 눈물 한 방울을 짜내고 말았고, 이 눈물방울은 천천히 볼을 타고 흘러내리다가 얼굴에 난 깊은 주름을 굽이굽이 감돌아 마침내 벌어진 입안으로 뚝 떨어졌다.

바로 그때, 레이가 갑자기 자신의 눈물방울이 윗입술을 간질인다고 생각되는 부분을 주먹으로 쳤다. 주먹이 어찌나 셌던지 코에서 피가 다 날 정도였다. 독불장군에 고집불통인 듯한 남자가 내보인 맹렬한 감정이 무섭기도 했지만 신기하기도 했다. 동시에 이걸 내가 해냈다는 생각에 기분이 매우 들떠 있다는 사실을 깨닫고는 부끄러워 가슴 한구석이 살짝 찔리기도 했다. 내가 이 불행한 남자, 짐작컨대 평상시라면 자기 자신한테 눈물을 허용하지 않았을 이 남자에게 자신의 고통에 직면하게 해준 것이었다. 이제 우리가 함께 근원에 도달할 거라 생각하니 긴장이 확 풀렸다.

하느님 맙소사, 정말 할 수 있구나. 내가 정말 할 수 있는 일이었어. 색다른 기분이었다. 영광스럽고 날아갈 것 같았다.

"처음으로 그 녀석을 안아주면서 절대로 떠나지 않겠다고 말했지. 아빠를 잃는 일은 없을 거라고."

흐느낌 때문에 목청이 터졌는지 레이의 목소리는 낮고 쉬어 있었다.

"그 녀석은 세상에서 가장 멋진 소년이었어. 다들 천사같이 생겼다고 할 정도였다니까. 계집애들은 귀여운 맛이 있었지만 사내 녀석은 리그 자체가 달랐어. 챔피언스 리그에 속했다고나 할까."

레이가 웅크렸던 몸을 펴고 한숨을 쉬면서 손으로 자기 얼굴을 문지르자 코에서 난 피가 번져 콧수염까지 붉어졌다. 물을 한 모금 마신 레이가 의자에 기대앉아 나를 쳐다보았다.

"지금이 선생님께 얼마나 고통스러운 시간인지 알겠군요."

그러나 레이는 내 말을 전혀 듣지 않는 것 같았다. 사실 나를 보고 있지도 않았다. 마음이 어딘가 다른 곳에 가 있었다.

"그 녀석과 떨어져 있는 걸 견딜 수가 없었어. 녀석을 위해서는 뭐든 다 했지. 먹여주고 기저귀도 갈아주고. 심지어 잠도 옆에서 잤다니까. 체육관에 갈 때도 내내 얼굴을 볼 수 있게 사진이 든 액자를 가져갔어. 우린 동지였으니까. 그 녀석은 최고의 동지, 내 인생 최고의 꼬마 동지였으니까. 녀석은 내 목숨이었지. 제기랄."

레이가 다시 흐느끼기 시작했는데 이번에는 아무런 소리를 내지 않았다.

"딸년들은 잘못 키웠어. 그게 내가 그런 건 아니고 그 애들 엄마란 년이 그랬지. 그년은 아주 나쁜 년이었어. 딸자식이 생기니까 나한테는 관심을 꺼버리더라구. 나한테 자꾸 시비를 걸기 시작하는 바람에 집 밖으로 나돌 수밖에 없었어. 그럴 수밖에 없잖아. 안 그랬다가는 그년을 참아줘야 했을 텐데. 그게 그년이 노리는 거였다고. 피해자가 돼서 나한테서 딸도 빼앗고 자기 인생에서 쫓아버리는 거 말이야. 나만 보면 쓸모없는 루저에 쓰레기라고, 밥이 아까운 놈이라고 욕도 했어. 나 같은 사람은 누구한테도 가치가 없다면서 말이야. 우리 엄마가 살아 있었다면 엄마도 자기랑 똑같은 말을 하고 똑같은 생각을 했을 거라나. 엄마가 곁에 있었다면 나를 창피하게 여겼을 거라고도 했지."

레이는 말을 멈추더니 내가 내민 티슈 박스에서 티슈를 뽑기도 전에 큰 소리로 코를 훌쩍였다. 곧이어 요란하게 코를 풀고 난 레이가 티슈를 보며 말했다.

"제기랄."

"코피가 조금 난 것뿐이에요, 레이 선생님. 지금은 멈췄어요. 괜찮을 거예요."

레이가 갑자기 그 공간에 나도 함께 있었다는 사실을 처음으로 깨달았다는 듯, 나를 올려다보았다. 그는 당황하고 어리둥절한 표정이었다.

"어머니에 대해서 그런 말을 들으셨다니 꽤나 힘드셨겠어요, 레이 선생님."

"힘들었지."

소녀는 왜 다섯 살 난 동생을 죽였을까?

레이가 희미하게 미소를 지어 보였다.

"그 말을 한 개년은 더 힘들었을걸. 내가 병원 신세를 지게 해줬거든."

레이가 혼자 킥킥거렸다.

"그 일로 감옥에 가신 거고요?"

"맞아. 그때가 짧게 갔다 온 때였지. GBH^{중상해죄}하고 ABH^{실질적 신체상해죄}였지만 그년이 들들 볶기도 했고 나도 스테로이드를 사용했다고 한정책임능력을 받았어."

"그랬군요. 부인 되시는 분은 지금 좀 어떠신가요?"

"그년이 지금 어떤지 도대체 내가 어떻게 안다는 거지? 보나마나 다시 제 손으로 처먹을 수 있게 됐겠지. 더 입원 못 해서 아쉬워할걸. 유동식인지 뭔지 먹으면서 뒤룩뒤룩 살찐 볼기짝 살이 빠졌으니까 내가 좋은 일을 해준 셈이거든. 뭐 기름기 있는 거 처먹고 다시 쪘겠지만."

이번에도 레이는 킬킬거렸다.

"따님들은요?"

"몰라. 아무것도. 감감무소식이야. 친척들을 통해서 연락은 해봤지. 작은 애는 내 소식 같은 건 전혀 궁금해하지 않아. 지 엄마처럼 갈보가 다 됐더라고. 애가 벌써 둘이니까……."

레이가 고개를 절레절레 흔들면서 혀를 쯧쯧 찼다.

"브릿은 가끔 소식은 전하는데 만나지는 않으려고 하더라고. 그 애 탓은 아니지."

레이가 플라스틱 컵을 집어 들었는데, 컵이 비어 있었다. 나는 입에 대지도 않은 내 컵을 그가 있는 쪽으로 밀었다. 그가 꽤 오랫동안 물을 벌컥벌컥 들이켰다.

"근데 아가씨 눈 진짜 예쁜데."

"브랜던 얘기를 해주세요, 레이 선생님."

그가 움찔했다.

"이런, 고약한 의사 양반 같으니라고. 눈은 예쁜데 고약한 아가씨군. 상어 같아, 안 그래, 예쁜이? 피 냄새를 맡으면 주변을 맴돌면서 언제든 덤빌 준비를 하잖아."

"죄송합니다. 전 그냥⋯⋯."

레이가 손을 들어 올리는 것을 보고 나는 말을 하다가 멈췄다.

"쉬쉬. 농담이었어. 괜찮아, 이 아가씨야. 그쪽은 그쪽이 할 일을 하는 것뿐이잖아."

그가 의자에 등을 기댄 채 끙 앓는 소리를 내며 기지개를 켜듯 양팔을 위로 잡아당기고 다리를 쭉 뺐다. 손가락 마디마디에서 딸깍딸깍 소리가 났다. 그의 몸은 더 거대해 보였다.

"브랜던. 내 아들이지. 다른 년하고 낳은 녀석. 씨발년 중에서도 제일 잔인한 씨발년 말이야. 내 아들. 내 꼬마 동지. 우린 둘이서 모든 걸 함께했어. 그 애는 완벽한 아이였어. 멋지고 똑똑하고 재미있고. 녀석도 날 사랑했고 나도⋯⋯."

"브랜던은 지금 어디 있죠, 레이 선생님?"

나는 최악의 대답을 예상하고 있었다.

소녀는 왜 다섯 살 난 동생을 죽였을까?

"그 녀석은 어디에나 있지. 빌어먹을, 그게 문제야. 어디에나 있다는 게. 빌어먹을 라디오에서 틀어주는 노래 안에도 다 있고, 내 예전 보스가 라디에이터에 허구한 날 쑤셔 넣는 봉제 장난감 안에도 있다고."

나는 어리둥절한 표정을 지었다.

"쓰레기 트럭 라디에이터 말이야."

레이가 물을 한 모금 더 마셨다.

"그 녀석은 내 팔뚝에도 있고 내 마음속에도 있어."

레이가 자기 가슴을 한 번 더 주먹으로 두드렸다. 세차게.

"내 눈에 띄는 유모차마다, 염병할 기저귀 광고마다 그 녀석이 나온다고."

다시 한 번 침묵이 이어졌다. 레이가 몸을 앞으로 기울이더니 고개를 장딴지 쪽으로 숙였다. 나는 두방망이질 치는 심장을 가라앉히기 위해 심호흡을 한 번 했다.

"브랜던이 죽었나요, 레이 선생님?"

레이가 깜짝 놀란 표정으로 고개를 쳐들었다.

"지금 뭐라고 했어?"

"아, 선생님. 죄송해요. 제 말은⋯⋯."

"그 애가 죽었냐고? 지금 그 애가 죽었냐고 묻는 거야?"

그때, 그는 아까 흐느껴 울었을 때 못지않게 큰소리로 껄껄 웃기 시작했다. 어찌나 격렬하게 웃어댔던지 그저 웃음소리일 뿐인지 가장 원초적인 비애가 뒤섞인 웃음인지 확실하게 구분이 안 될 정도였다. 달리 할 일이 떠오르지 않았던 나는 몸을 앞으로 내밀고 티슈 박스를 레이에게 내밀었고, 그는 티슈를 한 장 뽑아 양손으로 펼쳐 그것을 자기 얼굴 위에 놓았다. 그의 온몸은 감정이 벅차올라 부들부들 떨리고 있었다.

두려움이 다시 찾아왔다. 어느새 깊은 물속에 빠져 발이 바닥에 닿지 않게 된 나는 공황 상태에 빠지고 말았다. 불안 조절에는 입문이라도 했다지만 애도는? 첫 유가족 워크숍은 다음 주로 예정되어 있었기 때문에 애도에 대해서는 아무것도 모르는 상황이었다.

레이가 내 손을 덥석 잡는 바람에 나는 갑자기 움찔했고 극심한 공포심에 사로잡혔다. 어느새 그의 얼굴이 내 코앞까지 와 있었다. 이제 애도고 뭐고 죽을 만큼 무서울 뿐이었다.

"이런 이런, 눈이 아름다운 여신님. 예쁘고 귀여운 천사님. 당신 말이야."

레이가 내 눈을 응시하더니 한동안 시선을 거두지 않는 바람에 나는 토하면 어쩌나 슬슬 겁이 나기 시작했다. 내게 얼굴을 바짝 들이대고 있었기 때문에 그가 내뿜는 느리고 미지근한 숨결에 섞인 담배 냄새가 내 볼에 닿는 느낌이었다.

나는 어떻게 해야 할지 혼란스러웠다. 지금 이건 내가 참아내야 할 순조로운 치유의 순간인 걸까, 아니면 그를 버리거나 들들 볶지 않는 강인한 어머니상이 되어야 하는 순간인 걸까, 그도 아니면 내 머릿속에서 울리는 경고음을 좀 더 예리하게 듣고 이번 상담을 종료할 방법을 궁리해야 하는 순간일까?

제기랄, 나는 지금이 몇 시인지조차 모르고 있었다. 50분은 지난 게 아닐까? 벽에 시계가 없었고 그렇다고 손목시계를 보자니 혹시라도 그가 모욕감을 느낄까 봐 두려웠다. 내 마음을 읽기라도 한 듯 레이는 내 손을 놓고 의자에 다시 기대앉더니 자기 손목시계를 확인했다.

"우라질, 의사 양반, 당신 꽤 실력이 좋구만. 겨우 반 시간 만에 나를 이 지경으로 만들다니. 거 뭐냐, 우리가 거기 도달한 것 같은데? 아까 뭐라고 했더라? 근원? 당신 생각은 어때, 예쁜이 아가씨?"

나는 티 안 나게 마른침을 삼키려고 노력했고 침착한 목소리를 내기 위해 정신적·육체적 노력을 모두 기울였다.

"레이 선생님, 우선 선생님을 존경한다는 말씀부터 드려도 될까요? 정말 아주 용감한 분이세요."

"내가?"

레이가 능글능글하게 굴었고 나는 그가 칭찬을 자주 들어보기는 했을지 의심스러웠다.

"진정한 용기를 보여주셨어요. 우리는 오늘 처음 만난 사이잖아요. 이쪽 과로 오시게 돼서 정말 큰 충격을 받으셨고……."

"미친놈들 소굴 말이야?"

"게다가 선생님은 자녀분들에 대해서, 자녀분들을 잃고서 괴로웠던 심정에 대해서, 특히 막내 아드님으로 인한 상실감에 대해서 다 털어놓으셨잖아요."

"그놈들을 잃은 게 아니라니까, 이 아가씨야. 빼앗겼다고."

"물론, 레이 선생님이 그렇게 생각하실 줄은 압니다. 알고말고요. 더불어 선생님의 첫 번째 부인……아니 파트너……그러니까 가학-피학 관계를 맺고 있는 것으로 보이는 분은…….”

"내가 그랬다고?”

"그런 것 같아요. 그분은 레이 선생님을 부추겨서 자신은 피해자로, 레이 씨는 가해자로 만들었잖아요.”

나는 침착함을 되찾고 있었다.

"그러면 그년 잘못이란 말이지?”

"잘잘못을 따지는 것보다 훨씬 복잡한 상황인 것 같습니다. 그보다 관계의 역학을 이해해야 할 거예요.”

"오호라, 이제야 알겠구만.”

레이는 알아듣지 못한 것이 분명했다.

"다르게 설명해보죠. 관계 속에서 우리는 각자 어떤 역할을 맡게 돼요. 이러한 역할은 종종 우리가 우리에게 의미 있는 타자, (빌어먹을, 쉬운 말로 하자) 그러니까 우리가 사랑하고 가장 많이 아끼는 사람들과 맺었던 이전 관계를 반영하거든요. 제가 궁금한 건 말이에요, 레이 선생님, 선생님과 함께 자식을 낳았지만 엄청난 반감을 가지고 있는 것이 분명한 두 여자분, 그러니까 선생님이 그분들을 선택하신 건 그분들이 정을 안 줘도 되는 쉬운 여자 타입이고 어느 날 훌쩍 떠나버릴 것 같았기 때문인 거냐는 말씀이에요. 선생님 어머니께서 그랬던 것처럼요.”

레이는 멍한 표정이었다.

소녀는 왜 다섯 살 난 동생을 죽였을까?

"이전 경험으로부터 친밀한 관계를 맺을 경우 애착 다음에는 가슴 아픈 이별이 따른다는 것을 알게 되면 애착을 형성하기가 어렵거든요."

말을 잠깐 멈춘 나는 레이에게 내 컵을 괜히 건넸다는 생각이 들었다.

"궁극적으로 사랑할 수 없다는 걸 알면서 그 여자를 선택하면 관계가 막바지에 이르렀을 때 당사자 모두에게 두렵고 고통스러울지언정 최소한 안전은 하다는 거죠. 낯선 얘기가 아닐 거예요."

"맞혔소, 의사 양반. 다 내 얘기구만. 암, 내 얘기고말고."

"레이 선생님, 그렇다고 선생님이 의식적으로 그런 일을 벌였다는 건 아니에요. 전 그저……."

"아니, 아니. 이젠 알겠어. 엄청 똑똑하시구만."

또다시 찾아온 침묵과 함께 재빨리 시계를 흘긋 내려다볼 기회가 생겼다. 상담 시간이 10분밖에 남지 않았으니 이제 마무리를 짓고 레이에게 불안 조절을 연습하기 위한 숙제를 내주고 다음 주 예약 날짜를 잡아야 할 때였다.

"자, 레이 선생님, 제 생각엔 우리가 매사 함께 힘을 모아야 할 것 같습니다."

"사람이 공평하구만, 의사 양반."

"좋아요. 자, 이번 상담에서 무엇을 얻으셨나요?"

레이가 웃었는데 이번에는 좀 더 경쾌한 웃음이었다. 나는 의욕이 불끈 솟았다.

"공황 상태는 내 머리에서 시작된다는 걸 배웠고. 빌어먹을 발작에 대해서 떠드는 것만으로도 발작이 생긴다는 것도 배웠고. 나하고 계집년들 사이가 엉망인 이유도 배웠고. 그 이유는 내가, 그 뭐였더라, 의사 양반, 그러니까 애착이었던가?"

"맞아요, 레이 선생님."

"그리고 내가 애들을 보고 싶어 하는 건 스트레스를 받았기 때문이고 또 그래서 공황 상태에 빠진다는 것도 알았어."

나는 환호성을 지르고 싶었다. 레이를 껴안고 목청껏 "브라보!"라고 외치고 싶었다. 내가 그를 45분도 안 돼서 통찰력 제로에서 몇 가지 가설을 가진 남자로 격상시킨 것이다. 그러나 환호성을 지르는 대신 나는 흥분을 가라앉히고 마땅히 해야 할 말만 하기로 했다.

"맞아요, 레이 선생님. 결국 상실에 관한 거예요. 아주 어린 나이에 어머니를 잃으셨잖아요. 그다음에는 따님들의 상실에 대처하셔야 했고요. 저는 이 모든 일이 결국 막내 아드님의 죽음에 관한 거라고 생각해요. 브랜던의 죽음이 레이 선생님을 계속 괴롭히고 있죠. 선생님은 지금 애도 상태에 꼼짝없이 갇혀 있고 낮이든 밤이든 브랜던이 눈앞에 나타날 때마다 끔찍한 발작에 시달리시는 거예요."

나는 의자에 깊숙이 앉았다. 레이가 몸을 앞으로 내밀었다.

"이봐 예쁜이, 그 애는 안 죽었어. 난 그 애가 죽었다고 한 적 없는데. 그냥 연락이 안 되는 것뿐이라고."

뭐라고?

"안 죽었다고요?"

"아니, 아니, 아니야. 그 애는 베이싱스토크에서 지 애미 되는 년 이랑 살고 있어. 내가 그년 얼굴에 곤죽을 먹인 이후로 쭉."

그다음 몇 분에 대한 기억은 희미하다. 나는 레이에게 기습을 당해 받은 충격과 그처럼 멍청한 실수를 저지른 나 자신에 대한 짜증을 어떻게든 극복해보려고 고군분투했다.

넘겨짚기는 모든 실수의 근원이다.

그 당시 레이의 기분은 좋아 보였다. 나는 레이에게 공황 발작이 일어날 때마다 기록하고 그러한 발작이 자신의 생각과 감정, 그리고 마지막으로 한 행동에 어떤 영향을 미쳤는지를 매일매일 적으라고 줄 요량이었던 일기장을 드르르 넘겨보았다. 그런 다음에는 그의 마음이 불안한 생각과 그와 동반하여 나타나는 신체 감각으로 돌진하는 것을 막기 위해 주의를 딴 데로 돌릴 수 있는 기법 몇 가지를 가르쳐주기까지 했다.

"100에서부터 거꾸로 세는 걸 세 번 해서 잡념도, 맛이 가는 것도 막아라? 앞에서부터 세도 100까지 못 세는 인간한테?"

레이의 농담에 나는 시계를 흘긋 내려다보며 웃었다. 이제 5분밖에 안 남았으니 조지가 오렌지 맛 차를 가지고 나타나기만을 바라며.

"자."

나는 내 수첩을 잡으려고 책상 쪽으로 몸을 뻗으며 말했다.

"다음 주에도 같은 시간으로 잡을까요?"

"마음대로 하쇼, 눈이 아름다운 아가씨. 그전에 뭘 좀 보여줘도 될까?"

"물론이죠."

나는 웃으며 내 수첩에 레이의 다음 예약 시간을 적고 있었고 이제 고개를 들면 레이가 지갑에서 꺼낸 브랜던의 사진을 보게 되겠거니 생각하고 있었다.

그러나 그것은 브랜던의 사진이 아니었다. 바로 내 코앞에 등장한 것은 번쩍이는 잭나이프 칼날이었다. 뾰족한 칼끝이 내 콧등에서 약 1밀리미터 떨어져 있었다.

"오, 예쁜이 아가씨. 눈이 예쁜 우리 의사 양반."

칼날을 고정한 채, 레이는 자신의 손가락 끝으로 내 눈구멍 주위를 훑기 시작했다.

이 남자는 나를 죽일 것이다.

그다음에 무슨 일이 벌어졌는지는 잘 모르겠다. 여러 이미지들이 뇌리 속으로 한꺼번에 밀려들어왔다. 철핀을 박아 연결해놓은 부러진 입으로 유동식을 빨아먹는 여자들, 자기 엄마가 무차별 난타를 당하자 비명을 지르는 어린아이들. 나는 눈을 감고 간신히 숨을 쉬고 있었다.

"빌어먹을 눈 좀 뜨시지. 눈 뜨라고, 예쁜이 의사 양반."

레이가 내 눈꺼풀을 세게 누르는 바람에 나는 소심하나마 꺄악하고 비명을 지르며 눈을 뜰 수밖에 없었다. 레이가 웃으며 말했다.

"옳지."

그는 나를 뚫어져라 바라보았고 완전한 공황 상태가 된 나도 그를 되쏘아보았다. 그의 눈동자는 회색이었고 오른쪽에만 갈색 반점이 있었다. 지기 스타더스트Ziggy Stardust, 데이비드 보위의 앨범명으로 표지 사진 속 데이비드 보위의 눈동자 색이 다르다의 데이비드 보위 같았다.

빌어먹을. 오 주여, 어찌하여 저를 버리시나이까.

레이가 내 콧등을 누르고 있던 칼끝에서 힘을 조금 빼준 덕분에 잠깐이나마 숨을 쉴 수 있었다. 어쩌면 이걸로 끝일지도 모른다, 이 만하면 자기 의사를 충분히 전달한 셈이고 나약한 모습은 보였지만 자신이 얼마나 우월한지 확실하게 각인시켰으니 이제 가려고 할지도 모른다, 고 나는 생각했다.

하지만 내 생각이 틀렸다. 그는 아주 부드럽게 칼날의 평평한 면을 내 왼쪽 눈 옆 피부 위에 댔다.

"나는 네 눈을 원해."

나는 울기 시작했다.

"이런, 이 아가씨야. 눈이 아름다운 우리 의사 양반, 울지 말라고. 자, 쉿. 눈물 뚝."

레이가 자기 손가락 끝으로 내 눈물을 만지더니 핥아먹었다.

"이거야. 이 맛이야. 아주 맛있군."

그는 내 왼쪽 눈 주위에서 납작한 칼날을 쓰다듬었다.

"너도 알겠지만 네 눈은 흉기야. 파란색의 조그만 레이저 덫이잖아. 그리고 넌 그걸 아주 잘 이용하지. 한 번 봤다가는 곧장 한쪽 덫에 빠졌다가 다른 쪽 덫에도 완전히 빠져들고 말거든. 고 눈 말이야. 파랗고 천진난만하지만 남의 비밀을 곧잘 캐내잖아. 안 그래, 자기?"

이유는 몰랐지만 왠지 고개를 끄덕여야 할 것 같았다.

"그래. 너도 내가 무슨 얘기하는지 알 거야. 네 눈은 파란색 탐조등이잖아."

레이가 한쪽 팔을 들어 올려 나치식 경례를 흉내 냈다.

"네 이플 열게 만들겠다흐! 넌 내가 걸려든 줄 알았겠지. 벌레 한 마리도 못 죽일 거 같은 그 작고 예쁜 네 공주님 얼굴에 그렇게 쓰여 있더군. 너처럼 어린 여자는, 잘난 척하는 여자는 말야, 나 같은 놈 속을 훤히 들여다볼 수 있다고 생각하지. 나 같이 미련하고 쓸모없는 놈 말이야. 이 남자는 쓰레기고 쓰레기를 수거한대. 똥을 끼고 사는 똥 같은 놈. 이게 네 생각이잖아, 안 그래, 자기?

그거 알아? 난 너 같은 인간은 질리게 만나봤어. 알량한 박애주의자 아가씨. 감옥으로 찾아오는 것들이 그중에서도 최악이지. 남자 하나 못 낚아서 창살 뒤에 갇힌 우리 같은 놈들하고라도 시간을 보내려고 찾아오는 주제에 잘난 체 하나는 끝내주는 쭈글탱이 늙은 년들. 갇혀 있는 우리는 그년들의 못생긴 상판대기도 징징거리는 염병할 목소리도 못 피할 테니까 말이야. 그런 년들은 우리한테 지네들이 필요한 줄 알지. 그런 생각하면서 좋아 죽는다니까. 그거 알아, 공주님, 내 생각엔 그것 때문에 그년들이 달아오르는 것 같아. 흥분하고. 그년들은 우리보다 더 맛이 갔다고. 불쌍하기 짝이 없어. 그년들은 참 쉬워, 딱 너처럼 말이야. 아무 미끼든 아무 사료든 주면 되는 것들이거든. 씨발 진짜 놀려먹기가 너무 쉬워.

맨 처음 속은 건 뭐 때문이었지? 눈물? 눈물을 보니까 네가 엄청 잘하고 있는 줄 알았던 거야? 눈물을 보니까 진전이 있는 줄 알았던 거냐고? 와, 잘한다 뭐 그런 생각이라도 한 거야? 돌아가신 불쌍한 애미나 재수 없는 지 애비나 새끼들을 위해서도 생전 안 흘리던 눈물 흘리는 것 좀 봐? 그런 생각을 했겠지, 그렇지? 눈물을 봤을 때 말이야. 지금 흘리는 이 눈물이랑 똑같은 눈물을 봤을 때 말이야!"

레이가 눈을 감았다가 갑자기 번쩍 떴다. 눈물 한 방울이 고분고분하게 볼을 타고 흘러내렸고 레이는 이내 웃었다.

"열네 살에 배운 수법이지. 매번 걸려든다니까. 매번."

눈물이 계속 흘러나왔다.

"흑흑. 불쌍한 나. 불쌍한 레이. 엄마도 없고 아빠는 개자식이야. 개똥 같은 인생. 불쌍한 꼬마 레이."

그는 소리를 내지 않고 웃었지만 어찌나 격렬했던지 온몸이 다 떨리고 있었다. 칼날 끝이 부드러운 피부를 쿡 찔렀다. 나는 꺅 하고 비명을 내질렀다. 레이가 깜짝 놀란 표정을 지었다. 눈물이 멈췄고 그가 칼날을 움직이기 시작했다.

"오 깜찍이 아가씨. 안 돼지. 안 돼. 안 된다고."

그가 티슈 박스를 움켜잡더니 나에게 건넸다. 벌벌 떨면서 나는 눈가를 가볍게 두드렸다. 반점 같은 핏방울이 티슈에 묻어나왔다.

"걱정 마, 깜찍이. 피는 조금밖에 안 났으니까."

"레이 선생님, 전 이 방에서 나가야겠어요."

"미안하지만, 깜찍이, 안 돼, 아직은. 내 볼일이 다 끝날 때까지는 말이야."

"볼일이 뭔데요?"

"너 말이야, 아름다운 파란 눈의 귀여운 아가씨."

"우리 볼일은 끝났잖아요, 선생님, 이제 가실 시간이에요."

"아니라니까, 자기. 내가 끝이라고 해야 끝나는 건데 내가 아직 안 끝났다고 했잖아."

나중에 이 모든 일에 대해서 찬찬히 생각해봤을 때, 그 순간 어떤 말을 건넸는지는 분명히 기억해낼 수 없었지만, 갑자기 상황이 나에게 유리하게 바뀌었다.

어림도 없어, 이 자식아. 여긴 내 상담실이고, 내 상담 시간이야. 끝낼지 말지는 내가 결정하는 거고 나는 지금 끝내겠어.

겉으로는 수동적인 모습을 계속 유지했지만 속으로는 분주했다.

그와 대적하자. 안 돼, 그가 날 죽일 거야. 그를 말로 제압하자. 안 돼, 그가 날 죽일 거야. 그럼 어쩌라고? 어쩌란 건데?

바로 그때였다. 지그문트가 하늘에서 강림이라도 하듯 내 앞에 나타났고 갑자기 믿을 수 없을 정도로 상황이 명쾌해지면서 어떻게 해야 할지를 알 수 있었다.

"그것참 큰 칼이네요, 레이 선생님."

레이는 아무 말이 없었다.

"정말 멋진 칼이에요. 크고 긴 칼날 좀 보세요. 정말 멋져요. 만져봐도 될까요?"

여전히 말은 없었지만, 레이는 나에게 칼날을 만져보라고 내밀었다.

나는 양손을 동그랗게 모아 칼의 손잡이를 부드럽게 감싸 쥐었다.

"정말 길어요. 길고 딱딱하네요. 정말 멋져요, 레이 선생님."

그는 여전히 입을 닫은 채 숨소리만 냈다. 고요하던 숨소리는 점점 거칠어지고 있었다. 나는 탈지면이라도 한가득 문 듯, 입안이 바짝 타들어가는 느낌이었다.

"그래요, 레이 선생님, 선생님 말씀이 맞아요. 저는 작은 공주지만 어떤 일이 있어도 좋은 칼날은 알아본답니다. 저도 그렇게 순진하지만은 않아요, 선생님도 아시겠지만."

레이가 나를 바라보았고 나도 바로 되돌아보기 위해 노력했다. 모두가, 모든 것이 평온했다.

"칼을 쓰다듬어봐도 될까요, 레이 선생님?"

숨을 내쉰 레이는 눈을 감고 고개를 끄덕이면서 칼날을 다시 꺼내어 자기의 파란 눈 여신이 기다란 칼날의 넓고 평평한 면에 손가락을 부드럽게 올려놓고서 차가운 강철 칼자루를 쓰다듬는 모습을 지켜보았다. 레이의 호흡이 빨라지기 시작했고 내가 칼을 쓰다듬는 동안 그는 눈을 감고 있었다. 나는 지금이 나에게 기회라는 것을 알고 있었다.

"레이 선생님, 이제 다 만졌어요. 고마워요. 이제 치워도 좋아요."

여전히 눈을 감은 채, 레이가 칼날의 안전장치를 찰칵하고 끼우자 칼날이 제자리로 쏙 들어갔다. 레이는 아직도 소리가 들릴 정도로 숨을 크게 쉬고 있었다.

좋아, 나는 속으로 혼잣말을 했다. 여섯 걸음만 가면 비상 단추가 있어. 문까지는 열 걸음이고. 정신 차리자. 이제부터 수를 셀 거야. 하나⋯⋯둘. 그래 그거야, 진정하자. 셋⋯⋯넷. 천천히 하는 거야. 다섯⋯⋯손을 뻗고⋯⋯.

"여우 같은 년!"

내가 비상 단추를 누른 순간 거대한 손이 내 목을 에워쌌다. 경보음이 울렸고 레이가 나를 헝겊 인형 다루듯 흔드는 바람에 내 발이 바닥에서 들렸다. 물에 빠진 기분이 들었다.

바로 그때, 꼼짝없이 물속에 가라앉나 보다 생각한 그 순간, 믿기지 않는 광경이 내 앞에 펼쳐졌다. 갑자기 빛이 쏟아져 들어옴과 동시에 내 상담실 문이 홱 열리더니 우람한 여자 두 명이 뛰어 들어왔던 것이다. 한 명이 레이의 얼굴에 펀치를 날리는 동안 다른 한 명은 퍼스펙스 하이힐에 온 힘을 담아 레이의 고환을 힘껏 걷어찼다.

바닥에 쓰려지려는 나를 '조세핀'이 강인한 팔로 붙잡아 자신의 근육질 몸과 넓은 가슴팍에 품어주었다. 그녀에게서는 땀과 사향 냄새와 팬스틱panstick, 배우들이 분장할 때 쓰는 막대 형태의 파운데이션 냄새가 났다. 이제 안전하다는 생각에 나는 조세핀의 품속으로 파고들었다.

내 옆에서는 레이가 두 명의 경비원에게 양팔이 등 뒤로 붙잡힌 채 얼굴을 땅바닥에 처박고 있었다. 한쪽 무릎으로 레이의 뒤통수를 짓누른 채 레이 옆에 웅크려 앉은 '대프니'가 조그만 빨간색 클러치 백을 잽싸게 열더니 경찰 신분증을 꺼냈다. 내가 부축을 받아 내 상담실에서 빠져나갈 때, 레이는 미란다원칙에 대해서 듣고 있었다.

1차 현장에서 벌어졌던 최초의 중요 사건에 대한 보고. 여전히 덜덜 떨렸지만 나의 임상 실습 지도 교수를 만나 무엇이 문제였는지 이야기를 나눠야 할 때였다.

　　크리스가 내 상담실에 들어왔고 나는 선생님이 들어올 때 어린 학생이 된 것처럼 벌떡 일어섰다. 갑자기 바보가 된 것 같았다. 다행히 크리스는 눈치채지 못한 것 같았다. 그녀는 자기 가방을 툭 던지듯 내려놓더니 커다란 테이크아웃 커피를 테이블 위에 올려놓았다.

　　대쪽 같고 똑똑한 임상심리사이자 정신과 전문의로 명성이 자자한 크리스 무어헤드 박사가 지금 내 맞은편에 앉아 나를 빤히 쳐다보고 있다. 그리고 불과 몇 주 전 실망시키지 말아달라는 말을 들었던 실습생인 나는 이 모양 이 꼴로 그 앞에 서 있다. 아주 제대로 말아먹고서 말이다.

　　크리스는 앞으로 3년 동안 내가 배정받을 여러 현장에서 실습이 끝날 때마다 나를 다음 실습지로 보내도 좋은지, 나에게 임상심리사 자격증을 줘도 괜찮은지를 결정할 인물이다.

　　"지금 기분이 어때요?"

　　"괜찮습니다. 교수님은요?"

　　크리스가 나를 뚫어져라 쳐다보았다.

　　"다시 시작할 테니까 이번엔 부디 정직하게 답하세요. 지금 기분이 어때요?"

　　"죽진 않겠죠!"

　　나는 웃으며 말했다.

"마지막이에요. 대답하기 전에 신중하게 생각하도록 해요. 지금 기분이 어때요?"

경악스럽게도 나는 울음을 터뜨리고 말았다.

"모르겠어요."

크리스는 자신의 커다란 가방 속을 뒤적이더니 티슈 한 통을 꺼내 나에게 건네주었다.

"지금 꽤 큰 충격을 받았을 거예요."

나는 울음을 그칠 수가 없었다. 크리스한테 사과를 하고 한 번만 더 기회를 달라고 하고 싶었다. 그런데 도무지 입이 떨어지지가 않았다.

"이런 일은 일어나게 마련이에요. 그렇지만 이렇게 일찍 터지는 경우는 드문데 일이 이렇게 돼서 유감이군요."

나는 웃으면서 고개를 가로저었다.

"그 상담 내용에 대해서 기억나는 대로 최대한 자세하게 얘기해 보세요."

크리스가 나에게 물컵 한 잔을 건넸다.

물컵을 받는 손이 부들부들 떨리는 게 보였다. 나는 심호흡을 한 후 최대한 기억을 되살려 설명하려고 했다. 충격은 기억에 이상한 영향을 미치는지라 크리스가 어느 정도 알아들었는지는 확신할 수 없었다. 세 자녀와 소원해졌고, 외아들인 막내에게 집착에 가까운 애정을 품고 있었으며, 자유자재로 눈물을 짜낼 수 있는 능력이 있다는 내용. 그리고 내 눈, 그의 칼, 프로이트와 남근. 이 모든 것이 기이하게 들렸다. 나는 심호흡을 했다.

"죄송해요."

크리스는 눈살을 찌푸리며 말했다.

"제가 아주 제대로 망쳤다는 건 저도 알아요. 하지만 다시는 그런 일 없을 거예요."

"어떻게 망쳤다는 건데요?"

나는 다시 한 번 심호흡을 했다.

"그 정도는 예상을 했어야 했는데. 누가 봐도 제가 잘못했다고 하겠죠."

크리스가 무슨 말인가 하려고 입을 열었지만 나는 계속 말을 해야만 했다. 그녀가 곧 하게 될 말을 차마 들을 수가 없었기 때문이다. 그래서 미안하다는 말만 몇 번이고 계속 반복했다. 크리스가 나에게 티슈를 한 장 더 건네주었다.

"콧물 나왔어요."

당황한 나는 코를 풀었다.

"왜 그렇게 미안하다는 건지 난 잘 모르겠군요."

고문과도 같은 시간이었다.

"환자한테 물이나 먹고, 과에서 소란이나 일으키고, 저 때문에 교수님하고 임상과 전체 명성에 금이 갈 수도 있게 됐고, 또……."

크리스가 나에게 그만하라는 제스처로 한 손을 들어 올렸다.

"다 내 탓이라는 그 태도는 뭡니까? 면접 때는 타냐 선생이 훨씬 자신감 있는 사람인 줄 알았는데."

크리스가 뒤로 기대앉아 커피를 벌컥벌컥 마시며 말했다.

"부탁인데 테레사 수녀 노릇 같은 건 하지 마세요. 그리고 자기 자신한테 덤터기 씌우는 짓도 그만하구요. 알겠어요?"

나는 심호흡을 했다.

"전 다만 제가 기회를 한 번 더 줘도 될 만한 사람이란 걸 알아주셨으면 했을 뿐입니다."

크리스가 사건 양식을 책상 맞은편 내가 있는 쪽으로 밀어주었다.

"이 양식부터 채웁시다."

나는 양식을 채웠다. 여전히 덜덜 떨리는 손으로. 크리스가 책상 너머로 몸을 기울여 내가 양식 채우는 걸 지켜보았다.

"그 부분은 좀 더 자세히 써야 해요. 'ㅈ'을 'ㅅ'처럼 썼잖아요. 그 남자가 당신을 '색나이프'로 공격한 게 아니잖아요?"

고개를 들어보니 크리스의 얼굴은 진지하기 짝이 없었다. 크리스의 입이 씰룩거렸고 우린 둘 다 웃기 시작했다.

"좋아요, 타냐 선생이 읊을 순 없을 테니까 내 말이나 잘 들어보도록 해요. 자, 1번 실수! 첫 상담에서 환자를 울리는 건 잘한 게 아니에요. 그건 다른 의사들한테 맡겨요.

2번 실수, 의자를 어떻게 배치하고 자신은 어디에 앉을 건지 미리 정확하게 정리하세요. 만약 양해를 구하고 환자를 지나쳐 가야지만 비상 단추를 누를 수 있다면 타냐 선생은 이미 끝난 겁니다.

3번 실수, 자신 없으면 그 방을 나갈 만한 이유를 찾아내야 해요. 이건 직업이지 소명이 아니에요. 자기희생까지 해가면서 누굴 구하고 싶으면 수녀원을 알아보세요.

4번 실수, 환자가 뭔가 보여주고 싶다고 하면 그 물건에 손을 뻗을 때까지 눈을 떼면 안 돼요. 우리가 할 일은 대화를 하는 거지 보여주는 게 아니에요. 그건 드라마 치료사한테 맡겨요.

5번 실수, 이건 내 실수였어요. 타냐 선생이 그 남자를 맡기 전에 정신과에서 이 소시오패스를 걸러내도록 내가 챙겼어야 했는데 그러질 못했으니까요.

6번 실수, 지그문트를 무시하면 안 돼요. 정말 필요한 순간에 외면했지만 구세주가 되어준 건 결국 지그문트였잖아요. 까놓고 말해서 타냐 선생은 그 환자를 완전히 거세시킨 다음 그의 잭나이프 남근을 가지고 논 거예요. 휴. 전반적으로는 잘했어요. 경험이 전무한데, 그런 사람치고는 잘해낸 편이에요. 주말 푹 쉬고 다음 주 수요일에 봅시다."

따라서 크리스는 실수를 한 가지 저질렀고 나는 다섯 가지나 저질렀지만 그래도 잘했단다. 지그문트가 도와준 덕분에 내 안구는 제자리에 그대로 남아 있게 되었고 세상은 예전처럼 잘 돌아가게 되었다. 하지만 레이는 어떤가? 내가 그를 전혀, 하나도 돕지 못했다는 느낌이 드는 건 어쩔 수가 없었다.

상담실

{2}

{
상담실
2
}

소녀는 왜 다섯 살 난 동생을 죽였을까?

"도대체 왜 죽고 싶은 거니? 넌 이제 겨우 열두 살이잖아"

아이가 목을 맨 채 대롱대롱 달려 있을 때 그 아이를 떠받치기 위해
양다리를 붙들고 있는 건 여간 힘에 부치는 일이 아니다. 아이가 몸
을 배배 꼬아 빠져나가려 하고 발길질을 하기 때문이다. 이모젠은
아무 말없이 몸부림을 쳤다. 그러다 아이가 무릎으로 내 얼굴을 세
차게 가격하자 피 맛이 났다. 우리에게 떨어진 이 무시무시한 과업
에 어울리지 않게 실내는 매우 고요했다.

"애를 위로 떠받쳐, 위로, 위로!"

어린 여자아이의 목에 가해지는 압박을 완화하기 위해 아이의
양다리를 더 높이 밀어 올리려 안간힘을 다하며 낑낑거리는 사람들
의 신음 소리. 실내복 끈은 천장에 있는 두껍지도 않은 동파이프에

고리 모양으로 묶여 있었다. 빅토리아 시대 배관 시설은 자살 성향이 있는 어린이의 건강과 안전은 염두에 두지 않고 시공된 게 분명했다. 신경성식욕부진증을 앓고 있는 왜소한 아이일지라도 체중을 고스란히 지탱해야 할 경우에는 얼마나 무겁게 느껴지는지 모른다.

"조금만 더, 밀어 올리고 버텨봅시다……버티자구요……."

헝겊을 두른 강철이 뚝 하는 소리를 내자 기이하게도 동작이 일순간 뚝 하고 멈추었다. 잠시 동안 모든 것이 고요했고 곧이어 아이가 우리의 품 안으로 떨어졌다. 좌절감은 눈 녹듯 사라지고 안도감이 밀려왔다. 나는 이 작고 연약한 여자아이를 품에 안고 살살 흔들면서 안전하다는 느낌을 갖게 해주고만 싶었다. 그러나 이모젠은 그중 아무것도 받아들일 마음이 없었다. 아이는 이를 악물고 발길질을 하고 으르렁거리면서 무차별 공격을 가했다.

"이모젠, 진정하렴. 우리 여기서 함께 헤쳐 나가보자. 아야!"

어르고 달래는 시간이 끝나자 아이의 몸은 순식간에 뒤집혔고 양팔은 등 뒤에서 붙잡혔다. 버둥거리는 다리 너머에 엎드려 있던 나는 불현듯 버럭 화를 내며 배은망덕하고 성난 이 아이에게 잽싸게 달려들어 정신이 번쩍 들게 한 다음 고분고분하게 만들고 싶은 충동에 사로잡혔다.

곧이어 상황은 종료되었다. 진정제가 투여된 이후, 아이는 벽에 완충물이 덧대어져 있고 가구가 거의 없는 우아하고 아기자기한 방인 '진정실'로 이송되었고 의료진은 해산하여 각자의 업무로 돌아갔다. 복도에서 수군거리는 소리가 들렸다.

　　　　　　　　소녀는 왜 다섯 살 난 동생을 죽였을까?

"자살에 관한 책을 빌리고 싶다고 한 애한테 사서가 뭐라고 했게? 꺼져버려. 책 반납 안 할 거잖아."

두 번째 실습 현장에 온 지 겨우 3주가 지났건만 나는 벌써 다 집어치우고 집에 가고 싶어졌다.

이곳에 오기 전 여기가 어떤 곳일지 상상해보긴 한 것 같은데 지금은 기억이 안 난다. 6개월 동안 이어질 2차 실습. 보안 수준 중급 정도인 열두 살에서 열여섯 살 사이의 아동을 위한 정신과 입원 병동에서 실습을 진행하라는 말이 떨어졌을 때, 나는 동의하면서도 내심 떨떠름했다. 이제 곧 굶고, 칼로 베고 찌르고, 죽이는 등 자기 자신에게 혹은 타인에게 온갖 방법으로 위해를 가하고 싶어 하는 아이들과 하루하루를 보내게 될 것이 아닌가.

며칠 동안 휴식을 취하면서 내 눈동자를 도려내겠다고 했던 레이의 협박에서 회복되자, 1차 현장의 나머지 기간은 훨씬 수월하게 지나갔다. 아직도 어떤 사람인지 종잡을 수는 없었지만 크리스가 훌륭한 임상심리 지도 교수라는 건 알 수 있었으며 그녀와의 면담은 즐거웠다. 그녀는 침착하고 재기가 넘쳤으며 환자들이 나에게 들려준 복잡하게 얽힌 실타래 같은 이야기를 일관성 있는 내러티브, 즉 우리 임상심리사들이 '개념화'라 부르는 상태로 만들어내는 능력이 뛰어났는데, 나는 그 능력이 존경스러웠다.

실습 생활도 리듬을 찾았고 동료 실습생들 중 몇몇과도 친구가 되었다. 내용이 어려워 쩔쩔맬 때조차 강의는 재미있었다. 실습 초기 절체절명의 순간에 나를 구원해준 것이 지그문트와 정신분석이었음에도 내가 그 둘을 그다지 좋아하지 않는다는 사실은 이미 파악하고 있었다. 해석, 무의식, 투사, 전이, 역전이……. 이 모든 게 너무 추상적이고 심판하는 듯한 뉘앙스를 풍겼다. 게다가 증거의 기반은 어디 있단 말인가?

레이 이후로 나는 멋진 사람들을 몇몇 만났다. 가끔씩 나는 조지와 함께하는 티타임에 날이 갈수록 호감도가 상승하고 있는 이디스를 초대하곤 했다. 이디스는 퇴원했다가 조지의 예언대로 재입원했다. 나의 트랜스젠더 영웅들인 '조세핀'과 '대프니'는 정기적으로 내 벽장 상담실 문을 두드리고 내 안부를 살펴주었다. 둘 덕분에 안심이 되었다. 그 현장을 떠나는 것은 아주 힘든 일이었고, 마지막 주에는 크리스와 만나 2차 실습 현장에 대해 논의해야 했다.

"음, 애들 좋아해요?"

확답을 할 수가 없었다. 일단 알고 있는 애들 자체가 별로 없었기 때문이다.

"그럼요, 애들 좋아하죠."

"잘 됐군요."

크리스가 비스킷을 베어 물었다. 그녀가 면담 도중 먹기와 대화를 동시에 하는 모습이 최근 들어 점점 더 눈에 거슬리기 시작했는데, 지저분하다는 생각도 들었다.

"그러면 청소년, 다시 말해서 10대는 어떻게 생각해요, 좋아해요?"

친히 해석까지 해주다니 고마워서 눈물이 날 지경이었다. 누가 청소년이 뭔지도 모를까 봐.

이 질문 역시 어떻게 답해야 할지 알 수가 없었다.

"넵?"

크리스가 비스킷을 차에 적시더니 혀를 늘어뜨려 흐물흐물하고 물컹거리는 비스킷 끝부분을 날름 삼켰다.

"타냐 선생 10대에는 어땠나요? 착한 소녀였나요?"

"그냥 무난했던 것 같은데요."

이건 사기에 가까운 거짓말이다. 우리 엄마한테 물어보시라. 크리스가 웃었다.

"아, 아쉽네. 나는 아주 말썽쟁이였을 거라고 생각했는데."

웃음이 나와 웃었다가 웃어도 되는 거였나 하는 생각에 아차 싶었다.

"저도 말썽이 심했던 때가 있기는 있었죠."

"그럴 거라 생각했어요. 그건 그렇고 잘 들어봐요. 우리 지역 아동 병원에 실습생이 부족하다고 해서 내가 타냐 선생을 10대를 위한 입원 병동에서 실습하게 해달라고 자원했어요."

나는 그 병동이 어떤 곳인지도 모르고 있었다.

"아, 예……."

"그러니까 앞으로 고도의 위기 상황에 처해 있고, 그것 때문에 너무 힘든 상태라서 지역사회에서는 해결할 수가 없는 아이들을 다루게 될 거예요."

"네."

크리스가 나에게 비스킷을 한 통 건넸으나 나는 고개를 가로저었다.

"따라서."

크리스가 새 비스킷을 우적우적 씹으며 말을 이었다.

"앞으로 6개월 동안 런던 근교에 있는 병동에서 위기에 처한 아이들과 그 가족들을 평가하고 다루는 일을 맡은 '다분야간 특별 협업팀'과 함께 일하게 될 거예요."

크리스가 활짝 웃었다가 나를 의심의 눈초리로 바라보았다.

나는 침을 꿀꺽 삼켰다.

"아, 네. 교수님께서 제가 해낼 수 있다고 생각하신다면야……."

"내가 그렇게 생각하지 않을 이유가 없잖아요?"

얼굴이 빨갛게 달아올랐다. 나는 얼굴 빨개지는 게 정말 싫었다. 레이 생각을 하자 심장박동이 빨라지기 시작했다.

"저기, 교수님. 그러니까요, 그게 제가 지난번 현장에서 말하자면 위기에 처한 환자한테 공격을 받았고, 그게 외래환자 병동이었잖아요……."

크리스가 눈 한 번 깜박이지 않고 나를 빤히 바라보았다.

"그래서요?"

얼굴이 한층 더 화끈거렸다. 크리스한테 겁이 난다는 말을 하기는 싫었다.

"그게요……레이를 감당하지 못한 걸 보면 어쩌면 제가 이번 현

소녀는 왜 다섯 살 난 동생을 죽였을까?

장을 맡을 준비가 안 된 걸지도 모르잖아요. 아시다시피 위기에 처한 애들에다 그 가족까지 상대해야 하는데…….”

크리스가 찢어서 펄럭이는 비스킷 포장지를 접더니 그걸 그대로 커다랗고 빵빵한 가방에 쑤셔 넣었다.

“내 생각은 달라요. 타냐 선생은 충분히 이번 현장을 감당할 수 있고 또 감당해야 해요. 강력한 팀이 든든하게 버티고 있으니까 괜찮아요. 게다가 나도 항상 여기 있잖아요.”

나는 그렇게 떠밀리듯 수락하고 말았다. 시작은 순조로웠다. 팀은 과연 강력했다. 이곳의 어린 친구들도 좋았다. 이곳에서 정말 즐거운 시간을 보내고 있었다. 그날 아침 이모젠이 목매달아 자살을 하겠다고 마음먹기 전까지는. 이제는 이곳에서 나가고만 싶었다. 내 상담실로 걸어 돌아오면서 내가 크리스의 설득에 넘어간 이유가 뭔지 생각해봤다. 나는 무엇을 증명해 보이려고 했던 걸까? 아마도 연민의 정에 흠뻑 취한 상태에서 기세 좋게 나서는 이 아이들을 진심으로 이해해주고 구원해줄 단 한 사람, 유일한 사람이 되고야 말겠다는 환상에 사로잡혀서 넘어갔던 것 같다. 그런데 이 얼마나 주제넘은 생각이던가.

나는 누구에게든 제약 없이 이것저것 묻고 대답을 들을 수 있으며, 누군가의 인생을 통째로 바꿔놓을 의사 결정 과정에 개입해도 되는 일을 하기 위해 실습을 하는 중이었다. 그렇다고 내가 전지전능해지는 것은 아니라는 점을 명심해야 했다. 이 마지막 생각에 나는 나도 모르게 실소를 머금었다. 이곳에 들어와서 자신이 전지전능한 신이라도 되는 줄 착각한 사람이 내가 처음은 아닐 것이다.

잽싸게 커피 한 잔 마시고 주요 사건에 대한 보고를 하러 가야 할 시간이었다. 자살 성향이 있는 아이가 어떻게 실내복 끈을 가지고 있었던 걸까? 그 아이는 가장 삼엄한 감시를 받고 있지 않았던가? 입원 당시에 소지품 검사를 했던 사람이 누구지? 누군가 잘리겠군. 다행스럽게도 나는 아니겠지만.

다음 날 오후 다음번 상담에서 이모젠을 마주하고 앉자 다시금 분노가 치밀기 시작했다.

전이와 역전이를 염두에 둔 채 나는 내가 누구의 분노를 느끼고 있는 건지 알아내려고 열심히 머리를 굴렸다. 이모젠의 얼굴에는 분명 목매달아 죽으려던 자신의 계획이 좌절되어 열받은 상태라고 쓰여 있었다. 아이는 죽고 싶어 했고, 우리가 그걸 막았다. 거기까진 이해가 됐다.

하지만 여기에는 내 분노도 상당 부분 섞여 있었다. 나는 3주 전 입원한 후부터 줄곧 이 열두 살짜리 아이를 맡고 있었다. 현장 실습 1년차인 임상심리사로서 나는 아이의 개인 치료사 겸 사례 관리자를 맡게 해달라고 요청했다. 이모젠이 워낙 다루기 힘들고 복잡한 환자인 까닭에 처음에는 경험 부족을 근거로 요청이 거부되었다. 사회복지사도 이모젠을 원했고, 가족 치료사도 이모젠을 원했고, 정신분석가도 이모젠을 원했다. 하지만 결국 이모젠은 내 차지가 되었다. 인지행동 치료 교육을 받으려는 사람이 나 말고는 없었기 때문이다.

이모젠은 화목한 가정 출신이었기 때문에 마음은 고맙지만 사회 복지사는 불필요한 존재였다. 상냥한 말투에 가죽 모카신을 신은 채 식주의자인 가족 치료사한테는 환자가 너무 많았다. 게다가 이번에 초점을 맞춰야 할 대상은 가족이 아니라 이모젠이었다. 마지막으로 정신분석가는? 나라면 그자가 아이들 근처에 얼씬도 못하게 할 것이다. 특히나 이모젠 같은 아이에게는 더더욱.

그랬다, 나는 심지어 그 당시에도 환자를 눕게 하고 어머니와의 관계를 떠올려보라고 한 다음 상담 시간 대부분을 환자 눈 밖에서 침묵하면서 보내는 타입과는 달랐다. 나는 바로 현재, 현장 중심의 치료법을 본능적으로 선호하는 쪽이었다.

그 당시 나는 정신분석 이론을 받아들이지 않고 있었다. 정신 분석가들이 그렇게 되는대로 아무 말이나 지껄이지 않았다면 나도 정신분석 이론에 대해 좀 더 개방적인 태도를 취하지 않았을까 싶다. 정신분석가들은 세상에서 자기들이 제일 잘난 줄 알고 있었고 오로지 자신들만이 정신 건강의 바이블을 읽고 이해하고 있다고 믿고 있었다.

삶의 근본적인 의문을 이해하기 위한 실마리는 쥐고 있지만 정작 그 근거를 뒷받침할 만한 증거는 전혀 제시하지 못하고 있다는 점에서 정신분석 이론은 언제나 지나치게 종교적인 느낌이었다.

"2년 동안 주 3회나 상담을 했는데도 여전히 살맛이 안 난다니 정말 안타깝다. 네가 아직도 의미 있는 관계를 맺지 못하고, 어떤 날에는 머리를 감는 것도 달성 불가능한 목표처럼 느낀다니, 정말 가슴이 아파. 근데 내가 말없이 조용히 메모만 하고 있는 동안 네가 여기 이 긴 의자에 누워 있는 것이 과연 올바른 치료법인지 의문을 품는다는 건 말야. 굳이 지적해서 미안하지만 그건 네가 이 치료를 힘들어하고, 다른 사람들을 폭넓게 받아들이는 것도 힘들어하고 있는 거라고 봐야 할 것 같다. 이번 반항은 너의 화풀이이자 우리가 맺은 관계에 대한 깽판인 게 분명해. 다른 관계에도 거리낌 없이 깽판을 놓은 평소의 너답게 말이야. 내가 보기에 넌 지금 일주일에 세 번이 아니라 다섯 번, 시간도 정해놓지 말고 나를 봐야 돼. 내가 휴가 가는 매년 8월만 빼고 말이야."

내가 알기로 지그문트 프로이트는 당시의 사회적 통념을 깨지 않기 위해 자신의 아버지가 강간한 여자 환자들의 이야기를 사실과 다르게 날조한 코카인 중독자에 불과했다_{프로이트는 여자 환자들이 아버지에게 강간당했다고 털어놓았으나 그중 사회적으로 명망 있는 사람이 언급되자 자신의 저서에서 아버지를 삼촌으로 바꿔버림으로써 반세기 이상 진실을 감춘 것으로 알려졌다.} 그의 아버지와 삼촌들은 여기저기서 부지런히 딸들과 조카딸들을 강간하고 있었지만 이를 폭로할 때가 아니었기 때문이었단다. 그래서 그는 코카인을 한 번 더 흡입하고는 인류 역사상 가장 여성혐오적인 이론을 만들어냈던 것이다.

그런 정신분석가에게 이모젠을 맡길 수는 없었다. 나는 그가 탐탁지 않았다. 그의 방식 역시 아주 마음에 든다고 할 수는 없었다. 그 또한 그걸 알고 있었다.

다시 이모젠과의 상담으로 돌아와서, 아직도 말이 나오질 않고 있었다. 나는 나 자신의 좌절감을 극복하고 긴장을 풀어야 했다. 하지만 죽고 싶어 하는 말없는 어린 여자아이의 눈을 보면서 긴장을 풀기란 매우 어려운 일이었다. 그런 아이를 보면 긴장을 풀고 싶어지는 것이 아니라 그 아이에게 달려들어 왈칵 내 품 안으로 끌어당겨 안은 다음 이유를 말해줄 때까지 마구 흔들고 싶어진다. '도대체 왜 죽고 싶은 거니? 넌 이제 겨우 열두 살이잖아'라는 말이 하고 싶어 입이 근질거릴 지경이 된다.

문제가 또 하나 있었는데 그건 내가 이모젠의 목에 빙 둘러 생긴 새빨간 자국에서 눈을 뗄 수가 없다는 거였다. 이 자국은 우리를 둘 다 벙어리로 만들었다. 침묵이 치료의 도구가 될 수 있다는 사실은 알고 있었지만 누가 봐도 지금의 이 침묵은 이모젠과 내가 느끼고 있는 무력감을 반영하는 침묵이었다. 나는 이모젠에게 부족한 사람이었고 이모젠은 삶에 대한 의욕이 부족한 사람이었다.

나는 부아가 치밀어 올랐다. 내 전두피질이 기능을 멈추려 하고 있었다. 얼마 안 가 나는 대뇌변연계의 지배를 받게 되어 원초적인 감정에만 충실하게 될 텐데, 여기는 그래서는 안 되는 장소였다. 나는 사고를 하고 이성적으로 굴고 내 안의 상담자를 상기해야만 했다.

그래서 나는 이모젠을 맡을 준비를 더욱 단단히 해야 했다. 그날 오전 이모젠과의 심리 치료 면담 계획을 세워보려고 했지만 크리스와의 면담은 시작부터 잘 안 풀렸다. 아침에 허겁지겁 센트럴 런던런던 중심부까지 갔건만 크리스는 담배 냄새를 마구 풍기고 방금 회의에 함께 참석한 사람들에게 욕을 퍼부으면서 교내에 있는 자기 사무실에 늦게 도착했다. 게다가 가방을 의자에 집어던지고는 컵라면까지 끓이기 시작했다.

"자, 말해봐요. 들을 테니까."

"저어……솔직히 말해서 어디서부터 시작해야 될지 모르겠어요. 안건을 준비해오기는 했는데 그걸 다 다룰 수 있을지 모르겠네요. 사실 전 한 시간 정도는 시간 내주실 줄 알았거든요."

"말 안 하고 밥 안 먹는다는 그 아이하고는 잘 되어가고 있어요?"

인공 닭고기 냄새, 냄새와 함께 들려오는 후루룩 쩝쩝 소리, 닦지 않아 턱으로 줄줄 흘러내리는 라면 국물, 늦어놓고도 사과 한 마디 없는 태도, 이 중 뭐가 제일 역겨운지 꼬집어 말할 수가 없었다.

"그 얘기를 할 시간이 될지 모르겠네요."

크리스는 꿋꿋하게 계속 라면을 먹었고 손등으로 입을 닦을 때에만 먹는 걸 멈췄다. 나는 심호흡을 했다.

"이모젠 트렌트-에번스, 메리 트렌트와 제임스 에번스의 열두 살 난 딸. 잡지 편집자인 메리는 런던에 살고 있고 짐(제임스의 애칭)은 현재 파트너인 앵거스와 로스앤젤레스에 살고 있어요. 메리는 남자 패션모델인 제이크 로빈스하고 재혼을 했고……둘 사이에 메이지란 딸이 있는데, 아 참, 있었는데, 그 애는 지난 8월에 가족 풀장에서 익사했다고 합니다. 다섯 살 때요. 강박적으로 줄넘기를 하고 자해 성향이 있는 이모젠은……."

또 한 번 후루룩 쩝쩝 소리.

"그만해요, 좀! 지금 무슨 병동 회진 보고해요?"

"죄송한데, 무슨 말씀이신지 잘 모르겠어요."

"이모젠 얘기나 하라고요. 그 아이 말이에요. 내가 보고 싶고 듣고 싶은 건 그 아이 얘기니까."

나는 얼굴이 빨개질 때마다 늘 짜증이 났는데 그건 빨간 얼굴이 나약함과 의도치 않은 취약성을 드러내기 때문이었다. 그날 나는 얼굴만 붉히다가 놀랍게도, 그만 울먹이고 말았다. 크리스는 그다지 동정적이지 않았다.

"알았어요, 이 자리가 불편하군요. 극복하도록 해요. 타냐 선생은 재능은 있는데 내 일거수일투족을 지나치게 의식하고 열을 내더군요. 내가 늦으면 늦은 거예요. 내가 다른 방식으로 보고해달라고 하면 다른 방식으로 보고하는 거고요. 이 모든 게 너무하다 싶으면 저기 문이 있으니까 나가면 돼요."

크리스가 담배에 불을 붙였다.

"그래서 이 아이를 보면 어떤 느낌이 들죠?"

"보호해주고 싶어요. 돌봐주고 싶고."

"이런 뻔한 구원 환상의 이면에는?"

"죄송한데 담배 좀 그만 피워주시면 안 될까요?"

크리스가 창가로 가서 창문을 열더니 엉덩이를 내 쪽으로 쭉 내민 채 상체를 창밖으로 내뻗은 후 토트넘 코트 로드에 대고 담배 연기를 내뿜었다.

그녀가 어깨 너머로 나를 보며 말했다.

"내 생각엔 그 애가 타냐 선생을 겁먹게 하는 것 같은데."

"저는 그 애가 겁나지 않아요. 애처로울 뿐이지. 이제 겨우 열두 살이잖아요. 그런데 여덟 달 전에 동생을 잃었단 말이에요. 그 불쌍한 애는 아기에 불과한 자기 동생이 엎어진 상태로 물 위에 둥둥 떠 있는 걸 발견했다고요. 애는 자기 엄마를 절대로 안 볼 거예요. 절대로. 왜냐하면 엄마란 여자가 자기 애보다 잡지를 더 애지중지하니까요. 게다가 그 아이의 게이 아빠란 사람은……음……집을 나가더니 지구 반대편에서 흥청망청 놀고 있어요. 이것만으로도 암울한데 거기다 가정부인 미리엄이란 여자는 영어를 거의 못하는데도 메이지가 익사한 후 해고될 때까지 계속 그 애의 양육자였고요. 마지막으로 이 행복한 가정의 대미를 장식하는 요소로 이모젠의 계부가 있는데 자기 슬픔에 빠져서 정신이 없어요. 메이지의 친아빤데 이 사람은 병원에 올 때마다 갈 때까지 내내 흐느껴 울기만 한다고요."

"진짜 슬퍼서 우는 거예요, 아님 비탄에 빠진 매력남을 연기하는 거예요?"

이 말은 웃겼고 우리는 둘 다 웃었다.

"둘 다 되겠습니다."

담배가 필터까지 다 타자 크리스는 컵라면 찌꺼기에 담뱃불을 껐다. 그녀는 다시 자리에 앉아 나를 마주했다.

"그 아이는 가냘프고 창백하고 아주아주 가녀린 희생자에 불과하죠. 강하면서 동시에 자기 헝겊 인형을 꼭 껴안는 어린애이기도 하고요."

"인형이라고요?"

소녀는 왜 다섯 살 난 동생을 죽였을까?

"네, 헝겊 인형이요. 보아하니 죽은 동생의 인형이었던 것 같더라구요."

"중간 대상Transitional Object, 유아가 어머니와의 분리로 인해 발생하는 불안을 줄이거나 달래기 위해 선택하는 대상인가요?"

"글쎄요, 아이는 그걸 절대 내려놓지도 않고 우리는 만지지도 못하게 하거든요. 냄새가 장난 아닌데 빨지도 못하게 하고요. 밤엔 인형을 입으로 빠는데, 그 모습이 꼭 얼굴에 대고 젖을 빠는 것 같아요. 낮에는 겨드랑이에 끼고 있고요, 하루 종일."

크리스는 아무 말이 없었다. 잠시 후 조심스럽게 담배를 하나 더 꺼내 불을 붙였다.

"그런데도 사람들은 그 인형을 빨고 싶어 하고요, 왜죠?"

"냄새가 나니까요."

크리스는 담배 연기를 길게 내뱉었다.

"내 말 잘 들어요. 타냐 선생을 내 실습생으로 받아들인 건 당신이 똑똑해 보여서 기초는 건너뛸 수 있을 거라고 생각했기 때문이었어요. 자, 그 인형은 곧 중간 대상이에요. 죽은 동생과의 연결 고리같은 거죠. 그 인형은 아무도 만지면 안 돼요. 그 인형이 곧 동생이거든요. 냄새를 포함해서 모든 면에서 말이에요. 위니콧Winnicott, 영국 출신으로 소아과 의사 겸 아동심리 분석가. 중간 대상이라는 개념과 그에 수반한 아이디어들로 명성을 얻었다은 실습 1년 1주차에 배우는 기초 강의 아니었나요?"

제기랄, 이 여자는 꼭 내가 바보가 된 것처럼 느끼게 한다.

"됐어요. 삐지지 말고. 이야기나 마저 해봐요."

결국 은인으로 여기게 될 멘토이더라도 처음에는 미워하게 되어 있는 거 아니었나? 크리스의 경우에는 나중에 은인으로 여기게 될지 아직 미지수였다. 나는 복식호흡으로 심호흡을 한 다음 이야기를 계속했다.

"처음에 입원 환자로 병원에 들어올 때부터 모니터링을 하면서 줄넘기 줄만 주면 강박적으로 줄넘기를 하곤 했는데요. 기회만 되면 줄넘기를 하면서 횟수를 세더라고요. 지난번 자살 시도 이후 우리가 줄넘기 줄을 빼앗았는데도 다리를 위아래로 까딱거리고 손목을 돌리는 게 보일 정도예요. 지켜보는 것만으로도 지쳐요. 그 아이는 철옹성 같아서 아무하고도 관계를 맺을 수가 없어요. 우리 중 누구라도 말을 걸면 줄넘기를 멈췄다가 대화 불능, 교감 부재 때문에 단념하고 자리를 뜨기라도 하면 바로 줄넘기를 다시 시작해요."

"그 일로 팀은 어떤 영향을 받죠?"

"그 애는 우리를 완전히 갈라놔요. 절대적으로."

"어떻게 그런다는 거죠?"

"뻔하잖아요. 교수님도 아시겠지만 다들 의견도 다르고 또 분야간 경쟁 심리 같은 것도 있으니까요. 의사들이 생물학하고 진단을 내세우면서 빌어먹을 처방 차트를 우리한테 들이대면서 인정하라고 우기는 동안, 우린 사회복지사들하고 한패가 돼가지고 동정심, 이해심, 행동조절 프로그램에 정신이 팔려 코빼기도 안 보이게 되는 거죠. 물론 정신분석가들은 이런저런 해석을 가지고 우리 주변을 얼쩡대다가 팀만 분열시키고 그것 때문에 미움을 사게 되고요."

소녀는 왜 다섯 살 난 동생을 죽였을까?

"그러니까 '그 아이의 무의식은 자기 동생을 물에 빠트려 죽이고 싶어 했다' 같은 해석 말인가요?"

크리스가 씩 웃었다.

"넵, 바로 그겁니다요."

"하지만 그 생각이 뭐가 잘못됐다는 거죠?"

"네에?"

"어쩌면 그 아이는 자기 동생이 더 이상 곁에 없었으면 좋겠다고 생각했을지도 모르잖아요? 어쩌면 너무 불안해서 강박적이고 의례적인 행동으로 제어할 필요가 있는 걸지도 모르고요. 어쩌면 어떤 신경생물학적 문제가 있어서 약물요법이 필요할지도 모르는 일이고요. 어쩌면 위기에 처한 가족 때문에 어린 나이에 슬픈 인생을 살고 있는지도 모르죠. 모르긴 몰라도 모든 분야가 다 제대로 짚은 걸 거예요. 하지만 어디까지나 다 어쩌면이고 지금 내가 짐작할 수 있는 건 당신한테 아주 힘이 센 꼬마 여자애가 한 명 떨어졌는데 그 여자애는 말도 안 하고 먹지도 않고 죽으려고만 하면서 팀을 분열시키고 문제를 일으킨다는 거죠."

그때 그 방에서는 내가 가장 두려운 것이 뭔지 감이 잡히지 않았다. 내 지도 교수인지, 내 환자인지, 그도 아니면 이번 일을 계속 그르치고 있는 내 실수인지.

그날 오후 면담에서 이모젠을 보면서 나는 텅 비고 공허한 모습을 보았다. 이 작디작은 소녀, 창백한 손목에 뚜렷하고 붉게 베인 상처가 나 있는 소녀가 크고 멍한 눈으로 나를 응시하면서 나직하게 수를 세고 있었다. 크리스가 아까 해준 말을 곱씹어보면서 나는 이 아이가 '힘이 세다'는 말이 무슨 뜻인지 이해해보려고 애썼다. 그래, 작은 상대도 힘이 셀 수 있고 동시에 연약할 수도 있다고 치자. 하지만 동생을 잃고 여위고 망가지고 불안하고 자살 성향까지 있는 아이가 어떻게 힘이 셀 수가 있다는 거지?

크리스는 이 아이의 내러티브를 찾아보라고 했고, 어쩌면 거기서 단서를 찾을 수 있을지도 모른다. 이모젠의 마음이라는 철옹성에 들어갈 수 있는 암호를 푸는 단서를.

그래서 나는 이모젠에게 이모젠의 이야기를 내가 알고 있는 선에서 들려주기 시작했다.

"옛날 옛적에 큰 도시에 있는 큰 집에 사는 여자아이가 하나 있었어요. 그 아이는 엄마와 아빠와 영어를 하나도 못 하는 미리엄이란 마음씨 착한 아줌마와 함께 살았어요. 그 아이가 세 살이었던 어느 날, 아빠가 미국에 있는 아주 멀리 떨어진 다른 도시에 있는 훨씬 더 큰 집에서 친구 앵거스랑 살기로 했어요. 이 어린 소녀는 슬펐지만 집에 남아 엄마랑 함께 살았어요. 엄마가 얼마 안 가 잘생긴 어떤 아저씨를 집에 데리고 왔는데, 이 아저씨가 어린 소녀의 새아버지가 되었어요……."

이모젠이 숫자 세기를 멈추더니 시선을 온전히 나에게 고정했다. 나는 심장이 두근거리고 목구멍이 메었다. 이모젠의 갈색 눈이 너무 커서 얼굴이 하얀 테두리처럼 느껴졌다.

소녀는 왜 다섯 살 난 동생을 죽였을까?

"이 가족은 큰 집에서 함께 살다가, 어린 소녀가 네 번째 생일을 맞이한 지 얼마 안 되었을 때, 엄마와 새아버지가 결혼을 했어요. 어린 소녀는 신부 들러리가 되어 반짝반짝 빛나는 핑크색 드레스를 입었어요⋯⋯."

맞은편에서 낮은 목소리로 웅얼거리는 소리가 들려왔고, 확신은 할 수 없었지만 그 웅얼거림은 '파란색'이라는 말인 것 같았다.

"반짝반짝 빛나는 파란색 드레스⋯⋯. 맞니, 이모젠? 파란색 신부 들러리 드레스라는 거 말이야."

이모젠이 다시 숫자를 세기 시작했다. 제기랄! 나란 인간은 어쩜 이렇게 바보 같을 수가 있을까? 나는 이야기를 계속했다.

"결혼식 후에도 이 가족은 함께 살았어요. 엄마가 세계를 돌아다니면서 일을 하는 동안 어린 소녀는 새아버지와 미리엄 아줌마와 함께 집에 남아 있었어요."

또다시 목이 막히는 느낌이 들어 생각해보니 내가 너무 오랫동안 입으로만 숨을 쉬고 있었다. 목이 칼칼해서 물을 마시지 않으면 걷잡을 수 없이 기침이 나와 뭐라고 불러야 할지 모르겠지만 아무튼 지금 이 순간, 둘 사이의 유대감을 잃게 될 터였다. 물이 있는 곳에 갈 때까지 참을 수 있을까 하는 생각이 들자 공황 상태에 빠질 것만 같았다. 나는 눈을 부릅뜨고 나를 빤히 쳐다보고 있는 이모젠의 시선에 못이 박힌 듯 내 자리에서 꼼짝달싹 못 하고 있었다. 그러다가 급기야 기침이 시작되었다. 기침 발작이 어찌나 심했던지 몸을 잔뜩 웅크려야 했다. 기침을 참아보려고 노력할수록 발작은 더 심해지기만 했다.

기침으로 눈에서 눈물을 줄줄 흘리며 허리를 구부리고 있는데 갑자기 누군가 곁에 와 있다는 느낌이 들었다. 천천히 허리를 펴면서 보니 이모젠이 팔만 뻗으면 닿을 거리에 서서 물 잔을 내밀고 있었다. 너무 놀라 충격을 받았는지 기침이 멈추었다. 나는 물 잔을 받아들고 고마운 마음으로 벌컥벌컥 물을 마셨다.

이모젠이 냄새 고약한 헝겊 인형을 겨드랑이에 낀 채 다시 자리에 앉더니 손목을 돌리며 나지막하게 숫자를 세기 시작했다. 잠시 후 이모젠이 숫자 세기를 멈추더니 들릴 듯 말 듯 아주 작은 목소리로 말했다.

"내 드레스는 파란색이었어요."

그다음에 이어진 몇 차례의 상담 시간은 특별한 일 없이 단조롭게 지나갔다. 내가 이모젠을 너무 세게 몰아붙였기 때문이었다. 파란색 드레스에 관한 '대화'에 한껏 들뜬 나는 더 많은 대화를 강요했다. 하지만 이모젠은 더 이상 입을 열지 않았다. 뭐하러 그러겠는가? 아이는 죽은 동생의 헝겊 인형을 가지고서 말없이 앉아 있기만 했다. 손목을 반 바퀴 돌렸다가 다시 제자리로 돌아오기를 반복하면서 나지막하게 숫자 세기는 잊지 않았다. 내가 모든 걸 다 망치게 될 판이었다.

크리스 교수와는 그녀가 이런저런 회의에 참석하느라 바빠 회의 사이 짬을 내 만나 커피를 마셨다.

소녀는 왜 다섯 살 난 동생을 죽였을까?

"이모젠의 의사소통 방식을 이해해보려고 노력해봐요. 그 아이를 당신의 의사소통 방식에 끼워 맞추려 하지 말고요."

"그 아이의 의사소통 방식은 다 포기하고 목매달아 죽고 싶어 하는 건데요. 그건 저도 알고 있고, 그 아이도 알고 있을걸요."

그녀가 고개를 절레절레 저으며 말했다.

"목매달기는 의사소통 전략이 아니죠. 목매달기는 대처 전략이죠. 외롭고 무섭고 이해받지 못하니까 이 세상을 떠나겠다. 그게 다예요."

그 의견을 듣고 꽤나 충격을 받았던 것 같다. 나라면 절대로 자살이 대처 전략이라는 생각을 하지 못했을 것이다. 살아보니 인생이 별로 살 만한 것이 못 된다는 것을 알게 된 절망에 빠진 어른에게 자살이 인생의 출구가 될 수 있다는 건 나도 알 것 같다. 그런 사람에게 자살은 적극적인 선택, 실패로 점철된 비참한 인생 끝에 자신이 통제할 수 있고 마침내 바로잡을 수 있는 수단이 될 수도 있다. 하지만 어린아이가 어떻게 그런 생각을 할 수 있을까?

"자, 이 문제를 한 번 다른 관점에서 보도록 해봐요. 이모젠의 행동을 병리적인 것으로 생각하지 말아보라고요. 그 아이가 '비정상적'으로 보이는 행동을 할 때 '말리는 걸' 하지 말아보세요. 그 애와 하나가 되어 함께하고 두 귀를 활짝 열어 그 아이가 자기 행동을 통해 당신에게 하려는 말이 뭔지 이해하려고 노력해보시라고요."

"그 애가 하는 행동은 자살 시도이고 병적인데 어떻게 그걸 함께 하란 말씀이세요? 그러면 얼마나 위험할 텐데……."

"내 말을 하나도 안 듣고 있군요. 자살은 출구 전략에 불과하다고요. 그거 말고 그 애가 하는 다른 행동을 보란 뜻이에요."

강의를 들으러 가야 했기 때문에 그녀와의 면담 시간을 급하게 마무리해야 했지만 다음 날 차를 몰고 병원에 가면서 나는 그녀가 해준 말을 계속 곱씹어보았다.

> 병리학: 정상 또는 건강한 기능에서 나타나는 이형, 정신 질환이나 신체 질환에 의해 유발되는 비정상적이거나 이례적인 행동 또는 사고.

아이에게 적용하기에는 암울한 개념이고 절망적인 단어였다. 이모젠의 어떤 부분이 병리화되고 있는 걸까? 아이는 위기 상황에서 입원했고 최고 수위의 감시를 받고 있었다. 자살에 이용할지도 모르는 물건은 무엇이건 소지가 금지되어 줄넘기 줄, 심지어 운동화 끈까지 압수당했다. 도움을 받으려면 그 물건들은 모조리 병리화되어야만 했다, 그렇지 않은가? 그 밖에 내가 크리스 교수의 이론에 적용할 수 있는 것은 또 무엇이 있을까?

우리가 놓치고 있는 것은 무엇일까?

병동은 한때 빅토리아 양식의 저택이었던 넓은 터에 자리 잡고 있었는데 버려진 정신병원이 대부분을 차지하고 있었다. 우리가 쓰고 있는 현대적인 시설을 제외하면 이 오래된 복합 단지에서 지금까지 제 기능을 발휘하고 있는 부분은 반대쪽 건물밖에 없었는데, 거기에는 장기 입원 중인 환자들이 거주하고 있었고 이들은 앞으로도 병원을 나갈 가능성이 거의 없었다. 폭우가 내리는 가운데 거대한 빅토리아풍 병원 터를 통과하다가 외따로 떨어진 곳에 위치한 진료소를 지났는데, 이 진료소는 전염병과 불치병에 걸린 사람들, 그리고 스스로 모든 걸 포기하고 죽을 때까지 감금해야 할 정도로 심하게 미쳤다고 판단되는 사람들을 수용하기 위해 주택촌에서 멀찌감치 떨어뜨려 지어놓은 곳이었다.

이 건물은 정신병원 뒤편, 그러니까 다른 건물들의 북쪽에 있었다. 이것은 계절풍인 남서풍이 건물의 영향력을 시내로 내려 보내지 않도록 하기 위해서였다. 그 시절에는 병이 전염된다고 믿었기 때문이다. 빅토리아 시대 사람들은 부도덕과 광기도 질병처럼 '걸릴' 수 있다고 생각하여 크게 두려워했다. 빅토리아 시대 런던의 우세풍이 서풍이었기 때문에 시 변두리의 빈민가들은 동쪽에 자리하게 되었다. 공간의 체계가 사회 체계로 자리 잡은 셈이다. 정신병자는 시의 동쪽에서도 벗어나 훨씬 멀리 떨어진 곳에 수용되었으므로 아무도, 심지어 극빈층까지도 그들의 영향권에 속하지 않았다.

차를 몰고 정신병원의 중심 도로를 올라가면서 보게 된 주택 중 왼쪽은 여성용, 오른쪽은 남성용이었다. 모든 건물에는 문명사회에서 살기 부적합하다고 여겨진 구성원들이 모여 형성된 소규모 공동체가 있었다.

도덕적 결함이 있다고 외면당한 여자들, 즉 대개 남의 집에 고용되었다가 대지주나 그 아들에게 강간당해 사생아를 낳은 여자들이 그곳에 있었는데, 자식을 빼앗긴 후 버려진 것이었다. 그녀들은 '박약자, 정신병자, 백치'로 여겨지던 간질 환자들 그리고 우울증, 불안증, 학습 능력 장애, 정신이상이 있는 사람들과 함께 살았다.

이들은 남녀가 따로 살아야 했다. 이들이 내통하여 후손을 낳는 것을 하느님이 금하기 때문이라는 명분이었다. 그러나 기다란 길을 따라 나 있는 거대한 덤불숲은 진상을, 은밀한 결합의 이야기를, 접촉과 친밀감에 대한 욕망을 들려주었다. 이곳에서 벌어진 끔찍한 이야기들을 들은 적이 있다. 시설 관리를 맡은 사람들이 입원 환자들을 성적으로 착취했다고 했다.

내가 일하고 있는 장소의 역사를 떠올리다 보니 '병리학'이라는 단어에 분개하게 되었다. 정신 건강을 다루는 장소에서 의학을 모방하여 '정상'과 '비정상' 사이의 경계를 못 박은 말이기 때문이다. 마치 그런 경계가 존재하기라도 하는 것처럼 말이다. 나아가 정신 건강 장애를 겪고 있는 자들을 '건강한' 세계에 속한 나머지 사람들로부터 분리시키기까지 했다. 하지만 요즘의 우리는 계몽되지 않았던가? 우리는 더 이상 그 사람들을 전염병 환자로 보지 않는다.

그러면서도 우리는 19세기 정신병원이었던 이곳에서 이 아이들을 치료하겠다고 애쓰고 있었다. 어쩌면 결국 옛날과 달라진 것은 별로 없는 것인지도 모르겠다.

이모젠의 줄넘기. 그 아이의 줄넘기와 숫자 세기, 그리고 왼쪽 팔과 양쪽 허벅지의 부드러운 피부에 나란히 여러 개 나 있는 깊이 베인 상처들, 이 행동들은 병적 불안 조절 전략, 부적응 대처 방식으로 분류되었다. '잘못된' 대처라고.

물론 틀린 분류는 아니었다. 과도하게 강박적인 행동과 의례화된 행동은 결국 효과적인 불안 조절 방법이 되지 못하기 때문이다. 불안한 생각은 면밀한 숫자 세기와 그 밖의 다른 행동의 의례화로 단기적 조절은 가능하지만 장기적으로 볼 때 그처럼 강박적인 행동은 이모젠으로 하여금 불안의 근원, 제어하고자 하는 욕구의 근원에 도달하는 것을 가로막는다.

나는 이 아이가 외부 세계에서는 믿을 수 없을 정도의 제어력을 보여주지만 내면은 완전한 혼란 상태라는 점을 깨닫기 시작했다. 아이는 자제력을 잃고 있어서 두려운 것이다. 줄넘기는 정신을 잃지 않기 위한 방편이었다.

그러한 행동들을 모두 병리화함으로써 우리는 그 행동들을 기저질환 증상으로 간주하기만 했다. 우리는 항불안제와 줄넘기 금지, 소리 내어 숫자 세기 금지, 당연하게도 입원 중 자해 금지와 같은 행동 제한으로 대응했고, 이로 말미암아 이모젠이 자기 자신을 다스릴 수 있는 유일한 방법을 사실상 제거해버림으로써 결과적으로 고통스럽고 감당하기 벅찬 내면세계에 대처할 수단을 모조리 빼앗아버렸던 것이다. 우리는 이모젠이 하는 행동과 우리 눈앞에 보이는 광경을 참을 수가 없어서 그걸 중단시키기로 결정했던 것이다. 이 불쌍한 아이가 죽고 싶어 했던 것도 당연하다 싶었다.

이모젠은 불안하다. 왜일까? 그 답은 간단했다.

1. 어머니의 부재로 감정의 억제가 이루어지지 않았다.

2. 아버지의 부재로 부정을 느끼지 못했다.

3. 업무 수행 능력은 괜찮을지 모르지만 보살펴야 하는 대상에게 감정을 말로 표현하는 방법을 학습시킬 만한 언어능력을 갖추고 있지 않은 미리엄이라는 여자에게 양육을 받았다.

4. 메이지의 익사 후 미리엄이 해고되어 미리엄에 대한 상실감을 맛보아야 했다.

5. 자신의 슬픔에만 지나치게 사로잡혀 있어 의붓딸을 돌볼 수 없을 정도로 감정을 필요 이상으로 드러내는 새아버지에게 양육을 받아야 했다.

6. 이부 자매인 동생 메이지가 물에 빠진 현장을 발견했으나 구하지 못했다는 죄책감이 있다.

7. 갑자기 자기 인생에 나타나 자신이 독차지하고 있던 것을 모조리 빼앗아가버린 메이지가 사라졌으면 좋겠다는 무의식적 욕망 때문에 더더욱 두려운 것일 수도 있다.

결국 정신분석가와 상의해봐야 할지도 모르는 상황이었다.

불안 요인이 실재하는 만큼 충분히 이해할 만한 상황이었고 그토록 어린아이가 벅차게 느끼는 것도 당연했다. 그 모든 일을 이해할 수 있도록 도와줄 정서적 버팀목도 없었고, 고문에 가까운 고통을 느끼면서도 이를 언어로 표현할 능력도 갖추고 있지 못했다. 또한 그 일이 이모젠의 잘못이 아니고, 이모젠이 비난받을 짓을 한 것도 아니고, 이모젠에게는 동생을 죽일 이유도 의지도 없었다고 말해줄 사람도 없었다.

소녀는 왜 다섯 살 난 동생을 죽였을까?

그러나 이는 고통으로 가득한 이모젠의 세계에 들어가보라는 크리스의 제안에 대한 해답은 아니었다. 어떻게 하면 이모젠의 내면에 들어갈 수 있을지 아직도 그 방법을 몰랐다. 이모젠은 아직도 말을 못 한다. 그렇다면 이모젠이 할 수 있는 건 무엇일까?

바로 그때, 막 병원 밖에 주차를 하고 시동을 끄던 순간 떠오른 것이 있었다. 이모젠이 할 수 있는 건 줄넘기이다. 나는 허둥지둥 가방을 움켜쥐면서 차에서 내릴 참이었다. 정신분석가의 의견을 들어볼 필요가 있었다. 몸을 돌려 차문을 열려던 나는 깜짝 놀라 기절할 뻔했다. 장기 거주자 중 한 명의 벌거벗은 엉덩이가 내 차창에 짓눌린 채 닿아 있었기 때문이다. 나는 조수석 쪽으로 엉금엉금 기어가 차에서 내렸다.

그 후 정신분석가와 가진 면담에서는 상투적인 말만 잔뜩 들었다. 우디 앨런과 알모도바르스페인의 영화감독으로 대표작은 〈그녀에게〉이다의 결합이랄까.

나는 한쪽 벽에 정신분석의 필수 용품인 긴 의자가 놓여 있는 작고 어두컴컴한 방에 들어갔다. 추상무늬 복제화와 햄스테드에 있는 안나 프로이트Anna Freud, 지그문트 프로이트의 딸로 아동심리학계의 권위자이다의 집에서 보낸 엽서들이 나란히 붙어 있었는데 다듬지 않은 복잡한 눈썹을 한 프리다 칼로의 자화상을 복제한 커다란 그림 한 점이 워낙 압도적이라 다른 건 눈에 잘 들어오지도 않았다. 바닥에 깔린 빛바랜 킬림kilim, 아나톨리아와 발칸 반도, 또는 이란 일부 지역에서 태피스트리 기법으로 짠 보풀 없는 수직바닥 덮개 러그 위에는 책이 높다랗게 쌓여 있었다(책등이 닳아 있는 책은 거의 없었다). 먼지 냄새가 났다.

나는 정신분석가에게 이모젠과 함께 줄넘기를 해야겠다고 말했다. 어떻게 하면 팀, 그중에서도 특히 병원의 위생과 안전을 담당하고 있는 간호사들을 설득해서 이모젠에게 줄넘기 줄을 돌려주게 할 수 있겠느냐고 물었다.

"그 사람들이 왜 그래야 하죠? 그걸 돌려주면 그 애가 목을 매달지 않을까요?"

"줄넘기 줄로는 안 그럴 거예요. 그건 아이한테 굉장히 의미 있는 물건이거든요. 그건 그 애 목소리나 다름없어요."

침묵. 또다시 이어지는 기나긴 침묵.

그냥 나한테 말을 하라고, 당신 생각이 어떤지 나한테 말을 하라니까.

"지금 저한테 허락을 구하시는 거예요?"

그가 물었다.

젠장, 답답해 죽겠네.

"아뇨. 의견을 구하고 있는 겁니다."

또다시 침묵. 잠시 후 그가 마침내 입을 열었다.

"제 의견은 당신이 소신을 따라야 한다는 겁니다."

이런 왕재수. 나는 그 방을 나와 간호사실로 직행했다. 놀랍게도 간호사들도 좋다면서 나에게 이모젠의 줄넘기 줄을 건네주었다. 그러나 '좋아. 그럼 말만 하지 말고 어디 행동으로 보여보시지'의 의미로 수락한 건 아닐까 하는 강한 의심이 들기는 했다. 그래서 나는 행

소녀는 왜 다섯 살 난 동생을 죽였을까?

동에 옮겼다.

나는 눈을 반쯤 감은 채 레크리에이션 룸 창가에 앉아 나지막이 숫자를 세면서 가녀린 손목을 돌리고 있는 이모젠을 발견했다.

그곳은 이모젠이 매일 찾는 장소였다. 거기서는 창문을 통해 다른 입원 환자들과 직원들이 최근에 파놓은 연못을 내다볼 수 있었다. 연못 파기는 굉장히 유익한 활동이었지만 우리로서는 이모젠에게 함께하자고 권할 수가 없었다. 이모젠과 물은 서로 상극인 셈이라 이모젠한테나, 우리한테나 너무 위험했다.

"이모젠, 선생님 왔단다. 우리가 함께 보낼 시간이야."

무반응.

"이모젠, 너 보러 이렇게 왔잖니. 우리 함께할 시간이라니까."

역시 무반응.

"이모젠, 이거 네 거라고 알고 있는데."

줄넘기 줄을 이모젠 옆 창틀에 올려놓자마자 이모젠이 고개를 돌려 그걸 보았다.

"자, 이모젠, 우리 같이 밖으로 나가자."

"접시 위에 젤리,

접시 위에 젤리.

꿈틀꿈틀, 흔들흔들, 꿈틀꿈틀, 흔들흔들

접시 위에 젤리."

이모젠은 노래를 부르면서 줄넘기를 계속하는 나를 빤히 쳐다보왔다.

"꼬마야, 꼬마야, 땅을 짚어라.

꼬마야, 꼬마야, 뒤를 보아라.

꼬마야, 꼬마야, 오른쪽으로 돌아라.

꼬마야, 꼬마야, 왼쪽으로 돌아라.

다음엔 다음엔, 맘대로 돌아라."

이번에도 무반응.

"나는야 파란 드레스를 입은 독일 소녀.

내가 좋아하는 건 말이야.

선장님께 경례하기,

여왕님께 절하기,

잠수함 못 본 척하기.

나는 탭댄스도 출 수 있고,

다리 찢기도 할 수 있고,

이렇게 홀카 폴카도 출 수 있지요."

역시나 무반응.

"한 선원이 바다로 나갔네.

뭐가 보이나 보려고 나갔네.

그런데 보이는 거라곤

깊고 푸른 바닷물뿐이었다네."

내 평생 이렇게 열심히 줄넘기를 한 적은 없었다. 사실 10년도 넘은 옛날, 초등학교 6학년 때 이후 처음이었다. 땀이 비 오듯 줄줄 흘렀고 사지가 쑤셨다.

"미안, 이모젠. 이제 그만해야겠어."

"나는 깊고 푸른 바닷물 속에 있었어요."

목 주변에 불그스레하게 부은 자국이 나 있고 죽은 동생의 냄새 나는 헝겊 인형을 겨드랑이에 힘주어 끼고 다니는, 세상에서 가장 심각한 이 작은 아이에게서 들어본 말 중 가장 긴 말이었다.

"깊고 푸른 바닷물 속에 있었니, 이모젠?"

"나는 바닷물 속에 있었어요. 파란색 드레스를 입고서."

우리는 서로를 쳐다보았다. 내 심장이 마구 뛰고 있었다.

"나는 싫었는데."

"뭐가 싫었는데, 이모젠?"

"배고파요."

"그래, 이모젠. 가서 뭐 좀 먹자."

나는 진전을 보이고 있다고 속으로 되뇌었다. 땀을 줄줄 흘리면서 나는 머릿속에서 이모젠에게 일어났던 일을 그려보았다. 나는 뿌듯했다. 드디어 이해의 길목에 들어선 것 같았기 때문이다. 나중에 알게 된 거지만 사실 나는 단단히 착각하고 있었다.

가족 치료실의 일방투명경 뒤에 앉아 가족 상담을 지켜보는 일은 솔직히 말해서 흥미진진했다. 나는 그 사람들을 볼 수 있지만 그 사람들은 나를 볼 수 없기 때문이다. 한편으로는 불편하기도 했다. 도대체 이런 치료 전략을 생각해낸 사람은 누굴까? 가족들은 누군가 자신들을 관찰하고 있다는 사실을 알고 있지만 '평상시처럼 행동'하도록 교육받았다. 나는 죄책감이 들었다.

이모젠은 엄마인 메리와 새아버지 제이크 사이에서 창백한 얼굴로 가만히 앉아 있었다. 제이크는 울었지만 메리는 울지 않았다. 둘은 죽은 메이지를 발견하는 순간을 되새기고 있었다. 가족 치료실에 부드러운 모카신을 신고 이들과 함께 있는 나의 동료가 상황을 주재하고 있었다.

"그날 일을 들려주세요."

부부가 들려준 내용은 다음과 같았다.

그날도 평소와 다름없는 날이었다. 딸들은 밖에서 놀고 있었다. 메리는 집 안에 있는 사무실에서 일을 하고 있었는데 LA에 있는 어떤 유명 인사의 비서와 통화 중이었다. 제이크는 자기 에이전트와 홍보 담당자, 매니저와 유명 브랜드 수영복 론칭에 필요한 사진 촬영을 앞두고 협의 중이었다. 평범한 가정에서 볼 수 있는 평범한 날이었다.

"너는 어디 있었니, 이모젠?"

소녀는 왜 다섯 살 난 동생을 죽였을까?

이모젠은 바닷속에 있었다고 했다. 그러더니 나에게 가족실로 들어와서 자기를 꺼내달라고 했다.

지금 생각해도 부끄럽기 짝이 없다. 일방투명경 뒤쪽 방에서 가족 치료 상담실에 들어섰을 때 제이크와 나 사이에 어떤 느낌이 스쳐지나갔다. 서로 눈빛을 주고받은 것이다. 나는 런던 시내 곳곳에 있는 대형 광고판에서, 버스 외부 광고에서 그를 본 적이 있었다. 그런데 이모젠의 개인 상담사로서 가족 상담에 합류하면서 그와 내가 실제로 같은 방에 있게 된 것이다. 그의 눈빛도, 희미하게 번진 웃음도 광고판에서 본 것과 똑같았다. 그는 내가 어떤 기분인지 정확하게 알고 있었고, 더 최악인 것은 그가 알고 있다는 걸 내가 알고 있다는 사실을 그 또한 알고 있었다는 사실이었다. 찰나의 순간이었지만 이모젠은 눈치를 챘다. 자기 새아버지와 나 사이에 오간 그 '느낌'을 아이도 감지했던 것이다. 유감스럽지만 당연하게도 나 또한 너무나 인간적인 면을 드러낼 수밖에 없는 존재였고 이 점이 이모젠을 실망시키고 말았던 것이다.

내가 재빨리 정신을 차린 순간 이모젠이 벌떡 일어나 의자를 들어 올리더니 그걸 일방투명경 쪽으로 집어던졌다. 아이는 퀴퀴한 냄새가 나는 죽은 동생의 인형을 겨드랑이에 낀 채 상담실을 뛰쳐나갔다. 혼란스러운 가운데 나도 허겁지겁 일어나 이모젠을 쫓아갔다. 병원을 나가는데 경보음이 요란하게 울리기 시작했다.

밖에는 비가 내리고 있었다. 순식간에 모든 것을 흠뻑 적셔 번드르르해 보이게 만드는 가랑비였다. 바닥이 미끄러워 구두를 발로 차서 벗어 던졌지만, 나뒹굴고 있는 이판암이 발바닥을 찌르자마자 후회가 물밀듯 밀려왔다. 하지만 내게 멈출 여유 따위는 없었다. 나는 계속 달려야 했다. 이 통증은 나 자신의 어리석음에 내가 내리는 벌이었다.

등 뒤로는 동료들이 고함을 치며 2인조로 조를 나눠 작디작은 우리의 추적 대상을 막으려 애쓰는 소리가 들렸다. 내 이름을 부르는 소리도 들렸지만 이모젠이 아직 시야에 잡히는 상황이라 감히 멈추거나 속도를 늦출 엄두가 나지 않았다. 이모젠이 도망을 치게 된 것은 전적으로 내 책임이었으므로 아이를 따라잡아야 할 책임도 내게 있었다.

정신병원을 가르는 중심 도로 끝에 다다라 출구 쪽 모퉁이를 돌았을 때 심장이 쿵 하고 멎을 것만 같았다. 이 폐쇄된 공동체에서 나오면 병원 밖의 세상, 고속도로와 닿는 널따란 B-로드영국의 도로 번호 체계는 A-로드와 B-로드로 나뉘는데 전자가 국도라면 후자는 지방도와 같은 개념으로 A-로드에 비해 교통량이 적은 편이다가 나온다는 사실을 깜빡 잊고 있었다. 겁에 질린 채 좌우를 두리번거리던 나는 고가 도로를 향해 전력 질주하고 있는 작은 사람 한 명을 발견했다.

숨은 턱까지 차올랐고 다리는 납덩이가 달린 듯 무거웠다. 그러다 문득 이놈의 나라는 도대체 왜 자살 성향이 있는 아이들을 도로에서 이렇게 가까운 데다 데려다 놓은 건가 하는 의문이 들었다(이때가 마지막이 아니었다). 이 길은 고가 도로들이 늑골처럼 놓여 있는 큰길이라 자살을 하려는 사람들에게는 투신할 수 있는 완벽한 발판이나 다

소녀는 왜 다섯 살 난 동생을 죽였을까?

름없었다. 이런 생각을 하며 계속 달리던 나는 울기 시작했다.

우리는 고속도로 쪽, 문명과 대도시 쪽을 향하고 있었다. 이모젠은 속도를 늦추고 있었지만 나는 그러지 않았다.

온몸이 젖어 추웠다. 이모젠의 목숨을 구하겠다고 무작정 달렸던 것 같다. 이모젠을 계속 지켜보던 나는 아이가 고가 도로 장벽으로 기어오르는 모습을 보았다. 나는 눈을 깜빡이지도 고개를 돌리지도 않았다. 대책 없는 생각이긴 하지만 내가 이모젠에게서 눈을 떼지 않으면 이모젠이 뛰어내리지 않을 거라는 생각이 들었다.

이모젠에게 가까이 다가가니 자동차 소음과 트럭이 울리는 경적 소리가 들렸다. 이 작은 소녀를 발견한 사람들은 가던 길을 멈추고 차에서 나와 위를 향해 외쳤다. 두 남자가 밴에서 뛰어내려 경사면을 뛰어오르기 시작했고 다른 한 사람은 갓길에서 뭔가 열성적인 톤으로 통화를 하고 있었다.

이모젠에게 접근하면서 나는 본능적으로 속도를 늦췄다. 당장이라도 뛰어내리려는 사람한테 덤벼들면 그 사람은 뛰어내리고 만다. 발은 따끔따끔 쓰라리고 근육은 욱신욱신 쑤시고 폐는 거의 터져버리기 직전이었던 나는 움직임을 멈추고 가만히 서 있었다.

이모젠이 장벽 위에서 고개를 돌려 나를 보았다. 모든 소음이 싹 사라진 듯했다. 아이는 차분했고 나를 향해 미소를 짓고 있었다. 나는 비와 땀에 흠뻑 젖어 있었고 내 평생 그 어느 때보다 거칠게 숨을 헐떡이고 있었다. 몸을 앞으로 숙이고 손으로 무릎을 짚은 후 뜻밖의 마라톤이 몰고 온 피로를 회복하고 싶었지만 눈길을 돌릴 수가 없었다.

이모젠이 먼저 시선을 거두었다. 아이는 죽은 동생의 냄새나는 헝겊 인형과 함께 장벽 가장자리 너머, 그 아래 자동차들로 꽉 막혀 있는 도로를 바라보았다. 멀리서 사이렌이 울리고 있었다. 나는 천천히 이모젠 쪽으로 다가가기 시작했다.

"이모젠, 내가 널 깊고 푸른 바닷물 속에서 건져내도 될까?"

나 또한 차분해졌다. 어느새 나는 할머니네 거실로 돌아가 피로 물든 카펫을 응시하고 있었다. 이모젠이 입술을 우물거리고 손목을 돌리면서 나를 다시 한 번 바라봐주었다. 아이는 이제 곧 눈앞에 닥칠 일을 가늠하고 있었다. 나는 아이에게 내 품으로 오라고 했다. 그러자 아이는 내게 와주었다.

나는 이모젠에게 내 팔을 단단히 두른 다음 내 쪽으로 잡아당겨 품에 안았고 우리는 함께 반들반들하게 젖은 포장도로 위에 털썩 드러누웠다. 나는 공중에 붕 떠 있기라도 한 것처럼 가뿐한 기분이었다. 그때 내 위로 쿵 하는 소리가 나서 보니 우린 어느새 고속도로 경사로를 전력 질주하느라 땀에 젖고 숨을 헐떡이고 있는 남자들 밑에 깔려 있었고 그들의 팔이 우리를 감싸 안고 있었다.

삶은 계속되었다. 병원에는 어린아이들이 나타났다 사라졌다 했다. 이모젠과는 상담을 계속 이어나갔다. 나는 이모젠이 유일하게 대화를 허락하는 사람이 되었다. 그 덕에 이모젠과 대화를 할 수 있었다.

시간이 흐르면서 이모젠은 병원 내 학교에도 다니게 되었고 '점진적 분리 요법sliding-in technique'을 이용한 후에는 나 외의 다른 사람들과 함께 있어도 자신 있게 대화를 나누고 수업에도 참여할 수 있게 되었다. 이모젠은 총기가 넘치는 아이였다. 점진적 분리 요법이란 내가 이모젠과 이야기를 나누는 동안 교사 한 명을 함께 배치하는 것으로, 둘은 시간을 두고 조금씩 가까워지다가 마침내는 우리의 꼬마 환자가 그 사람을 우리 둘의 대화에 끼워주게 되는 것을 말한다.

줄넘기와 숫자 세기는 거의 완전히 중단되었는데, 가끔씩 재발할 때는 아이가 뭔가 힘들어하고 있는데 우리가 그 점을 놓쳤다는 뜻이었다. 자해는 옛일이 되었다. 이모젠은 살도 올랐다. 결국에는 끈 묶는 운동화도 신을 수 있게 되었고 허리끈 묶는 실내복도 입을 수 있게 되었다. 이제는 퇴원을 계획해야 할 때였다.

정신병원 입원은 누구에게나 무서운 일이지만, 퇴원은 그보다 훨씬 더 무서운 일이다. 우리는 팀을 이루어 몇 달에 걸쳐 아이들과 퇴원에 관한 이야기를 나누고 아이들에게 주말 휴가를 주고 아이들을 외래팀에 소개시켜 일반 학교로 복귀할 수 있도록 유도했다. 우리는 아이들에게 이 과정이 오래 걸릴 수밖에 없다고 말해주었는데, 그 이유는 준비할 것도 많은데다 아이들에게 서서히 우리와 정을 떼면서 작별할 수 있는 시간을 줘야 했기 때문이다. 사실 이 아이들을 떠나보내는 우리 마음도 영 편치는 않았기 때문에 우리에게도 충분한 시간이 필요했다.

우리는 아이들이 우리를 떠나기 전에 조금이라도 감정을 행동으로 표출하기를 바랐다. 바깥세상이 너무나 무섭게 느껴지기 때문에 이 아이들은 불안한 나머지 어떻게든 병원에 남아 있을 방법을 찾고 싶어 했다. 이들의 불안은 우리에게 보호 본능을 일으킬 수 있기 때문에 우리 곁에 계속 남아 있으려는 아이들의 욕구에 우리도 덩달아 장단을 맞추는 일이 없도록 우리 스스로도 열심히 노력해야 했다. 우리라고 이 아이들을 곁에 두고 안전하게 지켜주고 싶은 마음이 왜 없겠는가!

자, 이제부턴 솔직해지자. 어떤 아이의 인생을 180도 좋은 방향으로 바꿔놓아 이제 그 아이가 살고 싶어 한다는 사실을 알고 있는 상태에서 그 아이를 애초에 죽고 싶게 만든 이 거지 같은 세상으로 다시 내보내야 한다면 그게 얼마나 어려울지 상상이 되는가? 오만하기 짝이 없는 내 보호 본능을 재단하기 전에 당신들의 보호 본능부터 들여다보길 바란다.

이모젠은 퇴원 계획을 순조롭게 착착 밟아가고 있었다. 사실 너무 잘해내고 있어서 무서울 지경이었다. 그럼에도 동료들은 이모젠을 떠나보내기 싫어 힘든 마음을 잘 추스를 수 있도록 나를 세심하게 배려해주었다. 따라서 이모젠과의 개별 면담 횟수가 줄었고 얼마 안 가 나 또한 이모젠을 떠나보낼 준비를 하는 팀에 속한 또 한 명의 팀원에 지나지 않게 되었다. 그런데 막상 이렇게 되고 나니까 너무나 화가 났다.

이때 크리스 교수는 '무기한' 휴직 상태였다. 재활원에 들어갔다

소녀는 왜 다섯 살 난 동생을 죽였을까?

는 소문이 돌았다. 타이밍이 정말 기가 막히게 안 좋았다. 나에게는 나를 이끌어줄 누군가가 절실히 필요한 때였다. 크리스 교수와 연락할 방법이 없다는 사실이 그렇게 화가 날 수가 없었다.

동료들에게 이모젠이 우리한테 뭔가 말하지 않은 게 있는 것 같은 예감이 든다고 말하자, 그들은 이모젠과 '거리두기'를 해야 한다며 나를 가르치려들었다. 나는 그건 내 문제지 이모젠 문제가 아니라는 말만 계속 들어야만 했다.

저번 거울 사건 이후로는 모든 것이 순조로운 듯했다. 이모젠과 이모젠 가족과의 만남도 평온했다. 이모젠은 전보다 말이 많아졌고 이모젠의 어머니는 이제 귀를 기울였고 꽃미남 새아버지는 격한 흐느낌을 멈췄다. 마치 깨진 거울처럼 모든 것이 말끔히 수리되고 있었다.

그런데 어째서 내 마음은 불안한 걸까?

나는 나와 가장 친한 세 친구들과 술집에서 만나 얘기를 나눠보기로 했다. 이들은 내가 언제나 믿고 의지할 수 있는 친구들이었다. 실습을 시작한 후로는 그 어느 때보다 이 친구들의 필요성이 절실해졌다.

대학 때부터 계속 알고 지내고 있으며 지금은 인사 담당자가 된 알리가 물었다.

"온 가족이 제대로 소통하게 되었으니까 좋은 결과를 달성한 셈인데 뭐 때문에 그렇게 의심을 해. 그냥 퇴원하라고 하고 잘 먹고 잘 살게 내버려둬."

학창 시절부터 알고 지낸 친구로 지금은 연구원이 된 똑똑한 미건은 이렇게 말했다.

"이 꼬마 숙녀는 너희 병원에 있으면서 수개월 동안 이미 너한테 도움을 받았잖아. 이제 문제 행동도 사실상 없어진 거나 마찬가지고, 자기 생각과 감정과 행동 사이의 관계도 이해하고 있고, 앞으로는 자기 인생에 직면하기로 한 거 아니야? 너도 그만 다음 환자로 넘어가. 여기서 네가 할 일은 다 끝났잖아."

초등학교 때부터 알고 지내는 내 가장 오랜 친구, 사랑스럽고 다정한 로지는 지금 웨이트리스 일을 하면서 두 번째 학위를 준비 중인데 이런 의견을 내놓았다.

"뭔가 잘못된 것 같으면 누구한테 조언을 구해봐."

대체 어딜 가서 조언을 구해야 한단 말인가? 크리스 교수가 갑자기 사라져버리는 바람에 버림받은 기분이 들었고 너무나 화가 났다. 나는 아무런 낌새도 느끼지 못했다. 크리스 교수는 특이하긴 했지만 재활원에 가야 할 사람이라고 생각할 만한 점은 전혀 없었다. 세상에, 나는 이 일에 얼마나 젬병인가? 내 지도 교수가 신경쇠약에 걸린 것도 못 알아채다니.

학교에서는 크리스 교수의 소재에 대해서 일절 함구하고 있었고, 이번 현장의 실습 기간이 끝나가고 있었기 때문에 나에게 다른 담당 교수를 구해줄 시간이 없다고 생각했다. 일대일 지도를 받을 수 있는 사람을 병원 내에서 구해보는 게 어떻겠냐는 제안을 받았다. 그래서 나는 병원에서 그런 사람을 구했다.

소녀는 왜 다섯 살 난 동생을 죽였을까?

방 안에서는 여전히 먼지 냄새가 났고 책등은 여전히 멀쩡했지만 프리다 칼로 그림이 걸린 벽 옆에 놓인 긴 의자에 몸을 뻗고 누우니 사실 기분은 좋았다.

"그 애는 아직 나갈 준비가 안 됐어요."

침묵.

"어쩐지 너무 쉽다고요."

더욱 무거운 침묵.

나는 매니큐어 바른 손톱을 야금야금 뜯다가 굳은살을 베어 물었다.

"이봐요. 제발 말 좀 해봐요. 이렇게 갑작스럽게 회복됐다는 게 말이 돼요? 이렇게 분노에 가득 차 있는 애가 퇴원해서 아무렇지도 않게 잘 먹고 잘 살 리가 없다는 거 우리 둘 다 잘 알고 있잖아요."

나는 내 옷의 소매를 잡아당겼고 생살이 드러날 정도로 손톱을 물어뜯었다.

"나는 애가 왜 회복됐는지 알아야겠어요. 애는 너무……상처가 너무 크기 때문에 이보다는 뭔가 납득할 만한 사연이 있어야 말이 된단 말이에요."

그의 침묵 덕분에 나는 불현듯 우리가 이 말 없는 여자아이의 진짜 사연을 잘 모르고 있다는 사실을 깨달았다. 우리는 아이를 검사하고 통제하기만 했지 애초에 그런 행동을 유발한 원인이 무엇인지는 여전히 파악하지 못했던 것이다. 그 아이의 진짜 사연도, 내가 첫날 아이에게 들려주려고 했던 그 이야기의 결말도 모르고 있었다.

그때 그가 입을 열었다.

"제 생각에도 이 아이의 진짜 사연은 동생을 잃은 슬픔보다 더 심각할 것 같군요."

제기랄, 지그문트. 내 말이 그 말이었다고.

"그 밖에 이 아이와 관련해서 뭔가 다른 일은 없었나요?"

그가 물었다.

무슨 말을 해야 할지 알고 있었지만 나는 그 말을 할 수가 없었다. 분석가가 있는 방에서 긴 의자에 누워 그 말을 한다는 게 너무 상투적이란 생각이 들었다.

"그 아이가 도망치기 전에 부모와 상담하는 시간이 있었는데, 그 아이 아빠와 제가 서로 어떤 느낌을 주고받았어요, 눈빛으로요."

나는 바보가 된 기분이었다. 그는 아무 말도 하지 않았다.

"그래요."

나는 살짝 꼬리를 내렸다.

"제가 쓸데없는 소리를 했네요. 상관도 없는 괜한 소리를. 빨리 얘기 좀 해봐요. 이제 제가 어떻게 해야 하는데요?"

곧이어 창백하고 과묵하고 말수 적고 신처럼 구는 이 분석가가 나를 충격에 빠트렸다.

"세상에, 지금부터 어떻게 된 일인지 전부 알아내세요. 너무 늦기 전에. 빨리요!"

이모젠이 퇴원을 일주일 앞두고 있어서 나는 다급했다. 정신분석가들을 정말 싫어하던 내가 갑자기 정신분석가와 일터에서 가장 친한 친구가 되어버렸다. 내 머릿속은 엉망진창이었다. 다시 한 번 그를 찾아갔지만 그는 다시 과묵한 사람으로 돌아간 상태였다. 그 떨림의 순간을 발설해버리다니 내가 너무 바보 같았다는 생각이 들었다.

이모젠의 엄마인 메리와 새아버지인 제이크는 다시 행복해졌다. 메리는 또다시 임신했고 이부 자매를 빼앗아간 그 기이한 사고 이후 인생은 이모젠에게 희망을 가져다주었다. 이제 곧 메이지를 대신할 아기가 태어날 것이다! 모두가 행복했다.

그들이 행복하지 않을 이유가 뭐가 있겠는가? 나는 인생을 살아갈 준비가 된 행복하고 건강한 소녀를 못 보내주겠다고 버티는 이기적이고 나쁜 여자가 되어가고 있었다.

나는 자기 연민을 접기로 했고 마침 모두들 구내에서 열릴 여름 행사 준비에 여념이 없을 때였는데 연못을 멍하니 바라보고 있는 이모젠을 발견한 것도 바로 그때였다.

"안녕."

내가 말을 걸었다.

이모젠은 대답하지 않았다.

"이모젠, 와서 솜사탕 좀 먹어볼래?"

이모젠이 웅크리고 앉아 있었다.

이모젠과 물. 오 마이 갓! 무서워해야 하는 건가? 아니야, 정신 바짝 차리자. 이 아이는 진전을 보이고 있어. 자기 자신을 어떻게 다스러야 하는지 알고 있다고. 침착하자.

"안녕, 이모젠. 잘 지냈니? 이야, 솜사탕이 막 손짓하는 것 같지 않니! 얼른 사러 가자."

이모젠은 겨드랑이에 끼고 있던 헝겊 인형을 빼내더니 그걸 연못으로 던졌다. 나는 연못 속에 손을 넣어 냄새나는 헝겊 인형을 물에서 들어 올린 다음 이모젠에게 돌려주었다.

"에이, 왜 그래. 병원을 떠나게 돼서 화가 나니? 우리 그 얘기 좀 해볼까? 인형한테 화풀이하진 말고!"

이모젠이 헝겊 인형을 내 발치 연못에다 또다시 던졌다. 그러더니 침착하게, 또박또박 말했다.

"미안해, 하지만 널 구해주진 않을 거야."

이모젠은 연못에서 등을 돌리고 엎어져 있는 죽은 동생의 인형을 골똘히 쳐다보고 있었다. 가슴이 철렁 내려앉았다. 이모젠의 얼굴이 다시 가면을 쓴 것처럼 변했고, 그와 동시에 손목이 일정한 리듬에 따라 원을 그리기 시작했으며 입술은 소리 없이 숫자를 세느라 씰룩거렸다.

'이제야 애도를 하는구나!' 하고 나는 속으로 생각했다.

나는 나의 꼬마 환자 옆에 무릎을 꿇은 채 아이를 살살 달래서 다시 내 품으로 오게 하려고 애썼다.

"이모젠, 넌 지금 이 순간 아주 벅찬 감정을 느끼고 있는 거야. 메이지가 물에 빠져 죽은 일 때문에 네가 아주 슬프고 불안한 거야."

물속으로 점점 가라앉고 있는 인형에서 한시도 눈을 떼지 않은

소녀는 왜 다섯 살 난 동생을 죽였을까?

채 이모젠이 고개를 절레절레 흔들었다.

"이모젠, 우리 저 인형을 연못에서 꺼낸 다음 어디 조용한 데로 들어가서 이야기 나누는 게 어떻겠니?"

이모젠이 다시 한 번 고개를 절레절레 흔들었다.

"내 말 잘 들어보렴. 선생님 생각에는 지금 우리가 메이지의 인형을 이 연못에 그대로 가라앉게 내버려두면 이모젠 네가 엄청나게 슬퍼할 것 같아. 이거 메이지의 인형이잖아, 그렇지 않니? 이제 메이지가 인형을 아껴줄 수 없게 됐으니까 네가 대신 그 중요한 임무를 맡아주어야지."

마침내 이모젠이 돌아서서 나를 보았다.

"나는 인형을 구해주고 싶지 않아요."

싸늘한 기운이 느껴졌다.

"어머 어째서?"

나는 인형을 집으려고 몸을 웅크렸다.

"짜잔, 이렇게 우리가 함께 구할 수 있단다."

"싫어요!"

이모젠이 내 팔을 움켜잡았다. 아이는 몸을 벌벌 떨면서 숨을 헐떡이기 시작했다.

"싫어. 싫어. 싫어. 싫어. 싫어. 싫어. 싫어. 싫어. 싫어. 싫어."

이모젠이 내 위로 몸을 내던졌다. 아이를 안자 아이의 심장이 두근거리고, 온몸이 부들부들 떨리는 게 느껴졌다. 아이는 땀을 흘리고 있었다.

"알았어. 쉬쉬. 괜찮아. 선생님이 미안해. 정말 미안해. 그래, 그래. 우리 인형은 저기다 그냥 놔두자."

아이가 내 품에 앉아 등을 내 가슴에 밀착시키고 다리를 내 다리 안으로 쏙 집어넣었을 때 나는 아이를 흔들어 진정시키기 시작했다. 우리는 한동안 이렇게 앉은 채로, 연못 물을 먹어 점점 부풀어 오르면서 무거워져 가라앉기 시작하는 인형을 응시했다. 시간은 천천히 흘러갔고 우리 뒤 행사장에서 행복한 아이들의 소리가 들려오자 나는 점차 긴장이 풀렸다. 그때 이모젠이 움찔하면서 나에게서 몸을 뺐다.

"왜 그러니, 이모젠?"

"너무 느려요."

"괜찮아. 이제 가라앉기 시작했으니까."

"너무 느리다고요."

이모젠이 내 품에서 뛰쳐나가 연못을 헤치고 들어갔다. 나는 엎드린 자세로 잽싸게 기어가 이모젠을 잡은 다음 연못 밖으로 끌어내려고 했다. 나는 겁이 나서 죽을 것만 같았다. 이모젠이 지금 물에 빠져 죽으려는 건가? 연못으로 엉금엉금 기어들어가던 나는 얼어붙고 말았다.

이모젠이 인형을 수면 아래로 살살 밀어넣고 있었던 것이다. 아이는 무언가 중얼거리고 있었다. 나는 아이가 하는 말이 무슨 말인지 들어보려고 애썼다.

"이제 괜찮아, 메이지. 다 괜찮아질 거야. 사랑해, 메이지. 넌 이제 안전해. 더 이상 나쁜 일이 안 일어날 테니까. 내가 약속할게, 메이지. 이미이모젠의 애칭 언니가 약속할게."

이모젠은 자기 동생을 물에 빠트리려 하고 있었다. 나는 구역질이 났다. 내가 지금 뭘 보고 있는 거지? 환상 재현인가? 아니면 일종의 종결책, 즉 인형을 원래 주인에게 돌려주려는 걸까?

'그래, 그거야.'

나는 혼잣말을 했다. 이모젠이 인형을 아주 천천히, 살살 물에 빠트리고 있었기 때문에 나에게는 이 일에 관하여 찬찬히 생각해볼 틈이 생긴 셈이었다.

이모젠에게 헝겊 인형은 메이지, 또는 죽은 동생과 접촉할 수 있게 해준 중간 대상이었다. 처음 병원에 왔을 때, 이모젠은 실어증과 퇴행 증상을 보였다. 극단적인 절망과 극심한 고통을 행동으로 전달하는 말 못하는 허약한 신생아나 다름없는 상태였다. 밤에는 젖을 빨듯 인형을 빨고 낮에는 인형을 자기 옆에 끼고 위로해주었다. 자기 동생을 곁에 둔 것처럼 말이다.

시간을 두고 우리는 이모젠이 치유될 수 있도록 도왔다. 아이는 자신의 슬픔을 표현했고, 가족들도 새로운 이해와 수용의 장에 도달했다. 앞으로 태어날 아기가 생기면서 가족은 밝은 미래를 앞두고 있었다. 이제 아픔을 딛고 나아갈 일만 남은 셈이었다.

바로 그거였다. 모든 게 맞아떨어졌다. 이제 상황을 다시 컨트롤할 수 있을 것 같았다. 우리가 헝겊 인형이 연못 바닥으로 가라앉게 내버려두기만 하면 이모젠은 평온을 찾을 수 있을 것이다. 이제 헝

겉 인형이 완전히 물속에 잠기자 이모젠이 그 위에 발을 얹었다. 이제 극복하고 앞으로 나아가야 할 때였다.

"이모젠, 이제 다 됐니? 이제 인형은 메이지랑 함께 있게 된 거니?"

이모젠은 고개를 돌려 나를 보고는 차분하고 또렷한 목소리로 말했다.

"네. 이젠 아저씨도 더 이상 메이지를 못 만질 거예요."

이모젠은 연못에 대고 토를 했다. 그러고 나서 입을 닦더니 말을 하기 시작했다. 뒤이어 들려준 이야기는 목소리도 그다지 또렷하지 않았고 순서도 뒤죽박죽이었지만 나는 모든 걸 이해할 수 있었다.

이모젠은 다섯 살이 된 메이지가 익사하는 걸 거들었는데, 다섯 살이란 나이는 이모젠 자신이 새아버지인 제이크에게 성적 학대를 당하기 시작한 나이였다. 이모젠은 메이지가 집 안에 있는 수영장에 빠지는 걸 가만히 지켜보다가 동생이 물 위로 떠오르지 못하도록 메이지의 머리 위를 발로 살짝 눌렀다.

이모젠은 자기 동생을 성적 학대로부터 보호하기 위해 자신을 새아버지에게 내주고 있었다. 자기가 새아버지에게 '특별한 우정'을 언제나 즐길 수 있게 해주면 새아버지가 메이지 근처에 얼씬도 하지 않을 거라 생각했기 때문이었다. 그러나 이모젠이 제아무리 노력해도 새아버지는 더 이상 자신을 원하지 않는다는 사실을 깨닫게 되었고, 자신이 나서서 메이지를 보호해야 한다는 사실을 알게 된 것도 바로 그때였다.

하지만 상황은 점점 더 힘겨워지기만 했다. 이모젠이 점점 자람에 따라 새아버지가 이모젠에게 느끼는 매력이 점점 줄어들었던 것이다. 새아버지는 아주, 아주 어린아이만을 원했다. 이모젠은 새아버지의 성적 대상이 자신에서 어린 동생으로 대체되고 있다는 사실을 알고 있었다.

"동생을 죽게 내버려둘 작정은 아니었어요. 미리 계획한 건 아니었지만 동생이 수영장에 빠졌을 때 건져낼 수가 없었어요. 동생을 위해 할 수 있는 일이 뭔지 깨달았거든요."

대기에서는 연못 냄새와 토사물 냄새가 났다.

"제가 제 동생, 메이지를 죽였어요. 그러니까 경찰한테 알려서 절 좀 감옥으로 데려가주세요, 네?"

내가 이모젠을 두 팔로 재빨리 안아 올린 다음 연못에서 걸어 나오자 이모젠은 작고 지친 머리를 내 목에 기댔다. 우리가 병원으로 걸어 들어갔을 때, 정신분석가가 입구에서 우리를 기다렸다가 커다랗고 포근한 담요로 우리 둘을 감싸주었다.

상담실

{3}

생모를 거부하는 여자

"이 모든 것은 외로움에서 시작되었다"

마틴은 불편한 기색이었다. 시뻘건 얼굴로 바닥만 쳐다보면서 지금 껏 보아온 그 누구보다도 야무지게 양손을 꼭 맞잡은 채 있었는데, 그동안 마틴의 파트너인 엘리스는 꼿꼿이 앉아 힘겹게 둘의 애로 사항을 설명하고 있었다. 나는 이 둘을 안심시켜 주고 싶었지만 나의 새 진료실에는 집단 쪽팔림의 기운이 감돌고 있었다. 마틴과 엘리스는 감각집중훈련 섹스요법을 받으려고 나를 찾아왔다. 이 요법으로 말할 것 같으면 매우 기발하고 효과적이지만 주재하는 입장에서는 정말 무시무시했다.

1차 의료 기관인 일반의 진료소GP Practice, 영국의 1차 의료 기관으로 한국 의 보건소와 가장 가까운 시설이며, 영국에서는 바로 전문의가 있는 큰 병원으로 가는 것은 불가능하다. 일단 자신의 거주지에 위치한 일반의 진료소에 등록해 그곳에서 일반의(General Practitioner: GP)의 소견을 받아봐야 한다. 환자의 위중함에 따라 GP가 직접 치료하거나 약을 처방해주기도 하고, 필요한 경우 2차 병원에 의뢰하기도 한다에서 근무한 지 겨우 3일밖에 지나지 않은 때였다. 커피 머신을 어떻게 작동하는지도 몰랐고, 새 동료들의 이름조차 간신히 기억해내는 처지였으며, 책상 위에 놓인 두터운 갈색 환자기록부, 나만 기다리고 있는 진료 의뢰건들 때문에 완전히 기가 질려 있던 때였다.

마지막으로 이모젠을 본 이후 몇 주가 흘렀지만 여전히 그 아이 생각을 떨쳐버리지 못하고 있었다. 아이는 여전히 내 곁에 남아 있었다. 심지어 이모젠이 나오는 꿈까지 꾸곤 했다. 새아버지는 기소되었고 어머니는 그와 이혼한 후 아기가 태어날 때쯤 이모젠이 생부 곁에 있을 수 있도록 미국으로 이사 갈 예정이었기 때문에 이모젠이 안전하다는 사실은 알고 있었지만 그래도 나는 그 꼬마 숙녀가 보고 싶었고 가끔씩 얼굴을 보면서 잘 지내는지 확인해야만 할 것 같았다. 6개월이라는 짧지 않은 기간을 단위로 다른 현장에 배치되는 임상 실습이 나에게는 너무 잔인했기 때문에 그다음 환자들에게는 정을 붙이지 않으리라 다짐했다.

단절감이 너무 심한 나머지 나는 환자들에게 '몇 회차 환자'라는 말을 붙이기까지 했다.

일반의 진료소에 배치되어 얼마나 다행스러웠는지 모른다. 대학 측에서는 그토록 참혹한 아동이 있는 현장을 지도 교수의 지원도 받지 못하고 끝마치게 된 나를 딱하게 여겨 힘에 덜 부치는 곳에 배치하기로 결정을 내린 듯했다. 그 점은 나도 감사하게 여기고 있었다.

이 진료소는 앞서 경험한 두 현장보다 훨씬 편안하고 익숙하게 느껴졌다. 이 일반의 진료소도 대도시에 분포한 다른 진료소들과 다를 바 없이 약간 허름했고 지나치게 비좁아 대기 중인 기침 환자들, 우는 아이들, 요란한 소리를 내는 지저분한 장난감들로 발 디딜 틈이 없었으며, 과로에 지친 여섯 명의 일반의에게 진찰 예약을 하겠다고 전화를 거는 사람들 때문에 끊임없이 전화벨이 울렸다. 이번 현장은 잘해낼 수 있을 것 같은 예감이 들었다.

딱 한 가지 예상되는 난관은 이제 막 복귀한 크리스 교수를 다시 보는 일, 그리고 내가 그녀 때문에 얼마나 열받았는지 티 내지 않고 함께 하던 일을 계속하는 것이었다.

1주차가 끝나갈 때쯤 나는 진료소 근처에 있는 마켓 스트리트 카페로 크리스를 만나러 갔다. 화사한 가을 아침이었고 거리를 따라 시장 가판대가 막 세워지고 있던 참이었다. 카페의 유리창은 김이 부옇게 서려 있었다. 카페에 들어서자 이미 와서 뒤쪽 테이블에 자리를 잡고 앉아 있는 크리스가 보였다. 가슴이 쿵쿵 뛰기 시작했다.

우리는 서로 인사를 주고받았지만 형식적인 느낌을 지울 수가 없었다. 크리스 교수는 더할 나위 없이 예의 바르게 나를 대했고 심지어 유쾌해 보이기까지 했지만 경계하는 기색이 역력했다. 처음에 마신 커피도 자신이 샀는데 두 번째 커피도 자신이 사겠다고 우겼다.

"굉장히 좋아 보이시네요, 크리스 교수님. 정말 좋아 보여요."

크리스가 자신의 에스프레소 잔을 내려다보며 말했다.

"그런가요. 고마워요. 오늘은 컨디션이 꽤 괜찮네요."

가시방석에 앉은 기분이었다. 아직 풀지 못한 둘 사이의 문제에 대해서 말을 꺼내야 할지 말아야 할지 갈피를 잡을 수가 없었다. 그때 크리스가 침묵을 깼다.

"그래, 듣자 하니 지난번 청소년 병원 실습 막판에 엄청난 일을 해냈다면서요?"

"그런 말을 들으셨어요? 누구한테요?"

"나만의 소식통이 있답니다."

크리스가 킬킬거렸다.

"아뇨, 정말 누구한테 들으신 건데요? 그 건을 저 혼자 해결했다는 건 아시죠?"

크리스가 얼굴을 찌푸렸다.

"글쎄요, 딱히 혼자라고는 할 수 없는 게……."

"아뇨, 전 혼자였다고 생각하는데요."

제기랄. 내가 화를 내고 있잖아. 그 일은 그냥 넘기고 이번 실습 현장 얘기나 시작해야 한다는 걸 알고는 있었지만 나로서도 어쩔 수가 없었다. 나는 해명이 됐든 뭐가 됐든 크리스의 말을 들어야 했다.

나는 두 번째 커피를 홀짝이다 입술을 데었다.

"도대체 어딜 갔다 오신 거예요?"

"뭐라고요?"

"아시잖아요, 제 실습 기간 막바지에 말이에요. 어디 계셨냐고요?"

크리스의 눈빛이 단호해졌다.

소녀는 왜 다섯 살 난 동생을 죽였을까?

"개인적인 이유로 자리를 비웠다는 말을 들었을 텐데요."

나는 커피를 호호 불며 고개를 끄덕였다.

"그런데 무슨 말을 더 해달라는 건가요?"

내 심장이 마구잡이로 뛰었다. 크리스는 그녀 특유의 제스처, 즉 '눈 한 번 깜빡이지 않고 뚫어져라 쳐다보기' 자세를 취하고 있었다. 나는 이런 크리스에게 대적할 정도로 간 큰 사람은 못 되었다.

"아뇨, 그런 건 아니고요. 전 그러니까 그냥 교수님이 괜찮으신 지 알고 싶었을 뿐이에요."

"방금 나더러 좋아 보인다고 하지 않았어요?"

나는 속이 울렁거렸지만 고개를 끄덕이며 말했다.

"네, 좋아 보이세요."

"그럼 더 할 말 없는 거네요."

크리스가 나를 보고 미소를 짓더니 곧 이맛살을 찌푸리며 황설탕 한 봉지를 에스프레소에 넣고 휘휘 저었다. 나는 어색한 침묵에 쩔쩔매고 있었다.

"좋아요. 그럼 이제 이야기를 계속해봅시다. 일반의 진료소를 찾는 환자들 중 4분의 1에서 3분의 1 정도가 정신 건강에 어려움을 겪고 있어요. 하지만 이건 타냐 선생도 이미 알고 있겠죠."

젠장, 이 여자의 두뇌는 회전이 너무 빠르다. 이로써 우리는 공식적으로 일 얘기로 넘어가게 된 것이다. 나는 아직도 어떻게 맞받아칠지 그 생각만 하고 있었다. 어쩔 수 없이 나는 재빨리 실습생 모드로 돌아갔다. 일반의 진료소를 찾는 환자의 4분의 1에서 3분의 1이 정신 건강에 어려움을 겪고 있다니. 나는 모르고 있던 사실이었다. 맙소사, 그렇게나 많단 말이야.

"그럼요, 저도 그건 알고 있었죠. 휴, 앞으로 6개월 동안 그 사람들을 전부 다 봐야 하는 건 아니어야 할 텐데요!"

내가 왜 웃기려고 애쓰고 있는 거지? 어째서 엄마의 사랑을 되찾으려고 짓궂은 장난을 치는 아이가 된 기분이 드는 거지?

크리스는 에스프레소를 계속 홀짝이고 있었다.

"골드버그와 헉슬리 모델정신 질환 관리를 받기까지의 경로를 5단계와 4가지 여과장치로 기술한다에 대해서는 어떻게 생각해요?"

젠장.

"그건 제가 아는 모델이 아닌 것 같은데요."

나 좀 봐달라고, 이 여자야. 임상 실습 이제 겨우 1년차란 말이야. 그런데 벌써 소시오패스하고 자살 성향 꼬마를 상대했다고, 그것도 나 혼자서.

크리스는 갈색 서류철을 테이블 위에 탁 하고 내려놓았다. 폴더 안에는 학술 논문이 잔뜩 들어 있었다.

"이것 좀 읽어야겠어요."

나는 거수경례를 하며 대답했다.

"알겠습니다, 대장님."

"좋아요, 그럼, 난 이제 가봐야겠어요. 행운을 빌게요."

뭐라고?

"잠깐만요! 이번 현장을 위한 계획은 뭔데요? 전 누구누구를 만나게 되는 거죠? 문제점은 뭐고요?"

크리스가 일어서더니 갈색 서류철을 내려다보며 말했다.

"그 안에 답이 다 있어요."

떠나던 크리스가 카페 출입문에 다다르자 돌아서며 덧붙였다.

"미리 준비할 생각을 안 했다니 아쉽군요."

크리스 뒤로 문이 닫히면서 종이 딸랑딸랑 울렸다.

믿을 수가 없었다. '개인적 사유'랍시고 코빼기도 내밀지 않더니 내 인생에 다시 나타나서는 그 어떤 해명도 하지 않고, 이모젠 건을 잘 다뤘다는 칭찬 한 마디 없이 대화를 교묘하게 조종해서 결국 날 바보로 만들어놓고 남들 다 보는 데서 창피를 주다니!

엄청나게 고마워요, 크리스. 이 나쁜 X.

카페 안에 있는 사람들이 나를 쳐다보고 있었다. 바로 옆 테이블에 앉아 있던 한 노부인이 벙어리장갑 낀 손을 내 쪽으로 내밀더니 내 팔을 쓰다듬어주었다.

"아유, 딱하기도 해라. 방금 혼이 난 것 같던데. 너무 마음에 담아두지 말구려."

그 노부인은 내게 접시 위에 놓인 케이크를 권했다.

"배턴버그(두 가지 색의 스펀지케이크를 구워서 그 위에 마지팬(아몬드, 설탕, 달걀을 섞은 것. 과자를 만들거나 케이크 위를 덮는 데 쓴다)을 잼으로 붙여서 씌운 케이크 좀 들어봐요. 그러면 기운이 날 테니."

아주 환상적이군. 3차 현장인데 벌써 대박 실수가 하나 나오다니.

감각집중훈련 섹스요법은 불안의 영향을 받은 섹스는 체계적 둔

감화 프로그램을 요한다는 관점에서 출발한다. 이 요법은 전문가의 지도하에 섹스의 타성에 빠진 커플이 지금까지 거친 단계를 되짚어 보고 처음으로 돌아가 천천히 진도를 나갈 수 있도록 섹스에 점진적, 단계적으로 접근하는 방법이다. 치료 전문가는 욕구를 좌절시킬 의도를 가지고 단계마다 제약을 가한다.

성적으로 멀어진 이성애 커플이 여자 쪽은 여자 쪽대로 경직되고 건조할 때, 남자 쪽은 남자 쪽대로 제대로 발기가 되지 않았을 때, 삽입에 광적으로 집착하면 재앙을 초래하게 된다. 마틴과 엘리스가 바로 그런 상황이었다.

감각집중훈련 섹스요법은 커플로 하여금 서로를 성적으로 '재발견'할 수 있게 해준다. 옷을 입은 채로 애무도 하고 키스도 하지만 치료 전문가의 허락 없이는 다음 단계(옷을 입은 상태에서 마사지, 상체 애무)로 진행할 수조차 없다.

이론에 따르면 사람이란 본능적으로 제약에 저항하고 싶은 욕망이 생기게 돼 있다는 것이다. 두 사람에게 약간의 제약을 가한 다음, 점차적으로 다음 단계로 나아가게 하다 보면 열정이 되살아나게 된다는 논리였다. 어떻게 보면 내 역할은 마틴과 엘리스가 집 안 소파에서 하던 일을 들키지 않으려는 10대로 되돌아갈 수 있게 도와주는 것이었다. 즉 그들의 섹스를 '야하고' 재미있게 만들어주는 것이었다. 나는 두 사람의 섹스 가이드, 성적 쾌감을 위해 상황을 주도하는 지배자가 되어야 했다.

이 모든 일은 공포증 제어에 관한 증거 기반 이론하에 심리학적

소녀는 왜 다섯 살 난 동생을 죽였을까?

으로 정당화된다. 치료 전문가는 단계별로 섹스와 관련하여 커플이 지닌 불안을 완화시킨다. 물론 막상 실전에 닥치면 무지 어색해진다. 나는 목청을 가다듬었다.

"물 마시고 싶은 분 계신가요?"

둘 다 고개를 가로저었다. 나는 정말로 물이 마시고 싶었지만 두 쌍의 간절한 눈동자가 눈에 밟혀 차마 움직일 수가 없었다.

"좋습니다. 그럼 시작해보도록 합시다."

마틴이 의자에서 들썩거렸다.

"두 분의 친밀한……음……행동에 대하여 생판 모르는 낯선 사람과 이야기를 나눠야 하는 이 자리가 좀 어색하실 줄은 저도 잘 알고 있습니다만……."

나는 어설픈 미소를 지었다.

"우리는 그럭저럭 해낼 수 있을 겁니다."

그럭저럭 해낸다고?

"자, 엘리스 씨가 해준 말을 제가 제대로 이해하고 있는지 한번 짚어보도록 하겠습니다. 두 분은 사귄 지 11년째라고요?"

엘리스가 고개를 끄덕였다.

"지금은 약혼한 상태고 내년 여름에 결혼하실 예정이죠?"

이번에도 역시 엘리스가 고개를 끄덕였다.

"축하드립니다!"

희미하고 수줍은 미소.

좋아, 진전이 있어.

"음……그러니까 두 분이 지금 성관계에 어려움을 겪고 계셔서 예전으로 돌아가기 위해 도움을 받고 싶으신 것 같군요."

마틴이 두 눈을 감고 가만히 숨을 내쉬었다. 엘리스가 마틴의 손을 잡고 다시 한 번 고개를 끄덕였다.

"자, 저한테 두 분 얘기를 좀 해주실까요."

엘리스가 마틴을 바라보았다. 그는 이맛살을 찌푸리고 있었다.

"괜찮으시면, 마틴 씨, 마틴 씨가 얘기를 해주시면 굉장히 좋을 것 같네요."

마틴의 얼굴이 백지장처럼 새하얘졌다. 엘리스가 마틴의 손을 꽉 쥐었다.

"괜찮다면 당분간 얘기는 제가 해야 할 것 같아요. 마틴은 여기 오고 싶어 하지 않았거든요."

엘리스가 얼굴에서 반들반들 윤기가 흐르는 파트너 쪽으로 고개를 돌리며 말했다.

"그렇지, 자기야?"

마틴이 고개를 끄덕였다.

"물론 괜찮습니다."

나는 마틴을 보고 미소를 지었지만 마틴은 황급히 눈길을 돌렸다.

"음, 저희는 둘 다 서른이에요, 맞지, 마틴?"

고통에 찬 끄덕임.

그렇다면 두 사람은 나보다 일곱 살이 많군.

"저흰 대학에서 만났어요. 신입생 때 같은 기숙사에서 생활했거든요."

"그렇군요! 어느 대학이죠?"

"케임브리지요. 전 영문학을 전공했고 마틴은……, 자기는 역사 였지, 그렇지?"

둘 다 나보다 머리가 좋군.

나는 마틴으로부터는 그 어떤 종류의 반응도 기대하지 않았다.

"좌우지간, 저는 지금 출판사에 다니고 있고 마틴은……."

마틴이 의자에서 몸을 곧추세우더니 처음으로 내 눈을 똑바로 바라보았다.

"전 정치부 기잡니다."

"자기야, 정말 잘했어!"

엘리스가 자기 약혼자를 보고 환하게 미소를 지었지만 그의 얼굴은 새빨개졌다. 나는 숨이 턱 막혔다.

"자, 제가 어떻게 도와드리면 될까요?"

마틴이 무슨 말인가 하려는 찰나 엘리스가 끼어들었다.

"저희는 아주 행복한 커플이랍니다. 그렇지, 마틴?"

마틴은 아무 대답도 하지 않았다. 엘리스는 아랑곳하지 않고 말을 이었다.

"그리고 결혼 생각에 아주 들떠 있답니다. 삶에 대한 만족도도 꽤 높은 편이고요."

엘리스가 나를 흘낏 보았다.

나는 고개를 끄덕이며 미소를 지어 보였다.

"그런데 섹스가 조금 문제예요."

엘리스가 희미한 미소를 지으며 계속해서 말했다.

"대단히 심각한 문제는 아니지만 지금 해결하고 싶긴 하거든요. 제 말은 그러니까 저흰 뭐든 잘하고 싶다는 거죠. 그렇지 자기야?"

마틴이 두 눈을 감았다. 끔찍한 순간인 만큼 개입이 필요했다.

"담당 의사이신 에이브러햄스 선생님께서 의뢰서에 적어놓으신 내용을 알려드리면 도움이 될지 모르겠네요."

나는 파일을 열면서 말을 이었다.

"자, 엘리스 씨, 당신은 성교통, 그러니까 성교 시 통증을 느낀다고 하셨는데 검사 결과 신체적 원인은 전혀 없는 걸로 나왔네요. 마틴 씨는 발기부전과 조루 때문에 고심 중이시고요. 따라서 성심리 이슈로 다뤄야겠죠. 두 분을 뵙게 돼서 저도 굉장히 기쁘고요, 그런 만큼 호흡이 아주 잘 맞을 것 같네요."

나는 의기양양하게 말했다. 방 안에는 싸늘한 침묵만이 감돌았다.

*

"저런 저런, 최악의 타이밍에 이루어진 개입의 전형적인 예가 되겠군요."

나는 크리스와 통화 중이었다.

"그게 무슨 말씀이세요?"

내가 물었다.

소녀는 왜 다섯 살 난 동생을 죽였을까?

"무슨 뜻이냐면 치료사로서 실언을 했다는 거죠."

"고마워요, 교수님. 이미 알고 있는 걸 알려줘서요. 지금 저한테 필요한 건 도움이라고요."

쩝쩝, 쪽쪽거리는 소리 외에 수화기 너머에서는 아무런 소리도 들려오지 않았다. 나는 통화 중에 뭔가 먹는 사람을 정말 싫어한다. 살의에 가득 찰 정도로 말이다.

"저기요, 교수님, 이 커플 얘기를 계속하기 전에 여쭤보고 싶은 게 있는데요. 진지하게 들어주세요. 그날 카페에서 왜 절 버리고 가신 거예요?"

후루룩거리는 소리. 비위가 뒤틀렸다.

"준비가 덜 됐으니까요."

크리스가 마침내 내뱉은 말이었다.

"뭘 준비해야 할지 알았다면 좋았겠죠."

또다시 후루룩거리는 소리. 이제 수화기를 머리로 들이받고 싶어졌다.

"골드버그와 헉슬리도 몰랐잖아요."

"제가 죽을죄를 지었네요! 혼자 자살 성향이 있는 아이를 상대하느라 힘들고 너무 바빠서 골드버그와 빌어먹을 헉슬리가 생각이 안 났나 보죠."

"다른 현장으로 옮기는 사이사이에 전에 받은 도서 목록에 있는 책 중에 일부라도 읽을 시간이 있었을 텐데요."

"그랬죠, 하지만 이모젠 사건 이후로 저한텐 보고할 사람이 없었다고요. 세상에, 교수님, 정말 너무하신 거 아니에요? 전 아직도 그 애 때문에 힘들어요. 자나 깨나 그 애 걱정을 멈출 수가 없다고요. 그때 교수님은 제 곁에 있지도 않으셨잖아요."

우렁찬 꿀꺽 소리 후 들려오는 한숨 소리.

"우리 지금 유기 이슈까지 다뤄야 하는 건가요?"

"네?"

"지난번 현장 막바지에 내가 곁에 있어주지 못해서 나한테 화내고 있는 거냐고요."

뭐라고?

"우와, 눈치 한 번 빠르시네요. 맞아요, 그렇다고 할 수 있겠네요."

수화기 저편에서는 여전히 쩝쩝거리는 소리만 들려왔다.

"제 말은요, 우리 모두 각자의 인생이 있고 고민도 있다는 건 저도 잘 아는데요. 교수님이 갑자기 하루아침에 사라져버리셨다 그거예요. 전 갑자기 고립무원에 떨어진 것 같은 느낌이었는데 교수님은 거기에 대해서는 해명도, 사과도, 아무것도 안 해주시잖아요."

쩝쩝거리던 소리가 돌연 멈췄다.

"지금 내 프라이버시를 말해달라는 거예요?"

크리스도 화가 난 것 같았는데 지금까지 한 번도 들어보지 못한 목소리였다.

"딱히 그런 건 아니고요."

"그럼 나한테 사과를 받고 싶다는 건가요?"

나는 얼굴을 찌푸렸다가 속으로 고개를 끄덕거렸다.

"딱히 사과를 바라는 건 아니지만 최소한 대화라도 나눠서 기분을 좀 가라앉히면⋯⋯."

"버림받은 기분 말인가요?"

크리스가 그 말을 입 밖으로 내뱉었다.

"네. 버림받은 기분이요. 그게 뭐 어때서요? 교수님하고 대학 측에도 정말 실망이에요. 교수님은 저뿐만 아니라 이모젠이나 다른 아이들까지 힘들게 하신 거라고요."

크리스가 땅이 꺼져라 한숨을 내쉬었다.

"그러니까 타냐 선생은 내가 상황을 어떻게 해결해나갈지에 대한 논의도 안 했고, 아무튼 전혀 배려가 없었다고 생각하는 거군요. 청소년 병동 책임자한테 언급도 없었고 말이에요?"

"제가 독심술사가 아닌 이상 거기까지 짐작해낼 수는 없는 노릇이잖아요."

"말조심해요."

젠장, 당신도 조심하라고, 이 여자야.

"죄송합니다."

이제는 크리스가 요란하고 꾸준하게 벌컥벌컥 들이켜는 소리까지 다 들렸다. 뭐라도 걷어차고 싶은 심정이었다.

"내 말 잘 들으세요. 호들갑을 떨거나 중간에 훼방을 놓지 않고 하던 대로 하게 내버려두는 게 최선이겠다고 판단했어요. 일도 잘해내고 있고 분석가를 비롯해서 전 직원과도 생산적이고 상식적으로 원만하게 지내고 있는 게 분명해 보였으니까요. 잘할 거라고 믿었기 때문에 내가 잠깐 자리를 비우게 된 일을 가지고 난리법석을 피우고 싶지 않았던 거예요."

나는 어이가 없고 화가 났다.

"미안하지만, 교수님. 이건 분명하게 짚고 넘어가야겠어요. 우리 둘 다 개방적인 의사소통과 정직을 옹호하는 직종에 종사하고 있는 거 아니었나요? 교수님은 지금 저한테 이 모든 게 사실은 신중한 결정에서 진행된 거라는 말씀이세요? 어떻게 그럴 수가 있죠? 저한테 미리 의견을 구한다거나 그런 정도의 예의를 갖춘 사람은 아무도 없었다고요!"

"그래요. 다 내 결정이었어요. 타냐 선생도 언젠가 실습생들의 지도 교수가 되면 실습 기간 중에 개인적인 일이 발생할 때 어느 정도까지 공개해야 할지 결정할 수 있을 거예요."

나는 코웃음을 치며 조롱조로 말했다.

"그럼요, 그렇고말고요. 제가 거기까지 갈 수 있다면 말이죠!"

"지금 뭐라고 그랬어요?"

"그러니까 제가 과연 잘 버텨내서 자격증까지 따고 싶은 마음이 변치 않는다면 말이에요."

잠깐 얼어붙었던 크리스가 다시 입을 열었을 때, 목소리는 얼음장처럼 차가워져 있었다.

"물론 내가 타냐 선생한테 자격을 준다면 말이겠죠."

빌어먹을. 나는 이제 끝났다.

"크리스 교수님, 전 다른 지도 교수님이 필요합니다."

기나긴 침묵 끝에 크리스가 물었다.

"그러니까 지금 날 해고하려는 건가요?"

나는 아무 말도 하지 않았다.

"그래요 그럼. 내가 내일 대학 측에 알리도록 하죠."

곧이어 전화기에서 뚜뚜뚜 소리만 들렸다.

이렇게 해서 나는 못돼먹은 나의 지도 교수를 잘랐다. 속이 시원하다가도 내가 그렇게 쉽게 자기를 자르도록 내버려두었다는 사실이 마음에 걸리기도 했다. 그리고 나에게는 여전히 의논 상대가 필요했다. 친구들은 모두들 런던을 떠나 각자 자기 일을 하고 있었다. 로지는 멀리 스코틀랜드에서 학위를 마치는 중이었고 미건은 연구 때문에 해외 파견 중이었고, 알리는 '경력 충실화' 휴가차 여성 직장인들과 동남아시아로 배낭여행을 떠났다. 나에게는 새 친구가 필요했다. 얼마 안 가 나는 새 친구를 한 명 찾아냈다.

"안녕하세요! 전 헨리에타라고 해요. 실무 간호사상급 훈련 과정을 마치고 1차 진료기관에서 일반의(GP)와 함께 일하는 간호사. 예방접종, 외상 처치, 의료 조언, 만성질환 관리와 같은 다양한 서비스를 제공한다죠. 커피머신이 잘 안 되나 봐요, 제가 좀 도와드릴까요?"

"휴, 살았다. 좀 부탁할게요."

헨리에타는 게이지를 돌리고 나서 스위치를 탁 눌렀다. 이내 풍부한 갈색 커피가 주전자로 뚝뚝 떨어지기 시작했다.

"음! 전 저 냄새가 그렇게 좋더라구요!"

20대 중반으로 키가 매우 작은 헨리에타는 상냥했지만 약간은 요란한 구석도 있었다.

나는 내 소개를 했다. 헨리에타가 키득키득 웃으며 말했다.

"안녕하세요! 세상에, 제가 임상심리사를 얼마나 좋아하는데요!"

"음⋯⋯그게 아직 자격증을 취득한 건 아니라서요."

"어차피 앞으로 딸 거잖아요!"

여전히 키득거리며 헨리에타가 내게 커피 잔을 내밀었다. 나는 고마운 마음으로 커피 잔을 받아 들었다.

"저도 실무 간호사를 애정한답니다!"

"좋아요. 그럼 앞으로 6개월 동안 커피는 제가 내려드릴게요. 마음 푹 놓으세요!"

이런 착한 천사가 다 있다니!

우리는 웃으며 다정하게 악수를 나눴다. 이로써 우리의 우정은 굳건히 다져진 셈이었다. 헨리에타는 일반의 진료소라는 적잖이 황폐하고 칙칙하고 비좁은 창공에서 별과도 같은 존재였다. 헨리에타가 진료소를 구석구석 구경시켜 준 덕분에 진료소가 전보다 더욱 편안하게 느껴졌다. GP일반의들도 다들 꽤 유쾌하고 다정하게 대해주었다. 접수처 직원들은 쌀쌀맞고 무뚝뚝했지만 차터지 부인만은 예외였다.

"C 부인, 이쪽은 T 의사 선생님이세요."

차터지 부인의 눈은 안경알 때문에 자그마한 얼굴에 비해 어마어마하게 커 보였다. 우리는 악수를 나누었다.

"사실 아직 '의사'는 아니랍니다. 앞으로 한동안은요."

"자기, 내 아들 좀 만나봐야겠다! 그 애는 정식 의사거든."

"와우. 아드님이 고생 많았겠네요. 물론 어머님도요."

"내가 언제 자기한테 소개시켜 줄게."

"좋아요, C 부인. 고대하고 있을게요."

나는 살며시 그 자리를 빠져나와 내 사무실로 들어가 문을 닫았다. 앞으로 이번 현장에서 무슨 일을 겪게 될지 모르겠지만 정말이지 중매결혼은 사양하고 싶었다.

마틴과 엘리스가 두 번째 상담을 위해 방문했다. 나는 의기소침한 상태였지만 분위기를 띄워보려고 노력했다.

"안녕들 하셨어요?"

둘 다 멍하니 나를 바라보았다.

젠장, 당신 바보 아냐. 어떻게 안녕할 수가 있냐고? 아무것도 달라진 게 없는데.

"죄송합니다. 사실 지난번 상담 시간은 '두 분에 대해서 파악하는' 시간에 불과했기 때문에 아무것도 달라진 것이 없다는 점은 저도 잘 알고 있습니다."

나는 물을 한 모금 삼키고 나서 물었다.

"지난번 상담 이후에 기분이 어떠셨나요?"

엘리스가 마틴을 보며 말했다.

"자기가 말씀드려."

방 안에는 침묵만 흘렀다.

엘리스가 다시 한 번 재촉했다.

"말씀드리라니까."

나는 어리둥절했다.

"뭘 말인가요?"

나는 마틴 쪽을 보며 다시 물었다.

"저한테 하고 싶으신 말씀이 뭔가요?"

마틴이 멍하니 나를 쳐다만 보았다.

엘리스가 한숨을 쉬며 털어놓았다.

"마틴 생각에는 선생님이 너무 어리데요."

젠장.

"마틴 씨, 마틴 씨가 저한테 직접 설명해주셔야 제가 알아들을 수 있을 것 같은데요."

엘리스가 울음을 터뜨렸다. 마틴이 자리에서 벌떡 일어났고 그와 동시에 별안간 말문이 터졌다.

"솔직히 선생님이 어떻게 저희를 도울 수 있단 거죠? 정말이지 어색해서 죽을 것 같습니다. 게다가 선생님은 아직 실습생이시고⋯⋯까놓고 말해서 선생님이 뭘 아시겠습니까?".

엘리스가 티슈에 대고 코를 홀쩍이고 있었다.

"글쎄요, 마틴 씨. 전 감각집중훈련 섹스요법을 잘 알고 그것이 바로 우리가 다 함께 노력해야 할 방법이란 사실은 알고 있습니다."

크리스, 날 내팽개쳐줘서 고마워요. 다시 한 번. 마틴이 멍한 표정을 지었다.

"감각집중훈련 섹스요법은 성기능 장애를 다루기 위한 증거 기반 접근 방식입니다."

마틴이 더듬거리며 말했다.

"증거 기반이라고요?"

그가 고개를 절레절레 저으며 엘리스를 바라보았다.

"헛소리! 다 사기라고. 게다가 선생님은 아직 정식 의사도 아니잖아요, 젠장."

"네, 전 의사가 아닙니다. 임상심리사가 되려고 실습을 받는 중이죠."

"그게 대체 뭐죠?"

나는 평정심을 유지하려고 애쓰면서 그에게 설명해주었다.

"임상심리학은 여러 가지 어려운 문제들을 인본주의적인 관점에서 접근합니다. 다방면에 걸친 심리요법을 이용해서 사람들이 자신의 삶에 긍정적인 변화를 이룰 수 있도록 돕는 거죠. 감각집중훈련 섹스요법은 이런 발상에서 출발합니다. 섹스의 기저에 깔린 불안에 자극을 주기 위해 단계별……."

"아, 됐어요! 난 못 해."

마틴이 양손으로 얼굴을 문지르며 말했다.

"당신하고는 말이야. 솔직히 말해서 당신이 뭔 줄 알아?"

나는 대답하지 않았다.

엘리스가 자리에서 일어섰다.

"마틴, 제발 이러지 마."

마틴이 얼굴을 내게 바싹 들이밀며 말했다.

"내 생각에 당신은 사기꾼이야."

마틴이 땀에 젖은 대머리를 문질렀다.

나는 일단 심호흡을 했다.

"알겠습니다. 그렇게 생각하실 수도 있죠."

마틴이 깜짝 놀란 표정을 지었다.

"그러니까 제 말은, 제가 어리고 아직 실습 중이라는 사실 때문에 마틴 씨가 불편하실 수 있단 뜻입니다. 그러면 아무래도 제가 두 분을 도와드릴 수가 없겠죠."

마틴이 의기양양하게 자신의 약혼녀를 바라보았다.

"그러면 그렇지."

엘리스는 티슈에 얼굴을 묻은 채 엉엉 울었다. 마틴은 이글이글 불타는 눈빛으로 나를 보며 자신의 외투와 가방을 챙겼다.

"자, 그러면 이제 이걸로 끝인 것 같군요. 쓸데없이 시간만 빼앗아 죄송합니다. 가자, 자기야."

엘리스는 꿈쩍도 하지 않았다.

"엘리스, 가자고 했잖아."

엘리스는 가만히 있었다.

"엘리스? 내 말 안 들려?"

엘리스가 고개를 들고 티슈로 얼굴을 닦았는데 화장이 번져 있었다. 마스카라가 눈물에 번져 판다 눈이 되어 있었다.

"난 안 가."

"아니, 우린 갈 거야."

엘리스가 자신의 약혼자를 똑바로 응시한 채 말했다.

"아니, 우린 안 갈 거야."

마틴은 충격을 받은 표정이었다.

"같이 나가자니까."

"그래, 나도 같이 나가잔 말은 들었어. 내가 귀머거린 줄 알아. 난 안 간다고 했잖아."

엘리스가 다시 울기 시작했다.

"가고 싶으면 당신이나 가."

마틴은 잔뜩 화가 난 표정이었다.

"저이는 매번 이래요, 아시겠죠?"

엘리스의 판다 눈은 이제 나에게 고정되어 있었다.

"선생님이 저희한테 다섯 번째 치료사세요."

"그중 가장 자격 미달인 사람이기도 하지."

"그래요, 마틴 씨, 사실 전 아직 자격증도 못 땄답니다."

마틴이 자기 약혼녀를 보며 웃었다.

"들었지! 저 여자는 자격증도 없다고. 사기꾼이야."

나는 의자에 앉아 등을 꼿꼿이 세운 다음 심호흡을 했다.

"마틴 씨, 계속 고함치실 거면 이 병원에서 나가달라는 요청을 할 자격은 제게도 있습니다. 이 상담 때문에 화가 나셨다는 점은 저도 십분 이해합니다만, 지금 대기실에는 어린아이들과 나이 드신 분들도 계신데 그분들이 이 방에서 나는 큰 소리를 듣게 된다면 매우 겁에 질릴 겁니다."

마틴은 눈을 깜빡이며 자리에 앉았고 엘리스는 크게 놀란 것 같았다.

"죄송합니다."

마틴이 나에게 사과를 하더니 울기 시작했다. 그러고는 엘리스를 보며 이렇게 말했다.

"엘리스, 정말 미안해, 자기야."

엘리스가 마틴의 손을 잡았다.

내가 티슈 박스를 건네주자 마틴이 나를 올려다보았다.

"감사합니다. 그리고 다시 한 번……사과드립니다."

"마틴 씨, 괜찮아요. 지금 이 자리가 얼마나 힘든 자리일지 충분히 이해하니까요. 두 분 모두에게 말이죠."

눈물범벅이 된 채 고개를 끄덕거리던 마틴이 희미하게 미소를 지어 보였다.

"제 자신이 너무 무기력해진 기분입니다."

대학 측이 나와 크리스의 관계가 결렬된 경위에 대한 내부조사를 벌이는 동안 자비스 박사가 나의 임시 지도 교수가 되었다. 나는 자비스 박사가 마음에 들었다. 그는 기억력 분야의 선도적인 연구가이자 가리발디 비스킷^{건포도를 넣고 살짝 구운 비스킷}을 입에 달고 사는 상냥한 노인이었다.

"자, 자네 담당 건에 대해서 말해보게."

나는 내 담당 건에 대해 얘기했다.

"좋아. 잘하고 있구만."

"새로운 환자가 있는데 박사님께 여쭤보고 싶습니다."

"말해보게."

"어디서부터 시작해야 할지 모르겠어요."

자비스 박사는 졸린 것 같았다. 눈을 부릅뜨는 게 보였다.

"매리언이라는 60대 여자 환자인데요. 담당 선생님은 이 환자가 불안과 우울증에 시달리고 있다고 판단하시나 봐요."

자비스 박사가 고개를 끄덕였다.

"이 환자는 충격적인 소식을 들어서 극도의 불안감을 보이고 있습니다. 담당 선생님이 약물 치료를 시작하기에 전에 저한테 좀 봐 달라고 하셨는데요. 이분이 일종의 심리적 외상을 겪는 중일지도 모르니까 제가 도울 수 있을 거라고 생각한 것 같습니다."

"어떤 외상이죠?"

자비스 박사가 물었다.

"아, 이 환자는 최근 자신의 생모가 누군지 알게 되었습니다."

상냥한 자비스 박사는 졸지 않으려 안간힘을 다하고 있는 듯했다.

"아이러니하게도 이 환자 생모는 제가 지난번에 일했던 현장인 장기입원 환자를 위한 오래된 정신병원에 살고 있습니다. 제가 일했던 청소년 병동이 그 병원과 같은 부지에 있었더라고요."

자비스 박사의 호흡은 이제 아주 느릿느릿하고 얕으면서 리드미

컬해져 있었다. 아주 곯아떨어진 것이다. 이로써 매우 너그럽고 똑똑한 분이었지만 날 지도해주지는 못할 거라는 사실이 분명해졌다. 구관이 명관이라고 크리스가 다시 필요해진 순간이었다.

나는 자비스 박사에게 시간 내주셔서 감사하다는 메모를 휘갈겨 써놓고 조용히 그의 사무실을 빠져나왔다. 대학 임상심리학과 사무실에서 빠져나와 새로운 환자를 만나러 진료소로 돌아가는 길에 나는 크리스의 우편함에 쪽지를 넣었다. 날 다시 받아달라고 부탁하려니 창피하기도 하고 부탁을 들어주지 않을 것 같아 두렵기도 했다.

내 진료실을 찾은 매리언이 핸드백을 무릎 위에 올려놓고서 맞은편에 앉아 있었다. 이 환자가 바로 내가 자비스 박사님께 의논드리려 했던 환자, 장기입원 환자를 위한 정신병원에 자신의 생모가 생존해 있다는 사실을 최근 알게 된 환자이다. 그녀는 외투의 단추를 풀었지만 벗지는 않았다.

"제 손녀딸 앤절라였어요, 이 모든 사실을 알아낸 사람이. 제 생모가 정신병원에 있다는 사실을 발견한 사람도 바로 앤절라예요."

"알아냈다고요?"

"앤절라가 이 여자에 대해서 알아냈어요. 학교에서 가족 지도 같은 걸 하고 있거든요."

"가계도 말씀이신가요?"

"맞아요, 그거예요."

매리언의 얼굴이 빨개졌다. 굳이 지적을 하지 말았어야 했다.

"죄송합니다. 하던 이야기 계속해주세요."

가끔씩 자신감 부족 때문에 거만하고 재수 없는 사람으로 변하는 내가 너무 싫었다. 매리언이 미소를 지으며 말했다.

"제가 그렇게 많이 배운 사람이 못 된답니다, 의사 선생님."

"전 의사가 아니랍니다. 그리고 말씀하시는 도중에 그렇게 끼어들다니 제가 무례했어요."

매리언이 이번에도 미소를 지으며 말했다.

"그렇게 달래주지 않으셔도 돼요, 의사 선생님."

쓸데없는 말을 한 것 같아 민망했다.

"어머님, 저한테 어머니 되시는 분 정보가 다 있습니다."

"그 여자는 제 어머니가 아닙니다."

"어머, 죄송해요. 친어머니라고 해야 하는데."

매리언이 고개를 끄덕이기에 나는 파일 쪽으로 손을 뻗었다.

"궁금하신가요?"

매리언이 다시 한 번 고개를 끄덕였다.

"그래요, 궁금하네요."

매리언이 심호흡을 했다.

"물도 한 잔 마실 수 있을까요?"

"그럼요."

우리는 함께 파일을 훑어보았다. 첫 번째 페이지에는 매리언의 생모인 준이 구술한 자기소개 내용이 증언으로 기록되어 있었다. 매리언의 허락하에 내가 그 내용을 그녀에게 읽어주었다. 내가 읽기를 마쳤을 때 매리언이 한숨을 쉬며 말했다.

"불쌍한 분이시네요."

"계속 읽어도 괜찮으시겠어요?"

매리언이 고개를 끄덕거렸다.

"나는 무더운 여름, 6월의 어느 날, 여기 도착했고, 그래서 사람들이 나를 준June이 6월을 뜻하므로이라고 부르게 되었는데 지금도 그 이름으로 통하고 있어요. 나중에 내가 진짜로 누군지 알게 되었을 때에도 우리 엄마가 지어준 이름으로 다시 불러준다는 걸 내가 거절했죠. 나는 준 데이였고 지금도 준 데이이고, 머지않아 죽게 될 텐데, 그 후에도 준 데이일 거예요."

'정신박약'으로 간주된 준은 65년 전 임신한 상태로 정신병원에 도착했다. 그곳에서 사생아 딸을 낳았는데, 이 딸은 준이 가정부 일을 하던 집의 주인 남자와 그 아들들에게 반복적으로 강간을 당해서 생긴 아이였다. 준은 딸, 매리언을 빼앗겼고, 그때부터 지금까지 정신병원에서 살고 있다.

파일에는 일흔여섯 살의 프랭크라는 남자도 언급되어 있었는데, 그는 준의 남자 친구이다. 프랭크는 여덟 살 때 학습장애와 간질 때문에 정신병원에 들어왔다. 그 사람도 평생을 그 병원에서 보냈다. 준과 프랭크는 둘의 집을 떠날 마음이 없었다. 그들은 사회 복귀를 거부하고 있었다.

"두 분을 한 번 만나보시겠어요?"

매리언이 물을 한 모금 들이켠 후 말했다.

"아뇨, 안 만날래요."

나는 무슨 말을 해야 할지 알 수 없었다. 매리언이 말을 이었다.

"혹시 선생님이 만나주실 수 있을까요?"

엥?

"저 대신 두 분을 뵙고 저한테 어떤 분들인지 말씀해주실 수 있을까요?"

이건 내가 전혀 생각하지 못했던 반응인데다 이례적인 요청이기도 했다. 나는 곰곰이 생각해보았다.

"물론 가능은 한데요, 어머님."

나는 잠시 주저하다 말을 이었다.

"하지만 그게 어머님한테 도움이 될까요?"

매리언의 눈에 눈물이 글썽거렸다.

"나한테 엄마가 있다는 사실을 알기 전까지는 아무렇지도 않게 잘 살았어요. 이제 와서 그런 감정을 갖게 된다는 게 정말 싫어요."

갑자기 내가 굉장히 어리고 어리숙한 사람이 된 기분이 들었다. 뭐라 할 말이 없던 나는 그저 입만 다물고 있었다.

"선생님이 좀 만나주세요. 그리고 저한테 말씀해주세요. 그런 다음에는 어쩌면 선생님하고 같이 뵐 수 있을지도 모르겠네요."

오래된 정신병동 부지로 차를 몰고 가면서 나는 묘하게도 강한 향수를 느꼈다. 지난번 지나갔을 때 이후로 몇 개월이 흘렀다. 물론 나는 어느새 이모젠을 떠올리고 있었다.

버려진 주택촌을 지나가자 저 멀리 고가 도로가 보였다. 빗속에서 이모젠을 쫓아 뛰어갔던 일이 생각났다. 현실 같지가 않았다. 청소년 병동에서 나온 10대 아이들 한 무리가 내 차를 지나갔다. 구내 학교의 아침 점호를 받으러 가는 길이었다. 몇몇이 차를 몰고 지나가는 나를 흘깃 쳐다보았지만 그중 아는 얼굴은 없었다. 이 아이들은 내가 머물렀던 시기에 있던 아이들이 아니었다. 어쩐지 가슴이 쓰렸다. 이모젠이 보고 싶었다.

계절은 가을이었고 그날은 눈부시게 밝고 화창한 날이었다. 나는 시계를 흘끗 쳐다보았다. 젠장, 이미 늦어버렸다. 나는 새 단장을 마친 주택단지까지 차를 계속 몰았다. 이곳에 장기 체류 중인 노인들은 내가 방금 보았던 아이들과 정반대였다. '지역사회 내에서의 보살핌' 따위는 없었고 그 결과 그들은 완벽한 시설형 인간이 되어버렸다.

나는 '보헤미안 랩소디'를 듣고 있었다. 주택단지 옆에 차를 세우려는데 테이프가 씹혔는지 노래가 안 나와서 꺼냄 버튼을 눌렀다. 주차는 이미 마친 상태였다. 사실을 털어놓자면 나는 어떻게든 시간을 끌어보려고 부끄럽게도 반짝거리는 갈색 테이프를 테이크업 릴take-up reel 쪽으로 촘촘하게 되감으면서 뭉기적거렸다.

솔직히 말해서 나 역시 겁이 났다. 정신장애가 있는 사람들과 대화하는 데 익숙지 않았기 때문이었다. 강의를 몇 번 듣기는 했다. 그런데 여기까지 와서 이렇게 일부러 질질 시간이나 끌고 있다니. 불안에 떠는 나 자신이 너무 싫었다. 사람을 차별하는 것 같은 기분이

들어서였다.

내부는 내가 예상했던 것과는 달랐다. 별장 같고 가정적인 분위기였다. 직원들은 전혀 눈에 띄지 않았지만 제복만 입지 않았을 뿐 어딘가에 있을 거라 짐작했기 때문에 매우 친절한 한 노신사가 다가와 인사를 건넸을 때 마음이 놓였다.

"어서 와요. 그래 뭘 도와드릴까?"

그 노신사가 물었다. 나는 가방을 내려놓고 손을 내밀었다.

"안녕하세요. 준 데이란 분을 뵈러 왔습니다."

노신사는 정중하게 내 악수를 받아주었다. 70대는 족히 되었음직한 이 노신사는 1년 전 내 첫 실습지였던 외래환자 정신병동의 조지를 떠올리게 했다. 그래서인지 안심이 되었다.

"만나 뵙게 돼서 반갑습니다. 늦어서 죄송해요. 두어 번 길을 잘못 드는 바람에 이렇게 됐네요!"

"이렇게 아무 탈 없이 만나게 돼서 다행이구려. 이제 준을 만나보고 싶을 테죠."

노신사가 내 팔을 잡더니 병동 쪽으로 안내했다.

둘러보니 환자들이 꽤 많았다. 그중에는 내가 두려워하던 모습의 사람들도 있었다. 손등을 물어뜯으면서 고개를 좌우로 흔들며 침을 질질 흘리고 있는 사람, 구석에 서서 머리를 벽에 대고 찧으면서 신음하는 사람. 그때 비명 소리가 들려 나는 펄쩍 뛰고 말았다. 노신사가 내 팔을 든든하게 꼭 잡은 채 말했다.

"클라이브는 신경 쓸 것 없다우. 낯선 사람만 보면 흥분이 돼서 그런 거니까."

"전 괜찮습니다. 절 알아봐주다니 기분 좋은데요."

그러나 사실 그때 내 가슴은 마구 요동치고 있었다. 벽지는 갈색과 오렌지색의 기하학 무늬가 있어 완전히 1970년대풍이었지만 새 것이었다. 텔레비전이 켜져 있었고 꽤 많은 환자들이 둘러앉아 낮 시간에 방영하는 무미건조한 프로그램을 보고 있었다. 우리는 그 방의 맨 구석까지 가서 멈췄다.

"이 사람이 준이에요."

80대는 족히 되고도 남아 보이는 준이 도일리케이크나 샌드위치를 놓기 전에 접시 바닥에 까는 작은 깔개처럼 보이는 것을 팔걸이에 늘어뜨려 놓은 친츠꽃무늬가 날염된 광택 나는 면직물 의자에 앉아 있었다. 약간 부어 보이는 한쪽 다리는 의자와 한 세트인 친츠 풋 스툴 위에 세워놓았는데 발목까지 오는 살색 스타킹을 신고 있었다. 그녀의 목소리는 부드러웠지만 쉬어 있었다.

"누구예요, 프랭크?"

"우리랑 얘기하러 왔대. 처음 보는 사람이야."

"어서 와요."

준이 바로 옆자리를 톡톡 두드리며 말했다.

"어여 앉아요."

나는 앉았다.

"프랭크, 차 좀 부탁해요."

소녀는 왜 다섯 살 난 동생을 죽였을까?

준이 말했다. 프랭크는 이번에도 고개를 까딱해 보이고는 자리를 떴는데, 아마도 차를 내오려고 간 듯했다. 젠장, 저 사람이 남자친구 프랭크였다니. 당황스러웠다.

"아이구, 참 예쁜 처자네요."

"감사합니다, 준 할머니."

"우린 예쁜 걸 좋아한답니다."

곧이어 대화 없이 뻘쭘한 시간이 꽤 오래 이어졌는데 그동안 준 할머니는 내내 미소 띤 얼굴로 내 얼굴만 바라보았다. 프랭크가 쟁반에 차를 담아 가지고 왔다. 덮개를 씌운 찻주전자에 무늬가 있는 컵과 컵받침까지 아주 아름다운 찻상이었다.

"할머님, 차는 제가 따를까요?"

내가 물었다.

"그럼 좋죠. 자, 따라주세요."

준과 프랭크는 최고의 친구였고 나에게 모든 것을 말해주었다. 이미 알고 있던 대로, 프랭크는 현재 일흔여섯 살이고 여덟 살 때 병원에 강제 입원을 당했다. 도합 68년이라는 기간이지만 그는 그 68년을 매우 자랑스럽게 여기고 있었다.

"사람들이 할아버지를 악마라고 생각했잖아요, 안 그래요?"

프랭크가 고개를 끄덕였다.

"사람들은 저이가 귀신에 씌었다고 생각했다우!"

준이 웃으며 내게 한쪽 눈을 찡긋해 보였다.

"이 아가씨한테 당신이 여기서 무슨 일을 하는지 알려줘요, 프랭크."

준은 프랭크에게 말할 틈도 주지 않은 채 덧붙였다.

"나는 이 병동을 꾸려 나가고 있지만 프랭크는 병원 전체를 꾸려 나가고 있다오. 안 그래요, 프랭크?"

고개를 까딱거린 프랭크의 얼굴이 살짝 핑크빛으로 물들어 있었다. 준이 이번에도 나를 보고 윙크를 했다.

"여기서 무슨 일 해요, 프랭크?"

프랭크는 아무 말도 하지 않았다.

"내가 대신 당신이 무슨 일을 하는지 이 아가씨한테 말해줄까요, 프랭크?"

프랭크가 고개를 끄덕였다.

"당신이 병원 전체에 우편물을 배달해주고 있잖아요, 안 그래요, 프랭크?"

프랭크는 이번에도 고개를 끄덕거렸다.

나는 앙증맞은 도자기 컵에 든 차를 한 모금 마셨다.

"할머님은 여기 얼마나 계셨나요?"

준이 키득키득 웃으며 대답했다.

"아주, 아주 오랫동안이라우. 처음 생길 때부터 있었으니까."

나는 차를 한 모금 더 마셨다.

"여기 어떻게 오시게 됐는지 저한테 말씀해주실 수 있으세요, 할머님?"

준이 프랭크를 바라보았다. 이번에도 역시 프랭크는 고개만 까딱거렸다.

"아무도 내 이름을 몰랐지. 여기 왔을 때 아무하고도 말을 안 하려고 했으니까. 나더러 곧 애를 낳을 여자라 더러운 여자라면서 여기로 보내버렸어. 여기서 그리 멀지 않은 곳에 있던 대저택에서 식모살이를 했는데, 그 집 주인어른하고 아들들이 나를 강제로 범해가지고 덜컥 애가 생겼지 뭐야. 여러 번 당한 여자들이 나 말고 여럿 있었는데 애가 생긴 건 나밖에 없었어. 내가 재수가 없었나 봐. 나는 무더운 여름, 6월의 어느 날엔가 여기 왔어. 그래서 사람들이 나를 준이라고 불렀는데 지금도 그 이름으로 통해. 나중에 내가 진짜로 누군지 알게 되긴 했는데, 우리 엄마가 지어준 이름으로 다시 불러준다는 걸 내가 거절했어. 나는 준 데이였고 지금도 준 데이이고, 머지않아 죽게 될 텐데, 그 후에도 준 데이일 거야."

나도 알고 있는 내용이었다. 준에 관한 파일에 적혀 있는 증언 내용과 정확히 일치했고 연습이 아주 잘 되었는지 줄줄 나왔다.

"할머님, 할머님 따님에 관해서 얘기를 더 듣고 싶은데요."

"그래?"

"혹시 따님에 대해서 더 알고 싶지는 않으신지 궁금해서요."

나는 마음이 불안해서 그런지 손에 들고 있던 본차이나 컵을 꽉 움켜쥐었다.

"아니, 마음은 고마운데 됐어."

나는 망연자실했지만 두 번은 권해봐야 할 것 같았다.

"할머님, 따님 얘기는 들으셨죠, 그렇죠? 따님이 할머님에 대해서 알고 있다는 얘기 말이에요."

준이 나를 빤히 쳐다보더니 고개를 끄덕였다.

"사실 할머님을 찾아낸 건 따님의 손녀, 그러니까 할머님의 증손녀예요. 가계도 조사하는 학교 숙제를 하다가 찾아냈다고 하더라구요."

준이 나를 보며 미소를 지었다.

"따님을 만나봤습니다, 할머님. 따님 얘기를 좀 해드릴까요?"

준이 고개를 절레절레 저었다.

"아니, 마음은 고맙지만 됐어요."

준이 의자에 푹 기대앉아 두 눈을 감았다.

"이제 낮잠 시간이라오. 와줘서 고마웠어요. 잘 가요, 아가씨."

프랭크가 나를 보며 말했다.

"같이 나가기 전에 차 한잔 더 하실라우?"

그날 오전 늦게, 매우 친절한 수간호사를 만난 덕분에 모든 설명을 들을 수 있었다. 그 수간호사와 다른 직원들이 준에게 귀에 못이 박히도록 딸 얘기를 했지만 준은 딸에 대해서 알고 싶은 마음이 전혀 없다며 요지부동이었다는 것이다. 설명이 끝난 후 프랭크는 아래쪽 여자 병동까지 멀지 않은 길이었지만 나를 바래다주었다. 더 이상 여자 병동은 없었지만 말이다. 여자 병동은 철거되었고 교외 신축 주택단지가 대신 들어섰는데 집들이 다들 완전히 똑같았다.

여기로 오는 길에 프랭크가 자신이 살고 있는 보금자리가 지닌 지난 68년간의 역사를 들려주었다. 이 정신병원은 1922년 빅토리

소녀는 왜 다섯 살 난 동생을 죽였을까?

아 시대 영주의 저택이었던 터에 들어선 격납고에서 시작되었다. 이 작은 비행장은 1차 세계대전 이후 버려졌는데 여덟 명의 남성 '정신병자'와 한 명의 아이가 그곳에 보내진 후 그들에게 격납고를 병동으로 개조하여 자신들의 거처를 마련하라는 임무가 떨어졌다. 소년 프랭크가 바로 그 어린이 '정신병자'였다.

얼마 안 가 남성 환자들이 추가로 합류하게 되면서 건물도 늘었다. 운동장과 테니스 코트, 널따란 오락실과 간호사 숙소가 딸린 기숙사 건물이 세워졌다. 병원은 닭, 돼지, 젖소를 기르는 농장 중심으로 운영되었고, 환자들은 작업장, 세탁실, 재봉실, 주방에서 일할 뿐 아니라 농지도 개간했다. 모두가 각자 제 역할을 맡고 있어 소속감을 느낄 수 있는 자급자족 공동체가 탄생한 것이다.

결국 여자들도 이 병원으로 실려오게 되면서 부지는 양성을 분리 수용하기 위해 분할되었다. 2차 세계대전 이후 국민건강보험National Health Service: NHS이 신설되면서 요즘에 와서 붙게 된 호칭인 이 '집단 거주지'는 확장되었고 1950년대가 되자 거주민이 1500명까지 늘어났다. 남성 간호사들이 들어오고 실내 수영장이 건립되었다.

'비정상인'이 '정상인'과 분리되어 자신들만의 공동체를 만든 셈이었다. 그러나 애석하게도 도시 개발 때문에, 이곳은 얼마 안 가 쓰레기 매립지가 되고 말았다. 마을이 사라졌고 하나둘 생겨나고 있던 대도시들은 이러한 취약 인구를 돌볼 마음이 눈곱만큼도 없었다. 마을 공동체라는 것이 더 이상 존재하지 않게 되었으므로 공동체는 더 이상 '마을의 백치'를 돌보려 하지 않았다.

정신병원은 이내 만원이 되었다. 프랭크가 들려준 이야기에 따르면 남성 기숙사의 경우 침대가 어찌나 다닥다닥 붙어 있었던지 자전거를 타고 그 위를 무사통과할 수 있을 정도였고 응급 상황이 닥쳐도 간호사들이 환자들에게 접근을 하지 못하는 바람에 환자들이 죽어갔다고 한다.

그러다 1961년 에녹 파월Enoch Powell, 영국의 정치가·학자·시인·작가이 유명한 '급수탑' 연설에서 대규모 보호시설은 비용도 많이 들고 초만원이라며 제 역할을 다할 수 있을지 의문이라고 했다. 그가 그들을 정신병원에서 내보내 주류 사회에 재편입시켜야 한다고 선포하면서 '공동체의 돌봄' 개념이 탄생했는데, 이는 마거릿 대처가 1980년대에 시행한 것으로 유명하다.

물론 아이디어는 좋았다. 듣기엔 그럴싸했지만 실행 가능성은 제로에 가까웠다. '정신병자들'을 나머지 사회로부터 그토록 오랜 세월에 걸쳐 격리시켜 놓은 마당에 이처럼 '사회가 배척하는 사람들'을 두 팔 벌려 환영하고 다시 보살피려는 공동체가 어디 있었겠는가?

어쨌든 시설을 없애는 것이 목표였기 때문에 '사회성 기술 훈련 프로그램'을 만들어 환자들을 투입했다. 사실 이들이 어떻게 되건 관심이 없었다. 이들을 공포의 눈초리로 바라보고, 자신들과 다른 점을 용납하지도 못하는 사람들이 모여 있는 공동체. 그런 곳에서 이들을 돌볼 수 있다는 게 가당키나 했겠는가.

여자병동 터에 지어진 빨간 벽돌 주택단지에 다다랐을 때 우리는 걸음을 멈췄다. 프랭크가 먼 곳을 응시하기에 나도 그쪽을 바라보았더니, 상체를 구부린 채 단지 안을 여기저기 돌아다니는 사람이 보였다.

"저 사람은 누구예요, 프랭크 할아버지?"

"저기가 저 사람 집이라오."

나는 작은 형체가 어떤 집을 향해 비틀비틀 걸어가는 모습을 지켜보았다.

"무슨 말씀이신지……."

프랭크는 아무 말도 하지 않았고 우리는 꽤 오랫동안 그 자리에 가만히 서서 지켜보기만 했다. 그때 사이렌이 울리더니 경찰차가 그 작은 형체를 태우고는 자리를 떴다. 프랭크가 나를 보며 고개를 절레절레 저었다. 우리가 방금 목격한 장면에 대해서 대화를 나눌 마음이 없는 것 같았다. 나중에 준과 프랭크가 머물고 있는 병동에서 만났던 그 친절했던 수간호사에게 들은 내용은 이랬다.

구부정한 자세로 어슬렁거리던 사람은 전 거주자이며 그 정신병원이 해체되기 전 한때 자신이 살았던 곳을 정기적으로 찾아온다고 한다. 그러나 그때마다 새로 생긴 빨간 벽돌 주택단지에 살고 있는 주부들이 불안한 마음에 경찰에 신고를 해서 끌려간다는 것이었다. 함께 그곳을 벗어나려는데 프랭크가 한 마디를 던졌다.

"이게 우리 공동체라오."

내 진료실에서 오후 6시 크리스와의 면담이 잡혀 있었기 때문에 나는 신경이 잔뜩 곤두서 있었다. 크리스를 만나기 전까지 봐야 할 환자는 두 명이 더 있었다. 감각집중훈련 섹스요법을 받고 있는 커플과 그 커플 전에 예약된 데이지 모녀. 차터지 부인이 나에게 자세히 설명해주었다.

"데이지 딸은 괴물이야."

"어째서요?"

"늘 꽥꽥 비명을 질러대니까."

"고마워요, 차터지 부인. 두 사람한테 들어오라고 해주시겠어요?"

"엄마밖에 안 왔어. 괴물을 안 데리고 왔더라고."

"고마워요, 차터지 부인. 데이지 씨한테 들어오라고 전해주세요."

문이 열렸다. 나타난 사람은 커피가 담긴 커다란 머그잔을 들고 있는 헨리에타였다. 맙소사, 이렇게 갑갑할 수가! 내가 자른 얼음여왕 크리스가 그리울 지경이었다. 나는 커피를 받아들고 헨리에타에게 미소를 지어 보였다. 몇 초 뒤, 명품 가방을 든 데이지가 허둥지둥 들어왔다. 말랐지만 탄탄한 몸매의 소유자였다. 우리는 서로 인사를 나눴다. 데이지가 장황한 설명을 늘어놓기 시작했다.

"자선 좌담회 개최 때문에 그레이트 오먼드 스트리트 병원런던 블룸즈베리에 위치한 아동병원으로 유럽 내 최대 규모의 연구 및 대학원 교육 센터임으로 출발해야 하는데, 에이브러햄스 박사님이 선생님하고 상담할 시간은 된다고 해서 어찌나 기쁘던지요."

데이지가 나에게 속사포처럼 자신의 전후 사정을 알려왔다.

"제 딸, 조캐스터는 말도 못하게 총명한 아이랍니다."

"제가 뭘 도와드리면 될까요?"

"문제는 그 애가 지나치게 총명해가지고 제가 그 애를 감당할 수가 없다는 거예요. 남편은 딸아이 하나 못 휘어잡는다고 저한테 엄청 화를 내고 있고요."

"조캐스터가 무슨 일을 했는데요? 남편분께서는 왜 화를 내시는 거죠?"

"조캐스터는 일곱 살이 다 됐고 자기 침대에서 혼자 자야 된다는 것쯤은 알고 있는 아이죠."

"그 정도 나이면 자기 침대에서 혼자 자는 게 맞겠죠."

내가 고개를 끄덕이며 동조했다.

"그런데 조캐스터 때문에 남편하고 저는 더 이상 한 침대에서 잘 수가 없답니다."

"왜 그러는 걸까요?"

"그 아이는 저와 같이 자겠다고 고집을 부리고 있어요. 애가 워낙 막무가내라 저도 어떻게 해야 할지 도무지 모르겠네요."

"막무가내라고요? 하지만 일곱 살이 다 된 아이잖아요!"

"아이가 있으신가요?"

"아니요."

데이지가 '그런 네가 뭘 알겠냐'는 유의 웃음을 지어 보였다.

나는 상관하지 않고 계속 말을 이어나갔다.

"아이를 자기 침대에서 자게 하려고 어떤 시도를 하셨는지 말씀해주세요."

데이지가 또다시 웃었다.

"어떤 시도를 했냐고요? 시도해보지 않은 게 뭐냐고 물으셔야겠죠!"

데이지가 자기 시계를 쳐다보았다.

"30분 뒤 그레이트 오먼드 스트리트 자선단체 회의가 있으니까, 어떻게 해야 할지 선생님께서 좀 알려주시겠어요?"

"어머님, 제가 해야 할 일은 기저선을 잡는 겁니다."

"기저선이라고요?"

"네. 단순한 다이어리 용지를 드릴 테니까 제가 참고할 수 있도록 다음 주 내내 간략한 정보를 기록해주세요. 그러면 조캐스터를 자기 침대로 보내는 과정에서 어머님이 겪고 계신 문제가 뭔지 제가 파악하는 데 도움이 될 겁니다."

"기저선 같은 건 필요 없어요. 그냥 그 애가 거절하는 거라니까요."

"그래도 조캐스터의 수면 자극을 파악해서 어머님의 행동이 문제를 어떻게 심화시키는지 알아낼 필요는 있습니다."

내 뒤에는 행동주의라는 든든한 토대가 버티고 있었다. 이번만큼은 확신할 수 있었지만 데이지는 전혀 받아들이려 하지 않았다.

"패턴 같은 건 없어요. 매일 밤 자기 침대로 가기 싫다고 버티는 게 다라니까요."

우리는 적잖이 팽팽한 긴장이 감도는 탁구 게임을 하고 있었는데, 다만 주고받는 것은 탁구공이 아니라 말일 뿐이었다. 다른 접근 방식이 필요한 순간이었다.

소녀는 왜 다섯 살 난 동생을 죽였을까?

"좋습니다. 어머님은 어떻게 하시나요?"

데이지가 한숨을 푹 쉬었다.

"아이가 거절을 해요. 그러면 전 아이를 아이 침대로 데리고 가려고 하는데 아이가 비명을 질러대니까 하는 수 없이 아이를 제 침대에 눕히고 잠들 때까지 옆에 누워 있어요. 그런 다음 침대에서 나와 아래층으로 내려가서는 저녁을 한술 뜨죠. 두 시간 뒤 제 침대로 돌아가서 아이와 함께 잡니다. 안 그랬다가는 밤새 저한테 소리를 질러댈 테니까요. 이게 선생님이 말하는 기저선이에요."

데이지가 반짝반짝 빛나는 시계를 흘끗 쳐다보더니 환한 미소를 지어 보였다.

"자, 이제 선생님께서 저한테 어떻게 해야 할지 알려줄 시간이 25분 남았네요. 아시겠지만 전 좋은 엄마가 되고 싶을 뿐이랍니다. 제 딸도 이제 정말 자기 혼자 자야 하고요."

"어머님, 따님의 행동에 어떤 미묘한 의미가 있는지를 제가 알아야 해요. 어머님은 저한테 요약만 해주셨잖아요. 일의 성공 여부는 디테일에 달려 있는 법이잖아요!"

"미묘한 의미 같은 건 없어요. 자기 아빠처럼 조캐스터도 미묘한 의미 같은 건 없는 애라니까요. 걔는 자기 뜻대로 하는 아이예요. 절대 혼자 안 자려고 할 거예요. 그러니 제발 그 애를 밤새 혼자 자게 할 수 있는 방법이나 알려주세요."

방 안의 분위기가 바뀌었고 데이지의 눈가가 촉촉하게 빛나기 시작했다. 나는 티슈 박스를 그녀가 있는 맞은편으로 밀었다. 데이지가 미간을 찌푸리며 고개를 가로저었다.

"어머님, 조캐스터가 혼자 자기를 얼마만큼 바라고 계신가요?"

"아주 많이요."

"그렇다면 어머님께서 저를 위해 조캐스터를 혼자 재우려고 시도해보신 모든 방법을 일주일간 기록하는 기저선 다이어리를 작성해주신다면 정말 큰 도움이 될 겁니다. 언제, 어떻게 아이가 잠에서 깨는지, 그때 어머님께서 어떻게 하시는지, 어머님께서 아이를 다시 침대로 돌려보내기 위해 뭘 하셨는지까지 빠짐없이 기록해주세요. 일단 어머님과 남편분께서 댁에서 취침 시간 즈음에 어떻게 행동하시는지를 파악하고 나면 제가 도움을 드릴 수 있게 됩니다."

데이지가 두 눈을 감은 채 말했다.

"제 남편이요? 남편은 취침 시간하고 아무 상관이 없어요. 못난 엄마라면서 저한테 소리만 지르죠."

데이지가 눈을 뜨고 코를 풀었다.

좋았어.

"어머님, 그 일도 문제의 일부일지 모른다고 생각하고 계신가요?"

데이지는 다이어리 용지를 잡아챈 후 자기 가방에 쑤셔 넣었다.

"문제라는 건 저도 알지만 제가 여기 온 건 그 일 때문이 아니에요. 기저선은 작성할 거고요. 나가는 길에 다음 상담 약속도 잡도록 하죠. 이제 정말 가봐야겠네요."

잠깐만!

"잠깐만요! 어머님, 아직 얘기할 시간이 남았어요. 말씀하신 문제의 근원이 되는 다른 이슈들이 있는 것 같아 걱정이네요. 어쩌면 두 분께서 조캐스터를 양육하는 방식과 관련해서 더 중대한 이슈가 있을지도 모르겠어요."

데이지가 벌떡 일어섰다.

"그래요, 맞아요. 바로 그렇기 때문에 제가 빌어먹을 국민건강보험으로 이 짓을 하고 있는 거라고요. 제가 여기 온 걸 그이는 몰랐으면 하거든요. 개인병원을 가면 그이가 알게 될 테니까요. 이봐요, 이제 정말 가봐야 한다구요. 그럼 다음 주에 뵙겠습니다."

데이지가 한쪽 손을 내밀면서 미소를 지어 보였다.

"시간 내주셔서 감사합니다. 일찍 나가서 죄송한데 자선단체가 저를 부르네요!"

그렇게 데이지는 자리를 떴다. 나는 내 머리로 느릿느릿 책상을 내리찍고 있었다.

"괜찮아요, T 닥터?"

차터지 부인이 옆에서 나를 지켜보고 있었다. 나는 자세를 바로 하고 앉았다.

"괜찮아요. 데이지 씨가 다른 약속이 있어서 가야 한다네요."

차터지 부인이 씩 하고 웃으며 말했다.

"나라면 말이야, 두 내외한테 애를 제 침대로 데리고 가서 거기 꼼짝 말고 누워 있을 때까지 붙잡아두라고 충고하겠어. 그러면 애도 부모가 대장이라는 걸 알게 될 테지!"

헨리에타가 문에서 고개를 불쑥 내밀고 물었다.

"커피?"

"아니! 닥터 T는 커피 안 마셔."

차터지 부인이 나를 보며 덧붙였다.

"다음 환자가 벌써 와 있거든."

나는 시계를 확인했다. 마틴과 엘리스가 일찍 온 거였다.

"그 사람들이 일찍 온 거네요."

"아니, 그 사람들이 아니야. 남자만 와 있어."

차터지 부인이 웃으며 덧붙였다.

"내가 맞혀볼게. 저 남자 조루지? 조루인 사람들은 늘 약속 시간 보다 일찍 나타난다니까."

한 시간 후, 진료가 끝났을 때 차터지 부인이 크리스가 전화해서 약속을, 내가 크리스를 '해고한' 이후 처음 잡은 약속을 취소하면서 다음 날 오전 진료소에서 보겠노라는 메시지를 남겼다고 전해주었다. 미안하단 말도, 해명도 없이. 아주 잘 됐군.

지하철을 타러 걸어가면서 나는 묘한 감정에 사로잡혔다. 왠지 자신이 없었다. 이번 현장은 만만하게 느껴져야 정상이었다. 런던 중에서도 더욱 분주하고 다채로운 지역이어서 주민들도 모든 면에서 천차만별인 곳에 배치받기는 했지만 일반의 진료소이기 때문에 감당하기 힘들 정도로 벅찬 환자가 나한테까지 올 일은 없기 때문이다. 모두 평범한 케이스였다. 이번 현장은 '무난한' 임상심리 현장이어서 이모젠에 비하면 누워서 떡 먹기 수준이었다.

소녀는 왜 다섯 살 난 동생을 죽였을까?

각자 약간은 과하다 싶을 때가 있긴 하지만 차터지 부인과 헨리에타는 매우 다정한 사람들이었다. 일반의들도 다들 좋은 사람들이어서 환자 의뢰를 꺼리는 법이 없었다. 그런데도 뭔가가 마음에 걸렸다.

만원 지하철에 비집고 들어가야 한다는 생각만으로 불안해진 나는 발걸음을 멈추고 시장 상인들이 가판대 정리하는 모습을 지켜보았다. 9월의 초저녁이었다. 불빛이 하나둘 사라져가고 있었고 짙어진 냉기가 소음을 증폭시키는 듯했다. 나는 주변에서 들려오는 이런저런 날카로운 소리에 귀를 기울였다. 차양막 뼈대를 해체할 때 금속 막대들이 긁히며 나는 소리, 보도를 문질러 청소를 할 때 뻣뻣한 빗자루 털이 바닥을 할퀴면서 나는 소리, 생선 장수의 가판대 주변에서 물이 철벅거리는 소리, 서로를 부르는 우렁찬 목소리, 작은 밴의 트렁크에 상자들이 빼곡히 쌓일 때 나는 소리. 이 모든 소음들은 북새통을 이루었던 하루를 마감하는 분주한 장터거리 전체가 내뿜는 웅웅거림 속에서도 자기만의 또렷한 색을 잃지 않고 있었다.

모두들 열심히 일하고 있었고 이야기 소리는 낮으면서도 정겹게 들렸다. 사람들은 김이 모락모락 나는 차를 서로에게 권하고 있었다. 이런 게 바로 공동체란 생각이 들었다.

몇몇이 길가에 드문드문 흩어져 있는 팔고 남은 상품을 거둬들이고 있었다. 벙어리장갑을 낀 손으로 오래되고 반은 썩어 팔 수 없게 된 과일을 뒤적이고 있는 노부인은 분명 내가 아는 사람이었다. 그 노부인은 나에게 배턴버그 케이크를 준 사람 같았다. 그런데 얼마 후 그 노부인이 멍든 오렌지 하나와 안의 부드러운 과육이 반쯤 쏟아져 나온 아보카도 하나를 조심스럽게 쥔 채 일어섰을 때 확인해 보니 내가 아는 그 얼굴이 아니었다.

쓰레기 더미에서 뒤진 음식을 가지고 있는 그 노부인을 보니 한 없이 슬픔이 밀려왔다. 누굴까? 어디서 왔을까? 다음 끼니를 버려진 찌꺼기 더미에서 찾아야 하는 처지가 되어서도 행복할까? 환경보호 운동가일까, 아니면 가난해서 쓰레기 더미를 뒤져 음식을 찾아내야 하는 처지에 몰린 여자일까? 그녀의 이야기가 궁금했다.

주위를 둘러보니 쓰레기 수거차가 포획물을 치우기 전 길가에 버려진 음식물을 뒤지고 있는 희미한 형체가 몇몇 더 눈에 띄었다. 나는 그 사람들 모두의 이야기가 궁금해졌다. 어렸을 때, 엄마한테 꾸준히 들었던 말이 있다.

"얘, 그렇게 뚫어지게 쳐다보면 못써!"

아이다운 순진한 생각에, 내가 뚫어지게 쳐다보는 사람들은 자기들을 쳐다보는 나를 보지 못할 거라고, 나는 투명인간이라고 여겼기 때문에 그때는 엄마의 말이 이해가 안 됐다.

날은 점점 쌀쌀해지고 있었지만 나는 아직도 지하철을 탈 마음이 없었다. 지금 내 주변에서 일어나고 있는 일에 코끝이 찡해지면서도 마음이 편안해지기도 했다. 공동체, 관계망, 공동의 목표에 의해 뭉친 일련의 관계들. 저마다 이윤을 내려고 나왔을 테지만 시장 분위기를 조성하고 전통을 유지하기 위해 협력하는 각 가판대. 이 시장의 가판대들은 모두 가판대를 최초로 세운 사람들의 자식들과,

그 자식들의 자식들에 의해 운영되고 있었다.

다들 똘똘 뭉쳐 있는 듯하지만 관계망의 내부를 들여다보면 위장과 장막으로 가려져 있음에도 훤히 드러나는 점이 있는데, 먹을 것을 찾아 쓰레기 더미를 뒤져도 용인이 되는 사람이 있는가 하면 공동체 안에서 살고 있는 것 같은데 사실은 홀로 떨어져 고립된 삶을 사는 이들도 있었다.

그때 모든 퍼즐 조각이 맞춰졌다. 무슨 일이 벌어지고 있는지 이해가 되기 시작했다.

나는 외로웠던 것이다. 피부가 얼얼했다. 나의 도전 의식을 자극하는 세 케이스에 대해서 생각했다.

마틴과 엘리스는 서로를 끔찍이 사랑하고 모든 면에서 행복한 사람들이다. 엘리스는 '저흰 뭐든 잘하고 싶다'고 했지만 마틴의 행동은 상황이 그보다 복잡하다는 것을 암시했다. 그저 너무 화가 나 있고 열정이 지나쳐서 '인위적인 걸' 받아들일 수 없는 남자와의 관계에서 뭐든 제일 잘해내고 싶고, 최고가 되고 싶은 사랑스럽고 똑똑한 여자가 있다. 여자는 남자를 수행불안어떤 일을 할 때 과도한 불안 및 긴장으로 실제 실력보다 제대로 해내지 못하게 되는 증상으로부터 지켜주려다가 그 과정에서 지칠 대로 지쳐버렸다. 남자는 인위적인 거라면 질색을 했다. 남자는 원초적인 감정, 열정, 현실감을 원했다. 그게 바로 섹스였지만 섹스는 그들의 기저 관계와도 '뭐든 잘해야 하는' 감정이 억압된 세계와도 상반되는 것이었다.

데이지의 기저선 상태평상시에 유지되는 습관적인 마음의 상태는 딸 조캐스터를 제 침대에서 혼자 재우지 못한 자신에 대한 자책감이었다. 남편에게 못난 엄마라는 말을 들은 이상 그녀가 절대로 하고 싶지 않은 일은 다이어리를 작성함으로써 남편의 말을 입증하는 것이다. 특히나 그 기록을 나에게 보여주어야 한다면 굴욕감은 더욱 클 것이다. 둘의 결혼 생활은 위태로워 보였다. 어쩌면 이미 골이 깊어졌을까? 데이지는 '애를 자기 침대에서 재울 수 있는 방법 좀 제발 알려 달라'고 애원했다.

데이지는 전업주부인 그녀에게 남편이 기대하는 방식으로 엄마 노릇을 할 수 있도록 내가 도와주길 바랐지만, 실상 그녀는 똑똑하기 때문에 자신이 어떻게 해야 할지 아주 잘 알고 있었다. 고도의 지능이 요구되는 일도 아닌데 자기 아이를 부부 침대에서 내보내지 못하고 있는 건 왜일까? 이제 생각해보니 그 답은 정작 데이지가 조카 스터를 부부 침대에서 내보내고 싶어 하지 않기 때문이었다.

왜일까?

'그저 좋은 엄마가 되고 싶을 뿐이에요.'

그다음으로는 상냥한 매리언이 있는데, 그녀는 어머니를 원하지 않았다.

'나한테도 엄마가 있다는 사실을 알기 전까지는 엄마가 없었어도 전혀 허전한 줄 모르고 잘만 살았어요. 지금에 와서 그런 감정을 갖게 된다는 게 정말 싫어요.'

그들은 모두 표현 방식이 다를 뿐 외로운 거였다.

지적으로는 끈끈한 유대감을 느끼지만 친밀감에서는 극과 극인 커플. 아이 아버지와 한 침대를 쓰기는 싫고 일종의 인간적 유대감은 느끼고 싶어 남편 대신 자기 딸과 한 침대를 쓰려는 어머니. 어린 딸은 어머니에게 위안을 주고, 부모에게는 피임 수단까지 되어주고 있었다. 자기 가정을 이뤄 사랑과 존경을 듬뿍 받고 살다가 자신에게도 엄마가 있다는 소식을 들은 후 인생이 발칵 뒤집힌 엄마 없는 여자. 이 사연들은 결국 모두 외로움에 관한 것이었다.

날이 어둑어둑해지자 가판대가 모두 철수했다. 우리 부모님은 수백 킬로미터 떨어진 요크셔에 살고 있었다. 여동생은 외국에서 대학에 다니고 있었고, 로지, 알리, 미건도 모두 뿔뿔이 흩어져 지내고 있었다. 크리스와는 데면데면해졌고 만나달라는 요청에 비싸게 굴고 있었다. 외로움이 물밀듯 밀려왔다.

다음 날 아침 나는 내 진료실에서 크리스와 커피를 마시고 있었다. 긴장되긴 했지만 내가 크리스를 '해고한' 문제를 짚고 넘어가야 할 것 같았다.

"교수님, 시작하기 전에, 드리고 싶은 말씀이 있는데요……."

크리스가 무뚝뚝하게 내 말을 잘랐다.

"아뇨, 하지 말아요."

"아 네. 전 그냥 뭐랄까……."

크리스가 주위를 두리번거리며 물었다.

"황설탕 없어요?"

"제가 갖다달라고 할게요."

도무지 속을 알 수 없었다. 나한테 화가 나 있는 걸까, 아니면 퉁명스럽고 무미건조한 평상시 모습을 보이는 것에 불과한 걸까? 우리의 의견 충돌을 확실히 정리하고 싶은 마음이 간절했지만 내 본능은 밀어붙이지 말라는 메시지를 보냈다.

"됐어요. 나한테 있으니까. 자, 오늘 논의할 사람들은 누구죠?"

나는 지난번 상담 시간에 엘리스가 합류하기 전 마틴과 나눈 대화 내용에 대해 이야기했다.

"남자는 후회하고 있었어요. 큰소리 내서 미안하다며 사과했고요."

크리스는 커다랗고 너저분한 가방 속을 뒤지고 있었다.

"그래서요?"

"자기 약혼녀가 상담실에 있을 땐 말하는 게 쉽지 않다고 해서 앞으로는 엘리스가 상담에 합류하기 전에 저와 단둘이 시간을 좀 보내기로 합의가 된 상태입니다."

크리스가 자기 가방에서 설탕 봉지를 끄집어냈다.

"그래서요?"

"저어, 그게 어색하더라고요. 엘리스가 없는 동안 마틴이 둘의 관계에 대해서 솔직하게 털어놓았는데요. 마틴 얘기를 듣다 보니까 엘리스를 배신하는 것 같은 기분이 들었어요."

크리스가 이로 설탕 봉지를 뜯으려고 하다가 실패했다. 나는 책상 서랍을 열어 가위를 찾았다.

"여기요, 제가 뜯어드릴게요."

크리스가 가위를 낚아챘다.

"하던 얘기 계속해봐요."

나는 마틴이 자신의 공격성에 대해서 진심으로 뉘우치는 것 같다고 크리스에게 말했다. 그는 섹스요법이란 것이 전부 다 너무 힘들더라고 나에게 말했는데 그 말은 그냥 한 말이 아니었다. 크리스가 볼펜 끝으로 커피를 휘휘 저어 설탕을 녹이고 있었다.

나는 계속해서 엘리스가 도착한 이후의 상담에 대해서 처음부터 끝까지 자세히 설명해나갔다. 엘리스가 상담실에 들어와 나와 대화를 나누고 있는 마틴을 보고 다행스럽게 여긴다는 것을 알 수 있었다. 크리스가 볼펜을 커피 잔에서 거뒀다.

"여자가 위협을 받았나요?"

"모르긴 몰라도 위협을 받았을 거예요. 누군들 안 그러겠어요? 그런데도 마틴의 정수리에 입을 맞춰주고 자리에 앉았어요. 문제는 제가 한참이 지나서야 마틴한테 느끼는 분노를 억누를 수 있었다는 거예요."

크리스가 나를 정면으로 응시하며 말하기 시작했다.

"환자가 당신을 공격하면 분노를 느껴도 돼지만 곧 극복해야죠. 그건 그 사람들 문제지 당신 문제가 아니잖아요."

그 점에 대해서 확신할 수도 없었고 내가 상대하는 사람들을 너무 순식간에 판단해버리는 내 성격도 마음에 들지 않았다. 크리스는 다시 한 번 볼펜으로 커피를 휘휘 젓더니 그 커피를 후루룩후루룩 들이켜기 시작했다. 커피 한 방울이 턱으로 줄줄 흘러내렸다. 이 여자는 액체를 섭취하는 데 정말 문제가 있구나 하는 생각이 들었지만 이 자리에 와준 것만으로 마음이 놓여서인지 이번에는 신경이 쓰이지 않았다.

"감각집중훈련은 정말 앞만 보고 나아가야 하는 거지만 자꾸 뭔가가 마음에 걸려서 두 사람에게 자신들의 얘기를 털어놓게 해야겠다고 결정했어요."

나는 입을 닦게 할 요량으로 크리스에게 티슈를 한 장 건넸다.

"그래서요?"

"그랬더니 두 사람이 저한테 미키마우스와 미니마우스 얘기를 하더라구요."

크리스가 고개를 들고 나를 쳐다보았는데 앞으로도 영원히 그 순간은 잊지 못할 것이다. 내가 이 얼음여왕을 놀래킨 것이었다. 그렇지만 크리스는 재빨리 평정을 되찾았다.

"교수님, 두 사람은 디즈니 덕후예요."

"그 말인즉슨?"

"두 사람은 신혼여행으로 세 번째 디즈니 크루즈영국에 본부를 둔 크루즈 회사로 월트디즈니컴퍼니의 자회사인 매지컬크루즈컴퍼니 주식회사에서 운영. 디즈니의 각종 캐릭터들과 쇼를 즐기거나 기념 촬영을 할 수 있다. 네 가지 배가 있는데 각 배마다 나오는 캐릭터들이 다르다고 한다를 떠날 예정이래요."

크리스가 커피 잔을 내려놓더니 나를 똑바로 응시했다. 내가 감각집중훈련을 시키고 있는 이 커플은 서로가 사용하는 잘못된 어휘 때문에 1루 이상 진도를 못 나가고 있었다. 마틴의 그것은 미키, 엘리스의 그것은 미니였던 것이다. 발가락은 발가락. 팔꿈치는 팔꿈

　　　　　　　소녀는 왜 다섯 살 난 동생을 죽였을까?

치. 페니스는 미키, 질은 미니이다. 시작점은 거기에 있었다. 바로 어휘였다.

"하나 더, 그 여자가 엄마 겸 애인 노릇을 그만둬야 남자도 남성성을 잃지 않을 수 있어요."

크리스의 조언이었다.

일주일 뒤 데이지가 돌아왔다. 그녀가 다이어리를 내 책상 위에 탁 하고 내려놓으며 말했다.

"난 못 하겠어요."

다이어리에는 우리가 이미 알고 있는 내용만 있었다.

"봤죠, 남편 말이 옳았어요! 난 형편없는 엄마라고요!"

나는 생각을 가다듬었다.

"데이지, 조캐스터 배변 훈련은 마쳤나요?"

"당연하죠!"

"밥도 혼자 먹고요? 읽고 쓸 줄은 아나요? 친구는 있고요? 어른하고 대화는 가능한가요?"

데이지가 웃으며 대답했다.

"그럼요. 말씀하신 것 모두 아주 잘하고 있다고요!"

나는 다이어리 용지를 꼬깃꼬깃 뭉쳐 쓰레기통으로 던져 넣었다.

"그렇다면 조캐스터의 엄마는 형편없는 엄마가 아닌 게 분명한 거네요."

데이지가 나를 빤히 쳐다보았다.

"어머님, 저는 자식이 없는 사람이니까 부모 노릇이 가끔씩 얼마나 힘든지 이해하는 척하지는 않겠습니다. 하지만 어머님이 부모 노릇을 어떻게 하는 건지 '알고 있다'는 사실은 저도 알고 있습니다. 따라서 의문점은 어째서 수면 훈련만 그렇게 힘들어하시느냐는 겁니다."

데이지는 아무 말도 하지 않았다.

"제 생각에는 어머님께서 조캐스터를 부부 침대에 데리고 있으려고 하시는 것 같군요."

그러자 모든 게 봇물처럼 쏟아져 나왔다. 그 후 20분 동안 데이지는 자신의 불행한 결혼 생활에 대한 이야기를 털어놓으면서 티슈를 반통이나 써버렸다.

"아이 아버지와 부부 침대를 함께 쓰실 마음의 준비가 되시면 조캐스터를 부부 침대에서 내보내실 수 있을 겁니다."

데이지가 눈물을 닦으며 고개를 끄덕거렸다.

"그럼 우리 애는 앞으로도 아주 오랫동안 우리 침대에서 자게 될 것 같네요."

"어째서 그런 말씀을 하시는 거죠?"

"왜냐하면 그이나 저나 더 이상 서로를 별로 좋아하지 않으니까요."

"함께할 친밀한 공간이 없는데 어떻게 서로에 대해 호감을 느낄 수 있겠어요?"

데이지가 한숨을 푹 쉬었다.

"남편이 다른 여자랑 친밀한 공간을 함께하는 것 같아요."

데이지가 자기 가방을 껴안으며 덧붙였다.

"게다가 그 큰 침대에 저 혼자 있는 것도 싫고요."

역시나 외로움이 원인이었다. 상담 시간은 5분밖에 안 남았지만 나는 이 불쌍한 여자가 상심한 채로 상담실에서 나가게 내버려두고 싶진 않았다.

"계획을 세워봅시다."

데이지가 가방 속을 뒤적이더니 작은 손거울을 꺼냈다.

"맙소사! 제 눈 좀 보세요."

데이지가 얼굴에 파우더를 두드려 발라 가면을 다시 썼을 때, 우리는 앞으로의 방향에 대해서 논의했다.

나는 언제나 도서관을 좋아해 마지않았다. 크고 아름답고 웅장한 대학 도서관에는 온갖 책들, 필사본들이 꽉꽉 차 있었는데, 언젠간 내 박사 논문도 여기서 볼 수 있기를 바랐다. 물론 우선은 박사 논문을 쓸 자격을 얻는 게 먼저겠지만 말이다. 사탕가게에 들어선 어린아이처럼 나는 주변을 둘러싼 선반에 놓인 온갖 맛난 사탕들을 최대한 많이 담으려면 제일 먼저 어디부터 달려가야 할지 알 수가 없었다.

하지만 그날 내게는 뚜렷한 방문 목적이 있었으므로 아담한 구석 자리에 처박혀 어떤 책이건 마음에 드는 책은 모조리 골라 걸신들린 듯 읽는 것은 안 될 노릇이었다. 대학 측에 사례 보고서를 제출

해야 했으므로 나는 나를 찾는 환자들 중 다수에게서 나타나는 주제, 즉 외로움에 대한 자료를 조사하고 싶었다.

사회과학 섹션 쪽으로 가는 도중 내가 가장 좋아하는 작가 실비아 플래스영국의 시인 테드 휴즈와 결혼한 미국의 시인. 남편의 외도로 인한 별거 직후 서른 살의 나이에 자살한 비극의 주인공가 떠올랐다. 그녀의 작품 『벨 자The Bell Jar』는 나로 하여금 정신 건강에 대한 관심과 상처 받기 쉬운 사람들을 연구하고픈 욕구를 공고히 다질 수 있게 해준 책이었다. 실비아 플래스는 '우리는 매달릴 수 있는 또 다른 영혼을 얼마나 필요로 하는가'라고 했다. 그 말은 우리에게 믿을 수 있고, 비밀을 털어놓을 수 있고 모든 걸 함께 나눌 누군가가 필요하다는 뜻일 것이다.

『벨 자』 관련 도서에 대한 마이크로필름 기록을 스크롤하다가 우연히 1892년 샬럿 퍼킨스 길먼이 발표한 이야기를 하나 발견했다. 제목은 『노란 벽지』였는데 정신 질환을 앓고 있는 이름 모를 여성이 쓴 가상의 일기였다. 읽으면서 준이 떠올랐다.

준과 마찬가지로 이 여성의 감금과 고립도 출산 후부터 시작되었다. 요즘이라면 산후우울증이라고 할 만한 증상을 앓던 이 여자에게는 의사 남편에 의해 '일시적 신경쇠약−경미한 히스테리 경향'이라는 딱지가 붙게 되었는데, 남편이란 사람은 부인의 원기를 회복시켜준답시고 여름 별장에 있는 침실에 자기 부인을 가둬버렸다. 부인은 그 방을 떠날 수 없었고, 창문에는 빗장이 걸려 있었다. 휴식을 취하는 것 외에 읽기나 그 어떤 활동도 금지되자 부인은 남편 몰래 일기장을 숨겼다.

소녀는 왜 다섯 살 난 동생을 죽였을까?

마음 약하고 고독했던 그녀는 점차 환각에 빠져들기 시작하면서 자신이 갇힌 방의 노란 벽지 무늬 안에서 살금살금 기어나오는 여자들을 보게 되었다. 시간이 흐르자 여자는 자신도 벽지 무늬에서 기어나오는 여자들 가운데 한 명이라고 믿기 시작했다. 고립과 외로움이 더해가면서 여자는 서서히 벽지 속 동료들이 있는 상상의 세계 속으로 빠져들어 갔고, 그렇게 정신병은 시작되었다. 여자는 그 방에서 나가기를 거부했다.

좀 더 사실에 근거를 둔 자료를 찾을 필요가 있었다. 외로움은 정신이상, 심지어 죽음까지 초래할 수 있다, 하지만 어떻게?

누구나 짐작할 수 있는 이유는 이렇다. 알코올중독, 약물 남용, 불안, 스트레스, 우울감, 자살……. 이것은 전부 생물학적 수면 리듬을 깰 정도로 심각한 외로움, 심적 고통, 고뇌에 의해서 유발되는데, 이는 곧 기억력·이해력·학습 능력 문제로 이어진다. 외로움은 반사회적 행동을 야기하기도 한다. 사회적 유대감의 결핍으로 인하여 적대감과 공포심을 품게 된 아이들은 비행 청소년이 된다. 외로운 아이들, 그 생각만으로 몸서리가 쳐졌으며 결국 논란을 불러일으켰던 1960년대 해리 할로Harry Harlow, 미국의 심리학자로 인간주의 심리학을 주창의 실험에 관한 글을 다시 읽게 되었다.

알코올중독과 우울증으로 죽은 할로는 애착이 생존의 필수라는 사실을 보여주었다. 그는 격리 상태로 기르던 아기 원숭이들을 대상으로 실시한 잔인한 동물실험을 통해 이를 입증했다. 출생 직후 아기 원숭이들을 어미로부터 떼어놓은 후, 격리 상태에서 젖병을 부착시켜 놓은 철사 '엄마'와 우유는 없지만 보드라운 수건을 씌워놓은 엄마 중에서 선택하게 했더니 아기 원숭이들이 수건 엄마와 훨씬 많은 시간을 보내더라는 것이었다. 접촉 위안이 식욕보다 더욱 중요했던 것이다.

수건 '엄마'와 함께 낯선 환경에 놓인 아기 원숭이는 그 환경을 탐색하다가도 가끔씩 '엄마'를 부둥켜안고 안정과 안전을 느낀 반면, 방에 홀로 남겨진 아기 원숭이는 몸을 이리저리 흔들고, 비명을 지르며 울었다.

할로는 아기 원숭이들이 외로움으로 죽어가는 모습을 지켜본 이후에도 실험을 계속 진행했다. 외로움은 뇌졸중과 심장마비를 통해 목숨을 앗아간다. 외로움은 혈압과 스트레스 호르몬 수치를 높이고 심혈관 질환에 관련된 혈액 내 화학물질을 증가시켜 혈관 수축을 유발한다. 사회적 배제는 체온 저하를 일으키기 때문에, 만성적으로 외로운 사람은 '한데에 버려진' 느낌을 받게 된다. 우리는 본능적으로 사회적 접촉, 유대감을 열망하게 되어 있다. 삶에서 그것이 빠져버리면 우리의 몸과 마음은 죽음을 향한 느린 행진을 시작하게 된다. 이렇듯 외로움은 치명적인 것이다.

현장 실습은 계속되어 이윽고 나날이 쌀쌀함이 더해가는 혹독한 겨울이 왔다. 크리스를 다시 맞이하게 되어서 기분이 좋았고 우리 관계에 닥쳤던 일시적인 문제에 대해서 매우 진지한 대화를 나누고자 했던 내 욕구를 크리스가 충족시켜 주지 않아서 오히려 다행이었다. 크리스는 다시 선을 그었고 우리의 만남은 늘 그렇듯 사무적이었다.

데이지가 조캐스터를 혼자 재우게 되기까지는 몇 차례의 상담밖에 걸리지 않았다. 우리는 '점진적 후퇴' 방법을 선택했다. 점진적 후퇴란 데이지가 조캐스터를 조캐스터의 침대에 눕힌 다음 그 옆에 눕는 것으로 시작해서 점차 이 꼬마 숙녀께서 엄마 없이 혼자 잠들 수 있을 때까지 매일 밤 조금씩 아이로부터 거리를 두고 앉는 방법이다.

숙면을 취한 아이와 자신감 있는 엄마. 괴물 같았던 조캐스터는 어느덧 사라졌다. 데이지는 딸이 엄마를 지배하고 약화시키기 위해 하는 다른 모든 행동들에 대해서도 선을 그을 줄 아는 유능한 엄마가 되었다. 데이지의 남편은 자신의 행동에 경계를 정하면서 더욱 적극적으로 대응하는 부인의 모습을 처음부터 탐탁지 않게 여겼다.

"두 분은 어떻게 지내고 계신가요?"

내가 마지막 상담 시간에 데이지에게 물었다.

"내 정신 좀 봐. 저흰 전보단 잘 지내고 있답니다."

나는 미소를 지으며 말했다.

"모르긴 몰라도 조캐스터처럼 남편분도 이제 어머님 목소리와 어머님 요구를 존중하게 될 겁니다."

데이지도 만면에 미소를 머금으며 대답했다.

"그러길 바라자구요."

"남편분은 아직 침대로 복귀 안 하셨고요?"

"복귀했는데요, 제가 뺑 차버렸어요."

시계를 보니 몇 분밖에 안 남았는데 지금에서야 그걸 털어놓다니 아뿔싸!

"어머 왜요?"

데이지가 다시 미소를 지으며 말했다.

"맙소사 코를 어찌나 골아대던지 잠을 잘 수가 있어야죠. 살 빼고 오라고 했어요."

"이크!"

데이지는 자선기금 모금 때문에 시간이 촉박하다고 했다. 상담실을 나서기 전 그녀는 쭈뼛거리며 나와 포옹했다.

"고마워요."

"도움을 드릴 수 있어서 제가 더 기쁜걸요."

"아뇨, 진심이에요. 정말 고맙습니다. 마음이 한결 좋아졌거든요. 일부나마 제 자신을 되찾은 기분이에요."

"데이지, 저도 즐거웠어요."

나도 진심이었다.

한편 매리언은 나와의 약속을 계속 취소하고 있었고, 진료소 방침에 따르면 세 번 연속 취소는 제명을 의미했다. 나는 차터지 부인을 설득해서 딱 한 번만 더 예약을 잡아달라고 부탁해봤지만 소용이 없었다.

"미안하지만, 방침이 그래. 우리 운영 방식이 그렇다고."

"저도 그건 아는데요, 이 부인한테는 저를 볼 기회가 한 번 더 필요해요. 이번엔 예약 잡을 때 제가 직접 전화할게요. 무슨 문제가 있는 건 아닌지 알아도 볼 겸."

차터지 부인은 꿈쩍도 하지 않으려 했다.

"내가 할 말은 이거야. 이 사람은 더 이상 예약 같은 거 못 한다는 거."

나는 다른 방법을 찾아봐야 했다. 매리언의 진료 기록을 빼내 나에게 주소와 전화번호를 알려준 건 상냥한 헨리에타였다. 우리는 전화로 얘기를 나눴고, 며칠 뒤 부인의 아파트에서 만났다.

부인이 초조한 기색으로 문을 열어주며 작고 깔끔하고 아늑한 주방으로 나를 안내했다.

"차 한잔 하시겠어요?"

"주시면 좋죠."

나는 시린 손에 호호 입김을 불었다.

"진료소에 다시 안 가서 죄송해요. 저 때문에 다른 사람이 예약 못 한 건 아니어야 할 텐데요."

"그런 걱정은 마세요, 어머님. 다 수가 있답니다."

"어휴, 다행이네요. 설탕 드릴까요?"

"아뇨, 괜찮습니다."

"진료소에 가서 그 일에 대해서 얘기하는 게 너무 싫었어요. 그럴 기분이 전혀 안 들더라구요."

"그럼요, 그러실 수 있죠."

매리언이 비스킷이 든 깡통 뚜껑을 열고 내게 비스킷 하나를 권했다.

"우리 손녀딸, 앤절라가 저한테 불만이 많아요."

"어째서요?"

"음……제가 그 아이 숙제를 마무리해주지 않았잖아요."

나는 진하게 우린 훌륭한 차를 홀짝이며 물었다.

"어째서요?"

"아시잖아요. 가계도. 감동적인 이산가족 상봉이 안 일어났으니까요."

매리언이 뜨개질로 뜬 안경집을 열더니 담뱃갑을 꺼냈다.

"담배 드릴까요?"

"감사합니다만, 전 괜찮습니다."

"한 대 피워도 될까요?"

"그럼요. 여긴 어머님 댁이잖아요."

매리언이 환하게 미소를 짓고는 담배에 불을 붙였다.

"그렇다면, 앤절라는 할머니가 친어머니를 만나봤으면 하는 거군요."

매리언이 담배 연기를 길고 깊게 빨아들이며 고개를 끄덕였다.

"어머님은 뭘 원하시는데요?"

매리언이 한숨을 내쉬고는 눈을 비볐다.

"내가 원하는 건 이 일을 없던 일로 하는 거예요."

"네에? 준 할머님에 대해서 알게 된 일 말인가요?"

"전부 다요."

"왜요, 어머님?"

"왜냐하면 그 일이 있기 전에는 모든 게 자리를 잡아서 행복했으니까요."

매리언이 우리가 마시고 있던 찻잔에 물을 가득 채워준 후 자신의 인생사를 들려주었다.

매리언은 고아원과 보육원에서 자라다가 열네 살 때, 벨그레이비어런던 하이드파크 남쪽에 있는 고급 주택 지구에 있는 어느 대저택에서 하녀가 되어 일을 시작했는데 그때 2차 세계대전이 발발했다. 그 저택에서 일할 당시 매리언은 다락방에서 기거했는데 자신이 일하는 집 가족들에게 존중과 보살핌을 받았고 자신이 쓸모 있는 사람이라는 느낌도 받았기 때문에 그때가 호시절이었다고 했다.

"복잡할 것 없는 인생이었고 난 행복했어요."

매리언에게는 목표가 있었고 가족의 일원이 된 기분이었다.

"그러다 그 남자가 왔어요."

레지는 매리언이 뒷계단 청소를 하고 있으면 찾아와 잡담을 나누곤 하던 배달원이었다. 그는 잘생기고 재미있는 청년이었고 얼마 안 가 둘은 연애를 하기 시작했다.

"나는 춤추는 걸 정말 좋아했는데 우리 레지는 춤을 그 누구보다 잘 추었지요."

레지와 매리언은 폭스트롯4분의 4박자의 기본 4비트 리듬을 깔고 진행되는 춤과 왈츠를 추다가 사랑에 빠졌고 매리언이 열여섯 살이 되던 해에 결국 두 사람은 결혼을 했다. 그 후 가정을 꾸리고, 딸 넷을 낳고, 시장에서 청과물 장사로 성공하면서 정신없이 살아왔다. 이제 딸들도 모두 장성해서 결혼하고 자식까지 낳았는데 부모님 근처에 살면서 연로하신 부모님을 위해 청과물 가판대를 교대로 봐주고 있었다. 레지와 매리언은 동네에서 헛간 댄스 클럽전통음악이나 민속음악에 맞춰 춤을 추는 곳으로 주로 헛간을 이용했지만 요즘은 아무 건물이나 적당한 공간이 있으면 이 용도로 사용한다. 헛간 댄스는 주로 가족이나 공동체가 중심이 되는 이벤트이며 평상시에는 춤을 추지 않는 사람들을 위한 것이다을 운영하고 있었다.

매리언이 담배를 하나 더 꺼내 불을 붙였다.

"정말 모든 게 다 잘 풀렸죠."

"정말 화목한 가정을 일구셨네요."

"그래요, 화목한 가정이에요. 우리 땐 다들 자기가 가진 걸 받아들이고 더 이상 욕심을 부리지 않았어요. 요즘 사람들은 다들 분수에 맞지 않는 걸 쫓고 있잖아요. 과거는 과거예요. 모든 걸 다 가질 수 있는 사람은 없는 법이에요. 나는 내가 가진 것에 만족하고 나한테 없는 건 그냥 받아들여요. 그렇기 때문에 내 인생에 생모는 필요 없는 거고요."

매리언의 인생관은 나를 뒤흔들어 놓았다. 나는 매리언이 결국은 친어머니에 대해서 알고 싶어 할 거라는 확신에 가득 차 있었다. 나 또한 모든 걸 다 가지고 싶어 하는 세대인 게 분명했다.

"준 할머님하고 프랭크 할아버님 만난 얘기 해드릴까요?"

매리언이 고개를 가로저었다.

"음……도움이 될지 모르겠지만 준 할머님을 돌보고 있는 사람들이 준 할머님과 어머님의 만남에 대해서 어떻게 생각하고 있는지

소녀는 왜 다섯 살 난 동생을 죽였을까?

알려드릴 수 있는데요."

"아뇨, 알고 싶지 않아요. 마음만 받을게요."

나는 차를 마셨다.

"알겠습니다. 그렇다면 왜 저를 만나겠다고 하신 건가요?"

"상담 때문이 아니에요. 선생님 시간을 허비하게 한 것 같아서 사과가 하고 싶었을 뿐이죠."

"그러지 않으셔도 돼요."

매리언이 내 찻잔을 가득 채워주었다.

"이제 가봐야 할 것 같습니다."

매리언이 나를 올려다보며 말했다.

"평생 엄마 없이 살았는데 이제 와서 엄마는 필요 없어요."

"그럴 수도 있죠, 어머님."

"정말 그래도 되는 걸까요? 엄마에 대해서 궁금해해야 하는 것 아닐까요?"

"어머님이나 준 할머님 마음이 내키셔야지요."

"그분을 위해서도 올바른 결정일까요?"

"저야 잘 모릅니다만. 아마 준 할머님도 어머님과 같은 마음이 아닐까 합니다."

매리언은 홀가분해 보였다. 자그마한 부엌 창유리에 돌풍이 불어와 유리가 덜컹거렸다.

"집까지 무사히 갈 수 있겠어요? 바깥바람이 저렇게 매서운데."

"전 괜찮을 겁니다. 걱정해주셔서 감사해요. 차 잘 마셨습니다."

우리는 따스하고 아담한 아파트 현관까지 함께 걸어 나왔다.

"가시기 전에 한 가지 더 여쭤볼 게 있어요. 그냥 궁금해서 그러는데……거기서 잘 모시고 있던가요?"

"그럼요. 세심하게 보살펴드리고 있던걸요."

매리언이 고개를 끄덕였다.

"행복해하시던가요?"

"네, 그러신 것 같았어요."

"어느 날 난데없이 나타나서 우리 집 문을 두드린다거나 그런 일은 절대로 없겠죠?"

"네, 그런 일은 없을 겁니다."

"다행이네요."

나는 돌아서서 나가려 했다.

"여기요. 이거 가져가세요."

나에게 건네진 것은 과일과 야채가 가득 든 커다란 갈색 봉투였다.

"어머, 이러지 않으셔도 돼요."

"부탁입니다. 받아주세요. 절 위해 그렇게 애써주셨는데 이거라도 드려야죠."

내 뒤에서 문이 닫히자마자 나는 외투 자락을 여미고 바람 속으로 걸어 들어갔다. 과연 내가 매리언이나 준을 위해 해준 게 있기나 한지 분간이 안 가는 마음을 안고서.

집으로 돌아가는 지하철에서 자리에 앉아 준과 매리언이 재회를 원할 거라 여겼던 나의 어리석은 추측에 대해서 곰곰이 생각해보았

소녀는 왜 다섯 살 난 동생을 죽였을까?

다. 외로운 사람은 바로 나였다. 그 둘을 한자리에 불러모아 나의 외로움을 해결하고 싶었던 것이다.

맙소사, 이번 일을 바로잡지 못해서인지 기운이 쑥 빠지는 기분이 들었다. 괜찮다, 데이지하고 조캐스터는 도울 수 있었으니까. 하지만 이번 현장 자체가 온통 정신없고 이상하게 느껴지기만 했다. 나는 파란만장한 1년을 이미 겪었다. 칼을 든 레이, 그다음에는 학대에 시달린 사랑스런 꼬마 숙녀 이모젠. 그래서인지 이번 현장이 휴식처, 아마도 지난번보단 덜 심각하고 덜 중요한, 극적인 사건도 없는 곳일 거라 믿으며 이곳에 왔던 것 같다.

얼마나 어리석었던가! 나에게는 휴식이 필요했지만 공교롭게도 무서운 속도로 진도를 나가고 있는 마틴과 엘리스 문제를 마무리해야만 했다.

이번 현장 실습을 시작하기 직전, 나는 로지를 찾아갔다. 로지는 두 번째 학위 2년차를 마치자마자 에든버러 축제영국 스코틀랜드 에든버러에서 매년 8월에 개최되는 여러 문화 예술 축제의 총칭. 시내 곳곳에서 다양한 거리 예술 공연이 펼쳐진다에서 축제 진행 및 스타 공연자들 전원을 관리하면서 극장을 운영하는 여름 아르바이트를 구한 참이었다. 나는 초만원인 로지의 아파트에 머물면서 섹스를 아주 잘하는 착한 남자를 한 명 만났다. 즐거운 나날이었다.

로지네 극장의 주요 볼거리는 1970~1980년대 영국 '파티 하우스'를 운영하면서 섹스를 메뉴에 올려 유명세를 떨친 여자가 진행하는 원맨쇼였다. 로지에 따르면 이 여자는 작은 체구에 옷차림은 촌스럽지만 마음도 따뜻하고 유머 감각도 있는데, 자기 몸에 마이크 부착하는 걸 끔찍이 싫어한다고 했다. 누가 자기 몸에 손대는 걸 못 견디기 때문이란다. 신체접촉 공포증이 있는 이 여자는 나중에 나를 만나 내 키와 광대뼈를 보더니 아주 훌륭한 성산업종사자가 되겠다고 말했다. 이제 삶이 예술을 모방하고 있었다.

상담 초기에는 마틴과 엘리스 둘 다 말도 못하게 부끄러워했지만 후기(감각집중훈련 섹스요법의 효과가 나타나면 이를 보고하면서 무척 즐거워했다)가 되자 두 사람이 털어놓는 적나라한 내용에 당황한 기색을 내비치지 않기 위해 무진장 애써야 했기 때문에 내 쪽이 훨씬 힘들어졌다.

마틴과 진지한 상담을 한 다음 두 사람과 담소를 나눴고, 그 후 두 사람이 함께 진료소를 나서서 역할을 바꿔보기로 했다. 마틴은 엘리스에게 야한 행동을 하도록 부추겼고 엘리스는 자신의 보호를 오롯이 약혼자에게 맡겨보기로 했다. 그 후에는 다 함께 어휘 부분에 착수하여 미키와 미니를 대신할 만한 단어를 찾아내기 위한 브레인스토밍에 들어갔다. 마틴이 힘겹게 '보지'cunt(컨트), 여성의 성기를 지칭하는 속어라는 말을 꺼낸 후, 우리는 다 함께 두 부위를 지칭하는 단어 목록을 살펴보고는 '질'을 지칭하는 단어는 거의 없는 반면 '페니스'를 지칭하는 단어는 차고 넘친다는 사실에 새삼 놀랐다. 마틴이 물었다.

"그거 아세요, 햄릿도 보지라는 말을 했다는 거햄릿 3막 2장에 나오는

햄릿의 대사, "Do you think I meant count-ry matter?"에서 'count-ry'의 발음에 '컨트'가 들어가는 것을 이용한 말장난?"

엘리스와 나는 모르고 있었다. 엘리스는 웃었지만 얼굴이 홍당무처럼 빨개져 있었다. 나는 커플 사이에 낀 눈치 없는 친구가 된 기분이었다.

그럼에도 체계적 둔감화 프로그램의 효과는 아주 좋았다. 우리를 불안하게 만드는 것이 있다면 우리는 어떻게 하는가? 그것을 피하고 어쩔 수 없다는 믿음을 강화하게 된다. 그래서 그 불안한 일을 어떻게든 해보려고 노력하다가, 그야말로 너무 세게, 너무 성급하게 밀고 나가는 바람에 결국 실패하고 만다. 그렇다면, 마음의 심호흡을 하는 거다. 한 발짝 뒤로 물러나 생각하고 계획하라. 장기적인 목표를 찾아낸 다음 이를 하위 단계로 세분화하라.

"상상해보세요, 마틴, 엘리스. 두 분은 지금 산을 오르고 있어요. 정상은 올려다보지 마세요. 왜냐하면 그랬다가는 다리에 힘이 빠질 테니까요. 정상에 도달할 때까지 단계별로 베이스캠프를 어디에 세울지 함께 계획해봅시다."

우리는 그렇게 했다. 우리 셋은 엘리스가 통제력을 완화하고 외설적인 표현을 할 수 있게 하고 마틴은 엘리스가 리드하게 내버려두고 '행위' 자체에 집착하지 않게 하려고 단계별로 계획을 세웠다. 결국 두 사람은 산 정상에 도달했다. 다행스럽게도 결혼식 전에.

크리스와는 이번 실습 현장에 대한 마지막 면담을 위해 마켓 스트리트 카페에서 만났다.

"자, 뭘 배웠나요?"

나는 미소를 지었다.

"글쎄요⋯⋯아무래도 전 교수님 없인 안 된다는 걸 배웠구요."

"그렇군요."

내가 바라던 반응이 아니었다. 쓸데없이 친근하게 굴었다는 생각이 들었다.

"그리고 아직도 배워야 할 게 참 많다는 걸 배웠습니다."

"이를테면?"

나는 크리스에게 설탕 그릇을 건넸다.

"이를테면 극적인 요소가 좀 덜해 보이는 문제를 겪고 있는 사람들을 저버리지 말라는 것."

크리스가 각설탕 세 개를 커피 잔에 톡 빠트렸다.

"이모젠 일은 아주 잘했어요."

엥?

"정말 잘해냈어요. 훌륭히. 하지만 내 말 잘 들어요, 이모젠 같은 아이들은 우리가 임상 현장에서 흔히 볼 수 있는 유형이 아니에요."

크리스의 말은 옳았다. 나는 고개를 끄덕였다.

"이번에도 혼자라고 느껴졌을 거예요."

목이 메어왔다.

"네, 그랬어요."

"타냐 선생이 본 환자들도 마찬가지였을 거예요. 그게 인생이에요."

소녀는 왜 다섯 살 난 동생을 죽였을까?

내가 바라던 반응이 아니었다.

"극적인 요소가 부족하다고 해서 중요도가 떨어지는 건 아니에요. 그렇다고 동정불감증에 걸리지 말고요. 그렇게 되면 이 일 못하게 되니까."

크리스의 조언이었다.

카페를 나오는데 벙어리장갑을 낀 아담한 노부인이 내게 윙크를 했다. 확신할 순 없었지만 그 노부인이 몇 달 전 내게 케이크를 주었던 부인임이 분명했다. 나는 준과 프랭크, 당당한 매리언, 그리고 적극적인 여성으로 새로 태어난 데이지를 떠올렸다. 마틴과 엘리스도? 그들에 대한 생각을 내 마음속에서 몰아내야 할 때가 왔다. 이제 그들은 내가 들어가고 싶지 않은 내 마음속 내밀한 공간에 저장되었다.

지하철에 올라타 동물보호 포스터를 올려다보고 있노라니 엄마를 애타게 그리워하면서 수건에 덮인 철사 팔에 안겨 굶어 죽는 쪽을 택한 할로의 아기 원숭이들이 떠오르면서 눈물이 핑 돌았다.

상담실

{4}

홀로코스트에서 살아남은 노파

"빨리 도망가야돼, 우릴 죽일 거야!"

어렸을 때부터 줄곧 나는 일요일이 싫었다. 휴식과 반성의 날이라는 기독교적 개념 따위는 거뜬히 엿 먹이고도 남을 비디오게임, 미국식 볼링장, 쇼핑몰이 등장하기 전이었기 때문에 일요일은 지독하게 지루했다.

집에 위성 텔레비전이 있었던 것도 아니었기 때문에 나의 일요일은 대개 정처 없이 집 안을 돌아다니다가 보내버리기 일쑤였다. 할머니는 레슬링 중계를 보시곤 하셨는데, 딱히 팬이어서라기보다 그 당시 나오는 채널이 세 군데밖에 없었기 때문이었다. 일요일이 어느 정도 지나면 엄마는 나더러 방을 치우라거나 정원 일을 도우라거나 일기를 쓰라고 하셨다.

우리 엄마는 매일 엄하게 꼬박꼬박 일기를 쓰게 하셨다. 그날 하루를 되돌아보며 우리가 배운 것은 무엇인지, 개선해나갈 수 있는 부분은 어떤 부분인지를 알 수 있다는 이유에서였다. 따라서 모든 일기의 마지막은 '내일은 더 열심히 해야겠다'라는 문장으로 끝을 맺어야 했다.

지루함은 1970년대 어린 시절을 보낸 사람에게 내린 일요일의 저주였다. 내일이면 주말이 끝나고 앞으로 5일 동안 학교에 가야 한다는 사실을 깨달으면서 지루함은 절망으로 심화되었다.

이번 일요일은 지난번 실습 현장이었던 일반의 진료소를 떠난 후 맞이하는 첫 번째 일요일인 만큼, 마음가짐을 새롭게 하고 앞으로 6개월을 보내게 될 다음 실습 현장을 준비할 참이었다. 지루하기도 하고 마음도 어지러웠던 나는 아파트 안을 어슬렁거렸다. 실은 화도 났다. 내 다음 실습 현장은 노인들과 함께하는 곳, 즉 노인병 병자들 혹은 정치적으로 공정한 표현에 따르면 고령자들이 있는 곳인데 그들은 내가 임상학적으로 전혀 관심이 없는 부류였다. 나는 텔레비전 채널을 이리저리 돌렸다. 볼만한 게 아무것도 없었고 심지어 레슬링조차 안 하고 있었다.

빅터 프랭클은 '일요일 신경증'을 규명했다. 홀로코스트_{나치 정권}과 그 협력자들에 의해 6백만 명의 유대인에게 자행된 국가 차원의 체계적이고 관료적인 탄압과 대량 학살 수용소 생활과 부인 틸리의 죽음을 겪으면서도 살아남은 이 뛰어난 정신과 의사는 그 개념을 귀신처럼 정확하게 밝혀냈다. 그는 지루함에서 비롯되는 공허함, 허무함, 비참함에 대해서 자세히

소녀는 왜 다섯 살 난 동생을 죽였을까?

설명했다. 그는 무기력한 느낌에 대해서도 설명했는데, 하느님 맙소사, 빅터의 말은 구구절절 옳았다. '일요일 신경증이란 정신없이 바쁜 한 주가 끝나고 내면의 허무함이 물밀듯 밀려오는 순간 삶에 대한 만족도가 떨어진다는 사실을 문득 깨닫는 사람들에게 닥치는 우울감이다.'

이번에 새로 배정받은 실습 현장에 대한 열의가 지난번 세 현장 때만큼 불타오르지 않았을 뿐이다. 불만족은 일요일 신경증의 특징이다. 나는 지금 프랭클 현상을 겪고 있는 것이다. 나는 내일은 더 열심히 노력해야겠다고 스스로 다짐했다.

마스카라도 지하철에서 바를 만큼 서둘렀지만 이미 늦을 대로 늦어버린데다 준비도 제대로 못했다. 나는 고개를 푹 숙인 채 노인 요양소가 입주해 있는 거대한 짝퉁 튜더 양식 건물 쪽으로 이어지는 기다란 진입로를 경보 선수처럼 걸어보려고 했다. 두 번째 학위 과정의 마지막 해에 접어든 시점에서 학위를 하나 더 딸지 직업 세계에 발을 들여놓을지 고민 중인 로지와 아침 댓바람부터 전화로 수다를 떠는 통에 늦어졌던 것이다.

고개를 들어보니 크리스가 담배꽁초를 땅바닥에 비벼 끄고 있었다. 그다지 기분 좋은 표정이 아니었다.

"대체 어디 있다 이제 와요? 늦었잖아요."

"어머나, 교수님. 안녕하세요?"

빨리 걷느라 덥고 숨찬데다 열도 받은 상태였지만 나는 크리스의 꾸지람이 얼마나 위선적인지 지적하고픈 충동을 꾹꾹 눌러 참았다. 자기는 매번 늦었으면서 정말 이래도 되는 건가? 자취 감추기로 악명 높은 양반이. 그런 양반이 지금 나한테 뭐라 하는 거야?

"죄송해요. 지하철이 말썽을 부려가지고요."

크리스는 눈 하나 깜빡하지 않았다.

"늦은 주제에 그 여유 있는 걸음은 뭐예요? 지금은 근무 시간이라고요! 자, 고개 숙이고, 빨리빨리."

"죄송해요. 친한 친구 때문에 늦었어요. 여자 친구들이 어떤지 선생님도 아시잖아요."

"아뇨, 난 그런 거 몰라요."

크리스가 몸을 홱 돌리더니 성큼성큼 걸어 거대한 나무문을 통과했다. 나도 그 뒤를 날쌔게 따라갔다. 무뚝뚝하고 오만하게 굴기는 했어도 크리스는 기분이 무척 좋아 보였다. 키가 크고 호리호리해서 외모도 나쁘지 않은 편이었다. 지금까지도 크리스에 대해서 알아가려고 무던히도 애쓰고 있는 중이었는데 나이는 한 40대 중반 정도 될 듯싶었다. 크리스는 호기심을 자극하는 사람이었다. 그 어떤 인간관계에 대해서도 따로 언급한 적은 없었지만 손가락에 반지가 전혀 없는 걸 보면 결혼은 안 한 것 같았다. 문득 동성애자가 아닐까 하는 생각이 들었다. 하지만 크리스와 사적으로 친해지는 것은 왠지 금기처럼 느껴졌다.

'개인적인 이유로 한동안' 잠적한 사건 이후 크리스에게는 긍정적인 변화가 나타났다. 안색이 환해지고 녹색 눈동자가 빛나는 눈에

소녀는 왜 다섯 살 난 동생을 죽였을까?

는 붓기도 빠졌다. 심지어 어깨까지 오는 짙은 금발 머리마저 생기를 띠었다. 분명 뭔가 달라졌지만 그것이 무엇인지 딱 꼬집어 말할 수가 없었다. 오늘 아침만 해도 주체할 수 없을 만큼 넘치는 에너지 때문에 폭발이라도 할 것 같았는데 나의 지각으로 짜증이 났기 때문만은 아니었다.

몇 분 후 숨이 턱 하고 막힐 듯 답답한 앤 지 박사의 사무실에서 그녀를 마주하고 앉은 나는 여전히 땀을 뻘뻘 흘리고 있었다. 그러나 앤 지 박사는 나에게 눈길 한 번 주지 않았다.

"크리스, 오늘 내 스케줄이 어떤지는 너도 충분히 알 텐데. 난 기다리는 건 하나도 안 반갑거든."

"앤, 진정해. 내가 무슨 할 말이 있겠어? 내가 늦은 건데. 빌어먹을 지하철 때문에 이렇게 됐어."

크리스의 대답을 듣고 내가 개입하려던 찰나 크리스가 말을 계속 이었다.

"그렇다고 내가 오기 전에 이 친구부터 너한테 보낼 수는 없는 노릇이잖아."

분위기가 살벌해졌다. 나는 두 알파 여성이 슬로모션으로 서로를 향해 으르렁거리고 있는 초현실적인 세계에 갇힌 기분이 들기 시작했다. 두 사람은 서로 우위를 점하려고 애쓰면서 속사포처럼 말장난 주고받기를 계속했다. 서로를 도발하고 있었는데 이 상황을 즐기는 것처럼 보였다. 제삼자인 나로서는 불편하기 짝이 없었다.

이때 말고 정신분석학 교육을 받은 정신과 의사인 앤 지 박사를 만난 것은 지난 학기 초 내가 속한 임상 실습 동기 그룹을 위해 조직된 서포트 그룹에서였다. 이 그룹은 나에게 악몽과도 같았다. 임상 환경에서 내 환자들과 함께라면 이와 똑같은 짓을 훨씬 생산적으로 해낼 수 있겠다는 생각이 들자 그 자리에 앉아 거들먹거리며 의견이랍시고 얘기하는 내 모습이 그렇게 싫을 수가 없었다. 본의 아니게 나는 동료들과 '함께 교육을 받으면서 겪은 경험, 걱정되는 점, 정서적 어려움을 솔직하게 공유'해야 했던 것이다. 원형으로 배열해놓은 의자에 앉아 있던 모든 사람들에게 이건 지옥이었다. 겸연쩍은 침묵과 상대방의 신발만 뚫어져라 쳐다보는 상황 속에서 지 박사의 얼음장 같은 눈초리를 피하기 위해 다들 필사적인 노력을 기울였다.

지 박사는 냉정하고 분석적인 사람으로 정평이 나 있었다. 새까만 단발머리에 최소한의 메이크업을 한 그녀는 단정하고 똑부러진 차림새였다. 매력적인 여성으로 매우 지배적이고 속을 알 수 없는 사람이었다. 따라서 하늘하늘한 흰색 셔츠 아래로 비치는 레이스 브래지어는 언제나 정신을 팔리게 하는 요인이었다. 지 박사는 누구라도 서포트 그룹 모임에 늦으면, 그것이 겨우 2, 3분에 불과하더라도 바늘로 찔러도 피 한 방울 안 나올 것 같은 태도로 매몰차게 대했다. 한번은 나한테 이런 말을 한 적도 있었다.

"그래, 이게 학생이 환자를 대하는 방식인가요? 늦게 나타나는 게? 그래서 환자들로 하여금 학생이 환자들과 한자리에 있는 걸 싫어한다고 느끼게 만드는 게? 환자들의 고통이 시간을 엄수해줄 가치조차 없을 만큼 사소하다는 건가요?"

지금에 와서 생각해보면 나도 참 어지간히 눈치가 없었는지 입을 다물어야 할 때를 몰랐다.

　　"저기요, 늦어서 죄송한데요. 지하철 때문에 그런 거니까 갑자기 저를 환자들한테 무심한 사람으로 둔갑시키는 확대해석은 하지 말아주셨으면 합니다!"

　　거대한 가슴을 보란 듯 내밀고서 그토록 매몰차고 박하게 굴던 이 여자는 이분법적 사고의 소유자였다.

　　"변명 잘 들었어요, 지금껏 들어본 변명 중 최악이었지만. 보통 때 같았으면 지각생은 이 그룹에 못 들어오게 했겠지만, 왠지 학생은 여기 꼭 참가해야 할 것 같다는 직감이 드는군요."

　　지 박사는 나머지 그룹 구성원 쪽을 돌아보며 물었다.

　　"자, 여러분 중 이 자리에 있고 싶지 않지만 너무 무서워서 의사표현을 못 하고 있는 사람 또 있나요?"

　　그 후 우리가 우물 안 같은 이 그룹에 남아 있어야 할 이유를 궁리하면서 보낸 한 시간 동안 나는 내내 '여기 말고 다른 곳에 있다면 얼마나 좋을까'만 생각했다. 그 그룹은 나를 싫어했고 나는 지 박사를 싫어했다.

　　"자, 해럴드 새뮤얼스, 예순아홉 살, 인지력 감퇴, 어떻게 생각해?"

　　나는 재빨리 현재로 돌아왔다. 해럴드 새뮤얼스는 그날 아침 내가 이 요양소에서 맨 처음 보게 될 환자였는데, 나는 준비가 전혀 되어 있지 않았다. 지 박사의 질문에 대답을 해야 한다는 건 알고 있었지만 그녀의 가슴에서 눈을 뗄 수가 없었다. 아휴, 저 가슴! 너무나 생생하게 기억하고 있다는 게 문제였다. 크리스가 말했다.

"나라면 이 경우 신경학적 관점에서 접근할 것 같아. 검사와 차별적 진단이 필요한 전형적인 케이스잖아."

크리스가 나를 보며 물었다.

"타냐 선생 생각은 어때요?"

나는 얼른 정신을 차리고 대답했다.

"네, 그게 좋을 것 같습니다. 새뮤얼스 씨와 시간을 좀 보내본 다음 간호팀 중에서 그분을 잘 아는 분들하고도 대화를 좀 나눠봤으면 합니다, 가능하면요."

쌀쌀맞게 끄덕이는 레이스 브라 선생.

"어, 그리고 또 박사님께서 허락해주신다면 새뮤얼스 씨 차트를 좀 보고 싶습니다."

"왜요? 차트에서 뭘 알아낼 것 같은데요? 타냐 선생은 의대생도 아니잖아요."

지 박사 때문에 식은땀이 났다. 크리스가 담배에 손을 뻗는 모습이 보였다. 나는 떨리는 목소리가 나오지 않게 하려고 마른입에 침을 발랐다.

"지 박사님, 저는 의학적 이상異常을 찾으려는 게 아닙니다. 새뮤얼스 씨의 인지 기능에서 나타난 변화에 대응하여 투약은 어떻게 변경되었는지, 신체 기능은 어떻게 달라졌는지 보면 도움이 될 것 같아서 보려는 것뿐입니다."

소녀는 왜 다섯 살 난 동생을 죽였을까?

"기능 변화라고요?"

"식욕, 수면, 장기능 같은 것들이요."

크리스가 한숨을 푹 쉬며 말했다.

"부탁인데 앤, 일을 필요 이상으로 어렵게 만들지 말자고. 우리 임상심리사들이 네 구역에서 설치는 거 네가 무척 싫어한다는 거 나도 알아. 하지만 이렇게 왔잖아. 그리고 그거 알아? 인지력 감퇴를 보이고 있는 이 노인 양반을 지속적으로 관리하려면 우리 쪽 지식도 필요할 거라고."

크리스는 담배를 길게 빨아들였다가 천천히 연기를 내뱉었다.

"우리 쪽 실습생 의견이 타당하다고 생각해. 그러니까 우리 그냥 진행하면 안 될까?"

"물론 진행해도 되지, 크리스. 의학계와 동종 업계에 속하는 아주 요긴한 분야의 전문지식인데 기꺼이 팍팍 밀어줘야지. 그나저나 그 암 유발 막대 좀 밖으로 가지고 나가줄래?"

해럴드에 대한 지 박사의 소견은 다음과 같았다.

'새뮤얼스 씨는 우리 병원에 입원한 지 얼마 안 됐지만 알츠하이머를 앓고 있는 그의 부인 사라이는 거의 2년째 입원 중이다. 해럴드의 뇌 기능은 일부 영역에서는 안정적이지만 손상을 보이는 부분이 있다. 단기 기억이 빈약해지고 있다. 고등교육을 받았고 의사를 분명하게 표현할 수 있었던 그는 현재 영어가 모국어가 아닌 남성에게서 예상되는 것보다 단어 연상에서 훨씬 큰 어려움을 겪고 있는

것으로 보인다.'

나는 고개를 끄덕이며 질문을 했다.

"단기 기억 손상은 어떻게 검사하셨나요, 지 박사님?"

"간이정신상태 검사법을 이용한 속성 검사를 실시했지만, 구체적인 검사는 하지 않았어요, 여러분이 여기 온 이유가 바로 그거잖아요, 안 그래요? 좌우지간 나조차도 가끔씩 그분한테 내 소개를 다시 해야 하는 상황이에요. 내가 누군지 자꾸 잊으셔서."

세상에! 지 박사를 잊을 수 있는 사람은 없을 텐데. 해럴드 씨의 뇌가 심히 걱정되었다.

해럴드 새뮤얼스는 예순아홉 살로 아우슈비츠 생존자이다. 은퇴한 전문직 종사자인 그는 박사 학위까지 받은 사람이었다. 알코올 문제나 우울증 전력이 없던 그는 자신의 기억력 문제를 본인 스스로 인식하게 되었다. 약간 반복하는 경향을 보이고 단어를 떠올리는 데 어려움을 겪고 있으며 약간의 지남력장애_{현재 시간이나 환경, 장소 등을 제대로 파악하지 못하는 장애}를 보이는 듯했다.

이번 현장에서 내가 가장 먼저 해야 할 일은 종합 인지검사를 실시하여 해럴드가 치매 초기 증상을 보이고 있는지 여부를 알아내는 것이었다. 해럴드는 자신이 이미 요양소에 입소한 부인 사라이의 뒤를 이어 치매에 걸렸다고 믿고 있었다.

"여긴 왜 왔어요? 너무 늦기 전에 어서 가요, 가라구요."

남편이 노인 요양소로 자신을 보러 올 때마다 사라이는 남편에게 경고했다.

"여기선 사람이 죽어나가요. 당신은 몰라요."

알츠하이머는 사라이를 2차 세계대전 당시 사라이가 억류당했던 수용소 중 한 군데인 마우트하우젠Mauthausen으로 돌려보냈다. 그녀는 홀로코스트를 매일같이 다시 겪고 있었다.

"사라이는 뒤에서 다가가면 절대 안 돼."

처음 만났을 때 해럴드 할아버지가 나한테 한 말이었다.

"집사람이 '당신 누구고 여기 왜 왔냐?'고 물을 겁니다. 자기가 있던 수용소 막사에 들어오던 간수들이 연상돼서 그래요."

체포, 선발, 기아, 만행, 눈앞에서 어머니와 세 자매가 살해당한 일을 반복적으로 경험하다 보니 사라이는 극심한 불안, 편집증과 의심에 시달리게 되었다.

측두엽의 활동이 정지되고 있기 때문에, 새뮤얼스 부인은 변연계에 의존하여 살아가게 되었다. 즉 영원히 불안에 시달리고 외부 세계에 과잉 경계하기 때문에 언제든 투쟁과 도주라는 생존 모드에 돌입할 태세인 것이다.

나는 임상 기록을 읽어보았다. 기나긴 결혼 생활 내내 사라이는 한밤중에 해럴드를 아우슈비츠 시절로 되돌려보내는 회상과 악몽이 시작될 때마다 끝까지 그를 달래주었다. 사라이는 남편이 버림받을까 봐 두려워할 때마다 안심시켜 주었고, 타인이 별 뜻 없이 내뱉은 말에 반유대주의의 의미를 부여하곤 하던 불편한 순간들도 부드럽게 무마해주었다. 해럴드가 열 지어 순번을 기다리거나 제복 입은 사람들과 대면하는 걸 늘 어려워했기 때문에 사라이가 생활 전반을 비롯하여 모든 집안일을 챙겼다. 해럴드는 사라이를 '나의 공주님'이라고 불렀는데, 사라이의 이름은 실제로 창세기에 나오는 아브라함의 부인이자 이삭의 어머니의 이름에서 따온 것이었다.

두 명의 생존자들. 사라이는 두 사람이 함께 꾸리는 삶의 주춧돌이었다. 이제 해럴드는 사라이가 처참히 무너져 서서히 치매에 굴복하는 모습을 지켜봐야만 했다. 사라이는 유독 가스가 자신과 자신의 남편을 죽일 거라는 철석같은 믿음 때문에 음식을 숨겨와서 자신의 방에 비축해놓고는 그 음식으로 환기구를 계속 막았다.

결국 해럴드는 자신이 매일매일을 함께 보낼 수 있는 요양소로 사라이를 데려와야 했다. 사라이의 장기 기억은 손상되지 않았지만 치매는 단기 기억력을 점차 앗아갔다. 사라이는 샤워를 할 때마다 히스테리를 부리곤 했다.

'해럴드, 우린 지금 당장 도망쳐야 돼요. 여긴 샤워하는 데가 아니라구요. 저 사람들이 우릴 죽일 거예요.'

그래서 해럴드가 개수대에서 사라이를 직접 씻겨줄라 치면 사라이는 젖은 물수건으로 그의 코와 입을 덮었다. 나는 임상 기록을 내려놓았다. 내 손이 부들부들 떨리고 있었다.

그날 오후 집에 도착해서도 해럴드 생각이 머릿속에서 떠나질 않았고 내가 역부족이란 생각이 들었다. 그날 저녁 친구들이 집에 놀러 왔을 때 나는 와인 한 병과 수많은 인지검사를 가지고 내 전문

기술을 친구들에게 연습해보기로 마음먹었다.

"자, 얘들아, 이제부터 인지 보유고 얘기를 하려고 해."

웃음, 그리고 이어지는 대화. 그러나 아무도 내 얘기를 심각하게 받아들이지 않고 있었다.

"그러지 말고. 내 말 잘 들어봐! 내일 인지력 감퇴를 겪고 있을 가능성이 있는 노인을 평가해야 되는데 내가 검사 방법을 전혀 모른단 말이야."

"그러니까 그 할아버지가 미쳐가고 있다는 말이야?"

이제 막 아시아 일주를 마치고 돌아온 인사 전문가 친구 알리가 정장 재킷을 벗고 검정색 정장 구두를 차서 벗어 던지며 물었다.

"얘들아, 미안, 발 냄새 좀 날 거야."

알리가 우리 집 냉장고를 뒤적거리는 동안 내가 해럴드의 사연을 친구들에게 알려주었다.

"하지만 그 할아버지는 모를 거 아니야? 정신이 나가고 있다면서?"

대학에서 바로 우리 집에 와준 로지가 걱정스러운 표정으로 물었다.

"내가 아는 사람 중에서는 치매에 걸린 사람이 한 명도 없어. 너흰 어때?"

알리와 미건 둘 다 고개를 절레절레 저었다.

"문제는 말이야, 로지, 그 할아버지가 알고 있다는 거야. 할아버지가 아직 인지 보유고를 가지고 있다는 건 말이야, 할아버지가 현재에 존재할 때는 자기가 미쳐가고 있다는 걸 안다는 뜻이거든. 게

다가 부인이 미쳐가는 걸 이미 지켜봤기 때문에 앞으로 자신에게 벌어질 일을 아주 정확하게 알고 있을 거란 말이지."

"할아버지가 그렇게 안 되게 네가 막을 수 있는 거잖아, 그치?"

로지가 물었다. 친구들 모두, 심지어 연구과학 분야 종사자인 미건조차 이제 수심이 가득한 표정이었다. 와인 잔이 채워졌다.

"할아버지가 앞으로 어떻게 될지 알고 있다면 그렇게 되는 걸 막을 수 있는 거 아니니?"

과학자답게 미건이 해결책을 찾으려 했다. 나는 어깨를 으쓱했다.

"이건 치매야. 치매가 어떤 건지 너도 알잖아, 미건. 베타 아밀로이드 단백질 덩어리가 뇌에 플라크를 형성하면서 뉴런이 끊어진 거미줄처럼 뒤엉키고 연결이 손실되지. 현재가 무너지기 때문에 뇌는 과거를 재현하게 되는 거고. 해럴드 할아버지의 경우에는 과거의 재현이 뇌사보다 더한 악몽이 될 거야."

"어째서?"

로지가 물었다. 알리가 와인 잔을 돌렸다.

"왜냐하면 그건 이 세상을 이해하기 위해 서서히 장기 기억에 의존해야 할 처지에 놓이게 된다는 걸 할아버지가 알고 있다는 건데, 이 할아버지의 경우에는 차라리 안락사를 택하고 싶어질 만큼 너무 끔찍한 시간과 공간으로 돌아가게 되거든."

정 많은 친구답게 순식간에 나 못지않게 두려워하고 있는 로지를 사랑하지 않을 수가 없었다. 로지는 내가 알아내야만 하는 사실이 진단으로 이어질 거라는 것도 알고 있었다. 내가 해럴드 할아버

소녀는 왜 다섯 살 난 동생을 죽였을까?

지에게 그 진단을 내리면 할아버지는 마냥 기다리다 차차 가라앉게 되고 결국 암흑 속으로 빠져 들어갈 수밖에 없게 된다.

"혹시 다른 원인은 없어?"

미건이 물었다.

"있긴 해. 혹시라도 감별진단의학에서 환자의 질병 징후와 유사한 결과를 일으키는 질병을 비교하여 병명을 판정하는 일을 말한다을 내릴 수 있지 않을까 싶어서 검사는 해볼 거야."

"그 말인즉슨?"

"치매인지 망상인지 비타민 B$_{12}$ 결핍인지, 그도 아니면 변비인지 알아보기 위해 노력할 거란 뜻이지."

"비타민 B$_{12}$ 결핍이라고?"

미건이 자신도 이해할 수 있는 영역이 나오자 되물었다.

"신체상의 문제도 기억력에 영향을 미칠 수 있기 때문에 생리적인 부분은 모두 제외시켜야 해. 비타민 B$_{12}$ 결핍도 기억력에 영향을 미치거든. 갑상선 기능 부전증도 마찬가지고."

"그리고 변비도?"

로지가 물었다.

"노년에 걸리는 만성 변비는 엄청 유독하기 때문에 뇌에 악영향을 끼치기도 하거든. 그 증상이 가성 치매로 나타날 수도 있어."

"좋아. 내가 네 실험 대상이 돼줄게. 하지만 해럴드 할아버지한테 필요한 게 빌어먹을 관장이 다라는 걸 꼭 밝혀내자고."

나는 검사 도구의 포장을 뜯은 다음 전부 다 테이블 위에 펼쳐놓

왔다.

우선 신경심리검사 분석에서 기질성 질환장기나 조직의 형태적 이상으로 생긴 질환이 유발한 지능 변화의 정도를 알아낼 가능성이 조금이라도 있다면 병전 기능인지 문제가 나타나기 전 해럴드의 뇌 기능을 밝혀야 한다는 점을 설명해주었다.

따라서 나는 맨 먼저 해럴드의 치매 이전 인지 기능을 알아내는 데 도움을 줄 '보존 검사'를 실시했다.

"보존 검사로 가장 마지막으로 감퇴를 보이게 될 인지 기능, 그러니까 감퇴될 가능성이 가장 낮은 인지 기능에 접근할 수 있게 돼. 어떤 사람의 뇌가 부식이 시작되기 전에 어떻게 기능했는지를 알 수 있어."

검사 매뉴얼을 붙들고 어떻게 하라는 건지 파악해보려고 했지만 나도 내가 무슨 말을 하고 있는지 모르고 있었다.

"자, 이제부터 단어 읽기 검사를 실시할 거야. 왜냐하면 그 검사는 위축에 가장 잘 버티는 뇌 기능을 테스트해주거든. 그래서, 이 검사에서는……."

나는 제대로 설명하기 위해 재빨리 매뉴얼을 훑어보았다.

"미안, 좀만 참아줘……좋아, 이제 너희들한테 불규칙 자소-음소 전환 단어를 읽고 발음해보라고 시킬 거야. 모르는 단어가 나와도 소리 내어 읽어본다든지 해서 추측하려고 하면 안 돼. 너희들이 이미 알고 있는 어휘가 너희들의 IQ인 거니까."

로지가 멍한 표정을 지었다. 나는 샤도네이를 한 모금 들이켰다.

"기존 어휘력을 통해 병전 기능 수준을 측정할 수 있다면 누군가의 뇌 기능이 장기퇴화 때문에 쇠퇴되고 있는지 여부를 확실하게 알아낼 수 있어. 단, 검사는 추측이 불가한 단어로 해야 하고. 그냥 알고 있는 단어들, 그러니까 장기 기억에 각인되어 있고 저장되어 있는 단어들로 말이야. 교육 수준이 높을수록, 어휘력이 풍부할수록 IQ가 높을 가능성이 커져. 치매도 그런 능력은 최후까지 빼앗아가지 못하거든. 이렇게 각인된 능력은 끝까지 버틴다고나 할까."

"어우 야, 난 네가 이거 이해할 수 있게 진짜 진짜 도와주고 싶거든. 검사나 시작하자."

내가 해럴드 할아버지를 검사하는 방법을 잘 배울 수 있게 도와주고 싶어 안달이 난 로지가 재촉했다.

"좋았어, 친구, 일단 검사 준비 좀 하고."

"잠깐! 아니 아니 아니지. 검사를 하는 의사가 날 친구라고 부르면 쓰나, 환자라고 해야지! 그러니까 빌어먹을, 의사 선생님, 내가 선생님 환자가 된 것처럼 느낄 수 있도록 말씀해주시죠."

아, 깜찍한 나의 친구 로지! 나는 로지 말대로 했다. IQ 면에서는 우리 중 상위권이라고 할 수 없을지 몰라도 맹세컨대 EQ 면에서는 단연 우리 모두를 앞선 친구였다. 그래서 나는 로지에게 의사의 말투를 썼고 로지도 최대한 성의 있게 답해주었다. 사실 그 덕분에 나는 다음 날 해럴드 할아버지에게 실행해야 할 험난한 검사 과정에서 헤매지 않을 수 있었다.

해럴드 할아버지가 내 손 위에 손을 포개며 말했다.

"이게 다 무슨 말인지 나한테 좀 알려주시구려. 이 검사 말이야. 우리가 뭘 하면 되는 거지?"

나는 어떻게 대답해야 할지 잠시 생각해보았다.

"할아버지, 요즘 들어 이런 게 점점 힘들어지더라, 그런 일이 있으면 저한테 말씀해주시겠어요?"

"요새 기억력이 아주 형편없어. 내가 하고 싶은 말이 뭔지 생각이 안 난다니까. 어떨 땐 집중력이 떨어져서 얘기하면서 다른 생각을 하기도 하고. 그래서 본의 아니게 전부터 알던 사람들의 마음을 상하게 하고 말야. 그 사람들은 내가 자기들을 몰라보는 줄 알지만 사실 난 알아보거든. 기억을 못 하는 것뿐이지."

"그런 일들이 걱정되는 이유가 뭐죠, 해럴드 할아버지? 어쩌면 피곤해서 그런 걸 수도 있잖아요. 매일 여기 오셔서 사라이 할머니를 돌보시니까요."

할아버지는 엷은 미소를 띤 채 나를 한동안 응시했다.

"집사람이 감을 얼마나 좋아하는지 몰라, 그래서 매주 스탬퍼드 힐에서 식료품점을 하는 우리 친구 모셰한테 감을 사러 가곤 하지. 거긴 내가 30년도 넘게 다닌 길이야. 지난번에는 몇 번인가 모셰네 가게에 들렀는데 글쎄 집으로 돌아가는 길이 헷갈리더라고."

"그래서 어떻게 됐는지 자세히 설명해주시겠어요?"

"거긴 눈 감고도 찾아갈 수 있는 데인데도 Überwältigt독일어로 당황스럽다는 뜻해졌어. 아이쿠 이런, 그걸 뭐라고 하더라?"

소녀는 왜 다섯 살 난 동생을 죽였을까?

할아버지가 지친 얼굴을 문지르며 되물었다.

"Überwältigt?"

할아버지가 이번에도 말을 멈췄다. 그러고는 어리둥절한 표정으로 나를 올려다보았다.

나는 고개를 절레절레 저었다.

할아버지가 그 단어를 천천히 또박또박 발음했다.

"Über-wäl-tigt. 아 맞다, 당황이 되더라고. 그래, 당황스럽고 혼란스러웠어. 그런 상황이 아니라는 것을 알고 있었는데도 말이야. 회당에서 우회전한 다음 우리 집 뒤에 늘어선 키 큰 느릅나무 쪽으로 걸어가면 된다는 걸 알고 있는데도 여기가 회당이 맞는지 아닌지 나도 모르게 계속 자문하고 있더군. 저 느릅나무가 그 느릅나무던가? 심지어 내 눈 앞에 있는 느릅나무가 내가 알고 있는 그 느릅나무인 건지, 다른 회당을 돌면 나오는 다른 느릅나무인 건지 의심이 가기 시작했어. 익숙한 장소에서 익숙한 사람들에 둘러싸여 있는데도 혼란스럽고 당황스럽더군."

해럴드 할아버지가 한숨을 내쉬더니 이번에도 얼굴을 세차게 문질렀다.

Überwältigt. 혼란스럽고 당황스러운 느낌. 해럴드 할아버지가 느꼈을 그 느낌이 내게도 전해졌다.

"할아버지, 제가 제대로 이해하고 있는지 한 번 봐주세요. 그러니까 주요 지형지물이 뭔지는 알겠는데 할아버지가 보고 계신 게 바로 그 지형지물인지 의심되기 시작했다는 거죠?"

거구의 노신사가 심호흡을 하고는 온화한 미소를 지으며 나를 올려다보았다.

"의사 선생, 상황을 이해시켜 줘서, 그러니까 이성적으로……그걸 뭐라고 하더라? 아, 서술해줘서 고마워요. 선생 말이 맞아요."

해럴드 할아버지는 치매의 주요 특징 중 하나인 지남력장애에 대해 설명하고 있었던 것이다.

"제가 그러라고 있는 사람 아니겠어요. 그건 그렇고 의사 선생이라고 부르지는 말아주세요."

이번에도 역시 미소를 짓는 할아버지. 이 인자한 할아버지가 나를 안심시켜 주려는 이유는 뭘까?

"아무튼 모셰네 가게에서 집을 찾아갈 수가 없게 돼서 집사람한테 감을 사다주는 일도 그만두게 됐어. 어느 날 내가 길을 잃어서 사라져버리면 감이고 뭐고 아무 소용없게 되니까 말이야. 아, 시작됐구나 하고 알게 된 것도 그때였어."

실내가 후끈했다. 나는 검사 표지를 펼쳤다.

"집사람을 실망시키기 시작한 것도 그때였고."

이런 일에 비교적 경험이 적은 나였지만 그런 나조차 치료하는 사람들로부터 촌철살인의 한 마디, 자신들의 심리적 문제가 지닌 비극적인 요소를 모두 포괄하는 절묘한 한 마디를 들은 적이 심심찮게 있었다. 나는 침을 꿀꺽 삼킨 다음 심호흡을 했다.

"할아버지께서 할머님을 얼마나 아끼시는지 알겠네요. 근데 왜 할머님을 실망시키고 있다고 생각하세요?"

이 노인은 아무 말도 하지 않았다. 미소를 지으며 다시 한 번 내 손을 토닥일 뿐이었다. 이러한 행동은 나의 인간관계 결여, 심지어 인생 경험 부족까지도 알고 있다는 해럴드 할아버지의 의중을 고스란히 나에게 전해주었으며, 할아버지가 모셰네 가게에 갔다가 집에 돌아갈 수가 없게 되는 바람에 할머니가 좋아하는 감을 사다줄 수 없게 된 일이 지닌 중요성을 내가 전혀 이해하지 못하고 있다는 것을 의미하기도 했다.

해럴드 할아버지는 너무나 신사다운 분이기 때문에 나에게 그 점을 대놓고 지적할 수는 없었지만 그분의 침묵은 내게 정신적 고뇌를 겪고 있는 다른 환자들을 대할 때마다 절대로 잊지 않는 교훈을 한 가지 깨우쳐주었다. 인간인 우리는 대개 중대한 일에 진땀을 빼지만 가장 큰 의미를 지니며 가장 큰 절망을 초래하는 것은 아주 사소한 사건인 경우가 많다는 것이다. 해럴드 할아버지의 경우에는 할머니한테 책임지고 감을 사다줄 수 없게 된 것이 바로 그랬다. 나는 무슨 말을 해야 할지 몰라서 꿋꿋하게 교본만 따랐다.

"할아버지, 할아버지의 인지 수준이 어느 정도 기능하고 있는지, 기억력은 어떤 상태인지, 어떤 부분을 잘해내고 있고 어떤 부분에서 어려움을 겪으실지 함께 알아보려면 지금부터 제가 할아버지를 검사해야만 해요."

나는 이 일이 정말 싫었다. 나는 기록을 통해 해럴드 할아버지가 연구원이었다는 사실을 알고 있었다. 홀로코스트가 끝난 후, 할아버지는 전후 포로수용소에서 만난 사라이 할머니와 함께 본국인 영국으로 돌아왔다. 사라이 할머니가 독일어를 가르쳐서 생계를 꾸리는 동안 해럴드 할아버지는 야간 학교를 전전한 끝에 학위를 하나 땄고 곧이어 석사, 그리고 마침내 박사 학위까지 땄다. 학위를 마친 후에는 인상적인 경력을 쌓았다. 은퇴 직전까지 런던 교육대학에서 연구 과학부를 운영했는데 무슨 상도 받았다고 했다. 한 마디로 평가하기가 겁나는 사람이었다. 할아버지는 평가 프로토콜을 훤히 꿰고 있는 반면 나는 이제 막 배워가는 초보였기 때문이다.

"오해받은 행동들의 원인을 찾기 위해서는 인지 기능의 손상 여부를 확인해야 합니다. 병전 기능 기저선을 확립한 다음 할아버지의 현재 능력을 검사해야 하는데, 그래야 변화를 모니터링할 수 있거든요. 무엇보다 할아버지의 강점이 뭐고 어떤 게 필요한지를 자세히 기록하고 싶습니다."

"오해받은 행동이라고? 아, 참, 그렇지. 그럼, 무엇을 제외시켜야 할지 나한테 알려주시구랴."

전에는 학생들에게 멘토 노릇을 했을 해럴드 할아버지가 지금은 나의 멘토 노릇을 하고 있었다. 지금 이 순간은 나로 하여금 우리 둘 다 이미 알고 있는 사실을 할아버지한테 선고하는 것으로 끝맺게 될 과정의 시초였다.

"좋습니다. 먼저 영어가 할아버지의 모국어는 아니지만 제 검사의 타당성과 문화 공평성에는 아무 문제가 없을 정도로 유창하게 쓰고 계신다는 점을 확인해야 해요."

해럴드 할아버지는 할아버지의 어머니가 명문가 태생(독일 귀족)

이어서 어렸을 때 영국인 여자 가정교사가 있었다고 했다. 해럴드 할아버지는 독일어보다 영어를 더 잘했다. 당시 그 영국인 가정교사가 주요 양육자였던데다 애그니스 이모가 영어만 쓸 것을 적극 권장했다고 한다.

"온종일 '차 한잔'하고 '하느님, 국왕 폐하를 지켜주소서_{영국 국가를}_{말함. 여왕이 통치할 때는 여왕 폐하로 바뀜}'만 말할 수 있었다니까!"

우리는 둘 다 웃었다.

"자, 그럼 영어는 문제없고. 그다음으로는……."

나는 해럴드 할아버지가 눈치채지 못하도록 검사전 평가 체크리스트를 슬쩍 훔쳐보려고 했다. 그러나 할아버지는 눈치를 챘고(확실했다) 그럼에도 전혀 내색하지 않음으로써 내 체면을 지켜주었다.

"약주는요?"

"아, Alkohol: der Nektar der Götter."

신들의 음료.

"Aber nur Nektar?"

내가 물었다.

하지만 겨우 음료? 이 말이 왜 튀어나온 걸까?

"Ja, mein Liebling. Alkohol war nicht zu vergessen, nur zu genießen_{그래요, 아가씨. 술은 잊으려고 마시는 게 아니라 즐기기 위해 마시는 거지!}"

독일인 할머니와 독일인 아버지에 독일어 O-레벨 시험_{과거 잉글랜드와 웨일스에서 보통 열여섯 살 되던 학생들이 치던 과목별 평가 시험} 성적도 괜찮은 편이었음에도 할아버지가 나를 Liebling, 즉 아가씨라고 불렀다는 말 이외에는 아무것도 알아들을 수 없었다.

"아가씨, 나도 술은 잊으려고 마시는 게 아니라 즐기기 위해 마셔요."

그렇고말고. 나도 그런걸. 하지만 잊고 싶어서 마셔도 되는 사람이 있다면 그건 단연 해럴드 할아버지가 되어야 했다.

"좋아요, Liebling. 다음엔 뭐지?"

내가 머뭇거리자 해럴드 할아버지가 내 리스트를 가져다가 읽었다.

"내가 고립된 상태인지 물어야 할 차례구먼?"

나는 고개를 끄덕거렸다. 해럴드 할아버지가 고개를 숙였고 대화가 중단되자 영원과도 같은 침묵이 흘렀다.

"그래, 나는 고립된 사람이 맞아. 사라이 말고는 달리 의지할 데가 없는데 이제 사라이마저⋯⋯이런 걸 뭐라고 하더라? 집사람은 hilflos schwebend니까."

내가 못 알아들었다는 걸 할아버지도 알고 있었지만 그래도 차마 물을 수는 없었다.

"Hilflos schwebend. 집사람은 내게서 점점 떠나가고 있다오. 그런 걸 영어로 뭐라고 하지? 내 닻이나 다름없는 사람이 멀리 떠내려가는 것 말이야."

할아버지가 말을 중단했다. 고요한 가운데 이 순간만이 존재했다. 할아버지가 솥뚜껑 같은 손등으로 새파란 눈동자가 빛나는 자신의 눈을 쓱 훑었다. 그러더니 다시 리스트에 시선을 고정하고 집중하기 시작했다.

　다음 질문이 무엇인지 나는 알고 있었다. 환자는 가족, 친지와 사별했는가? 사별이라고? 이 사람은 강제수용소에서 전 가족을 잃고 자기 부인이 전혀 다른 사람으로 변해가는 걸 지켜본 사람이다. 해럴드 할아버지가 나직하게 노래를 흥얼거리기 시작했다.

> "Wenn ich Dir die Wahrheit sage, meine Liebe,
>
> Meine eigene Trauer ist dein Geschenk an mich Trauer allein.
>
> Wilde Leidenschaft um Mitternacht,
>
> Wilde Wut im Morgengrauen.
>
> Doch wenn Du abwesend bist, wein' ich dich weg."

　내가 아는 노래였다. 할머니(걸레받이에 전두엽이 흩뿌려졌던 바로 그 독일 토박이 여성)가 우리 자매가 꼬마였을 때 불러주신 쿠르트 바일 Kurt Weill, 1900-1950, 독일 태생의 미국 작곡가. 〈서푼짜리 오페라〉로 유명하다의 노래였다.

> "고백컨대, 내 사랑,
>
> 내 슬픔은 그대가 내게 준 거라오.
>
> 홀로된 슬픔.
>
> 한밤엔 격정,
>
> 새벽녘엔 격노.

하지만 그대가 없으면 난 울며 지샌다오."

그날 밤 해럴드 할아버지를 보내고 나서 나는 헤븐에 갔다.
1980년대 '헤븐'이라 불리던 게이클럽은 런던의 명소였다. 오로지
음악과 섹스, 섹스와 음악만이 존재하는 곳이었다. 최고의 음악을
틀어주고 '소외감'을 느낄 수밖에 없는 사람들로 하여금 자신이 근
사한 종족에 속한다고 느끼게 해준 런던의 클럽이었다. 나의 세 친
구들이 그곳에 데려가주었다. 친구들은 나에게 필요한 게 무엇인지
잘 알고 있었고 그걸 알아주는 친구들이 나는 말할 수 없이 좋았다.

그 클럽은 통제 불능의 장소, 유흥의 천국이었다. 아름다운 남자
를 원하는 아름다운 남자들, 섹시한 남자 그 이상의 특별한 것을 원
하는 끝내주게 섹시한 여자들. 그리고 그녀들을 원하는 아름다운 여
자들이 있는 곳이었다.

학위가 몇 개인지 헷갈릴 정도로 많고 감성 지능이 어마어마하
게 높은 로지는 (인사 전문가인) 알리에게 알리가 이 세상에서 여자들
만 원한다는 사실을 우리가 알고 있으며 우리가 알고 있다는 것을
알리 또한 알고 있으며 자신은 그 모든 것을 알고 있다는 말을 이미
알리에게 했다고 한다. 알리의 성 정체성에 대해서는 끊임없이 논쟁
이 있었지만 늘 결론이 안 나서 우리는 멍석을 깔아줌으로써 알리가
긴장을 풀도록 도와주기로 했다. 해럴드와 하루를 보내고 나서 나
또한 긴장을 풀 필요가 있었다.

해럴드를 평가하고 평가 결과를 알고 난 지금은 (점수를 매긴 후 크

소녀는 왜 다섯 살 난 동생을 죽였을까?

리스의 의견을 들어보기 전까지 할아버지에게 말할 수는 없을 테지만) 머리를 식혀야 했다. 내가 속한 세상에서 벗어나고 싶었고 그때 유일하게 떠오른 장소가 바로 헤븐이었다.

원래는 다들 붙어다니자고 했지만 얼마 후 알리가 글래머 걸이 모인 쪽으로 가버려서 우리 셋만 남게 되었다. 그러다가 실험실에서 참담한 하루를 보낸 미건이 데킬라 슬래머데킬라와 레모네이드를 섞은 칵테일를 너무 많이 마시는 바람에 클럽 바깥 길가에 토하러 나가야 했기 때문에 둘만 남고 말았다. 정 많은 로지가 미건이 토할 때 머리를 뒤로 붙잡아주고는 택시에 함께 타고 집에 바래다주기로 했다. 그렇게 해서 한 사람, 나만 남게 되었다.

나는 실내를 둘러보았다. 시스 드레스체형에 꼭 맞게 재단된 드레스로 폭이 거의 넓어지지 않는 실루엣의 심플한 일자형 원피스를 말함를 입은 키 큰 여자들 사이로 가죽 챙 모자를 쓴 여자들이 간간이 보였다. 터프하면서 섹시하기도 한 부치들레즈비언 커플에서 남성 성향을 보이는 여성을 일컫는 말, 킬힐을 신고 죽음도 두렵지 않다는 듯 쏘아보는 아담한 여자들. 갑자기 겁이 난 나는 화장실로 향했다.

"안녕!"

나는 손을 씻으면서 뒤를 돌아보았다.

"안-녕?"

나도 인사를 건네면서 뒤를 보니 자그마한 금발의 픽시아주 짧은 헤어스타일 걸이 있었다.

"또 안녕!"

픽시 걸이 대답했다.

나는 무슨 말로 대꾸해야 할지 몰라서 아무 말도 하지 않았다. 뭐가 걸렸는지 티슈가 잘 안 나오는 핸드 타월 케이스 덕분에 대꾸해야만 할 것 같은 압박감에서 해방될 수 있었다. 나는 애꿎은 핸드 타월만 세게 잡아당겼다. 픽시 걸은 내가 벌이고 있는 핸드 타월과의 씨름은 무시한 채 물었다.

"너 초짜야? 여긴 처음 온 거야?"

"넵. 처음이랍니다."

"잘 왔어! 내가 가이드해줄게!"

픽시 걸과 나는 춤을 추면서 신나는 두 시간을 보냈다. 픽시 걸은 멋쟁이인데다 재미도 있었다. 그녀 덕분에 나는 해럴드를 완전히 잊고 머릿속에서 죽음의 수용소니 치매니 하는 것들을 날려버릴 수 있었다. 데보라 해리Daborah Harry, 1980년대를 풍미했던 5인조 그룹 '블론디'에서 가장 인기가 많았던 금발 미녀가 클럽 안을 가득 메웠다. 나는 열심히 춤을 추면서 땀을 뺐다. 결국 픽시 걸이 내 손을 붙잡고 바 쪽을 가리켰다. 이 파티를 계속 즐기고 싶은 마음은 굴뚝같았지만 이제는 집에 가야 할 때였다. 가서 잠을 자고 다음 날 잠에서 깨어 해럴드의 검사 결과를 채점한 다음 크리스와 상의해야 했다. 나는 크리스가 내가 평가를 잘못했고, 해럴드한테는 아무 문제가 없다고 말해주길 내심 바라고 있었다. 그래서 픽시 걸에게 작별 인사를 했다. 픽시 걸은 기분이 썩 좋아 보이지 않았지만 그녀를 실망시키기 싫다고 안 갈 수는 없는 노릇이었다. 아무리 그래도 픽시 걸보단 해럴드가 우선이었다.

그렇게 땀에 절고 지친 몸으로 댄스플로어를 가로질러 반대편으로 가던 중 내 눈에 크리스와 앤 지가 흐느적거리며 춤추는 모습이 들어왔다. 나는 그 자리에 못 박히듯 멈춰 섰다. 나의 마술적 사고(은연중에 우리 안에서 작동하게 되는 어리석은 도식)는 내가 두 사람을 뚫어져라 바라보는 동안 두 사람은 나를 못 볼 거라 말하고 있었다. 그리고 실제로도 두 사람은 나를 못 봤다. 두 사람은 오로지 서로만을 바라보고 있었다. 곧이어 둘은 키스를 했다.

크리스 박사가 앤 박사의 입술에 자신의 입술을 꼭 포갰고, 앤 박사는 크리스 박사의 입술에 자신의 입술을 바짝 댔다. 나는 그 자리에서 돌처럼 굳어버렸다. 첫 만남 때의 분위기, 기세등등한 두 여자 사이에 감돌던 불꽃 튀는 분위기를 떠올리자 사실 딱히 놀랍지는 않았다.

내일 나는 해럴드 할아버지한테 할아버지가 미쳐가고 있다는 말을 해야만 했다. 앤 박사가 소개해준 세상에 대한 방패막이로 내 멘토인 크리스가 꼭 필요한 상황이었다. 현실은 겉보기와 달랐다. 내 편이라 믿어 의심치 않던 사람들한테는 곧잘 실망하는 법이다.

다음 날 해럴드 할아버지가 나에게 자신이 살아온 이야기를 들려주었다. 치매가 자신을 전혀 다른 사람으로 뒤바꿔놓을 것을 알기에 내가 자신을 오해하지 말았으면 좋겠다는 생각에서 이야기를 들려주는 거라고 했다. 할아버지는 자신의 본모습이 한때 어땠는지 그리고 장기 기억이 자신을 수용소로 되돌려놓았을 때 어째서 자신이 그런 모습으로 변모하게 된 것인지 그 이유에 대해서 믿을 만한 기록을 남겨둘 필요가 있었다.

"우리 집사람은 오로지 나를 구하겠다는 마음밖에 없어. 우리가 마우트하우젠에 살고 있다고 생각하기 때문에 나를 보호하려는 거지. 집사람은 천성이 착하거든. 자기도 겁나면서 나를 보호하겠다는 거야. 근데 난 집사람한테 쓸모없는 사람이 되고 말겠지."

할아버지가 창밖을 내다보았다.

"정신이 나가면 내가 예전의 내가 아닐 테니까."

"어떻게 되실 것 같은데요, 할아버지?"

자리에서 일어선 해럴드 할아버지가 눈언저리가 붉어진 새파란 눈동자를 내게 고정했다.

"이런 말을 하게 돼서 유감스럽지만 선생도, 날 돌봐주겠다는 사람들도 모조리 죽이고 싶어질 거요."

"할아버지가 왜 절 죽이고 싶어지겠어요? 이렇게 다정하고 인정 많은 분이신데."

물론 나도 이유는 알고 있었다. 할아버지가 어떻게 될지도. 해럴드 할아버지는 자신의 과거에 정직하고 용감한 태도로 맞섰다. 그러니 나도 할아버지가 미래를 잘 준비할 수 있도록 정직하고 용감하게 굴어야 했다.

어느새 나는 나도 모르게 또 다른 환자를 떠올리고 있었다. 청소년 병동에서 이모젠을 상담할 때 폴이란 아이가 있었다. 폴은 열두 살에 청소년 입원 병동에 들어왔다. 잊지 말아야 할 것은, 이 병원이 인생이 견딜 수 없을 만큼 고되다 보니 심리, 정서, 정신, 행동 면

소녀는 왜 다섯 살 난 동생을 죽였을까?

에서 어려움을 겪게 되어 지역사회가 감당할 수 없게 된 열두 살에서 열여섯 살 사이의 아동 및 청소년을 위하여 전 직원을 다분야 종사자로 채운 중간급 보안 시설이 마련된 병원이라는 사실이다. 여기 들어온 청소년들 중에는 모든 사람들이 자포자기한 것이 당연하다고 여길 만한 케이스도 있었다. 그 아이들은 가난하고 사랑받지 못하고 방치되고 학대받았다. 그와 반대로 멀쩡하고 지체 있는 집안이 정상正常이라는 가면을 제공해주었지만 아이가 망가지면서 가정의 문제가 폭로된 경우도 있었다. 폴은 전자에 속했다.

폴은 유치幼齒도 뿌리까지 썩어 있었다. 영아 시절의 대부분을 누워서만 지냈기 때문에 뒤통수가 납작했다. 아무도 그 아이를 들어 올리거나 껴안아주지 않았다. 그 때문에 아이의 두개골 연골이 아기 침대 매트리스 평면대로 납작해진 것이었다.

먹고, 씻고, 살기를 거부했던 조용한 소년 폴은 외형만 인간일 뿐 그 외 인간이랄 만한 점이 없었다. 아이는 배설물 냄새가 풀풀 풍기는 슬리핑백 안에서 두 눈을 꼭 감은 상태로 청소년 병동에 도착했다. 누군가가 데리고 와서 입원실 바닥에 내려놓았는데, 악취가 풀풀 풍기는 이 말 없는 아이는 태아 자세로 웅크리고 있었다. 폴은 삶을 지속할 의사가 없다는 점을 매우 분명하게 밝혔다. 우리가 아이를 만났을 즈음에는 이미 두 번이나 자살을 시도하고 난 뒤였다. 이제 아이는 단식투쟁에 돌입했다. 그토록 어린 나이에 이 지경에까지 이른 경우는 나로서도 처음 보는 일이었다. 나보다 경험이 많은 동료들도 다들 마찬가지라고 했다.

우리는 폴의 무기력과 체념이 무엇을 말하는 것이고 왜 그리고 어떻게 생긴 것인지를 밝히기 전에 우선 이 상처투성이 아이를 슬리핑백에서 나오게 해서 보살핌을 받아들이도록 구슬리고 달랠 유능하고 온화한 간호팀의 기술이 필요하다는 데 의견의 일치를 보았다. 이 간호팀에 속한 간호사들은 내가 지금까지 함께 일해본 그 어떤 사람들보다도 공감 능력이 뛰어난 사람들이었다.

폴은 슬리핑백 안에 든 채 입실하여 일대일 관찰을 받았다. 다시 말해 아이 곁에는 손만 뻗으면 닿는 아주 가까운 거리에 24시간 대기하는 누군가가 있게 된다는 뜻이었다. 간호팀이 주야 교대로 이 아이 곁을 지키며 다정하게 아주 가끔씩만 먹거나 마실 것을 권할 예정이었다. 우리 중 그 누구도 아이가 비위관을 통해 영양을 공급받는 처지가 되는 것을 원치 않았다. 우리는 먹어야겠다는 결정을 아이가 스스로 내리기를 바랐다.

처음부터 폴은 음식을 일체 거부했지만 물은 마셨다. 병동 내 다른 아이들이 가끔씩 폴의 방을 지나가면서 인사를 건네곤 했기 때문에 우리는 다른 아이들이 오락실에서 당구를 치고 수다를 떨고 텔레비전을 보는 동안 흐르는 음악, 웃음소리 등의 소음을 폴이 들을 수 있도록 아이의 병실 문을 열어놓았다.

어느 날 병동 건너편에서 어떤 노랫소리가 크게 들려왔는데(어떤 노래인지는 나도 기억이 안 난다) 폴이 슬리핑백 안에서 그 노래를 흥얼거리기 시작했다. 아이 곁에서 조용히 끈기 있게 기다리고 있던 간호사가 함께 흥얼거렸다. 이윽고 폴은 그 노래가 무슨 노래냐고 물

소녀는 왜 다섯 살 난 동생을 죽였을까?

었다. 무슨 노래라는 대답을 듣더니 얼마 후 샤워를 하고 싶은데 도움을 받을 수 있겠냐고 물었다. 그 간호사는 호들갑 떨지 않고 동료 한 명을 불러 둘이 함께 폴을 샤워실로 데리고 갔다. 아이를 데리고 나갈 때 일부러 아무렇지도 않은 듯 연기했던 나머지 사람들은 간호사실에 서서 소리 없는 아우성을 외치며 하이파이브를 주고받았다.

일주일 뒤, 폴은 병동 생활에 참여하기 시작하면서 우리 공동체의 일원이 되었다. 말도 거의 없고 눈도 마주치지 않았지만, 어린 환자들과 자기 주변의 병원 직원들이 재잘거리는 소리를 들을 때면 불안정하고 머뭇거리기는 했어도 가끔씩 반쯤 입꼬리를 올리며 웃는 모습도 보여주었다.

숱 많은 밤색 머리와 새까만 눈동자를 가진 폴은 잘생긴 아이였다. 지켜본 결과 폴과는 눈을 맞추기가 매우 어려웠다. 사회복지과를 비롯하여 여러 기관에서 12년에 걸쳐 차곡차곡 쌓인 수많은 파일에 기록된 내용을 읽었기 때문에 나는 그 두 눈 뒤에는 내가 생각만으로도 견딜 수 없을 이야기가 숨어 있다는 사실을 알고 있었다. 정신 건강에 문제가 있는 엄마, 알코올중독자 아빠, 가정폭력, 신체적 학대, 아파트 근처 쓰레기통에서 먹을 걸 뒤지고 있는 모습이 종종 발견될 정도의 극심한 방치 등.

결국 폴은 슬리핑백에서 나왔다. 몸을 씻는 것도 허락했다. 얼마 안 가 스스로 씻고 먹기 시작했지만 그 이상 진행하는 것은 매우 힘겨워했다. 그래서 어느 날 우리 팀은 아이에게 자극을 줄 필요가 있다는 결정을 내렸다.

그날도 아침 식사와 함께 평범하게 시작되었지만 폴은 잠시 후 이를 닦고 구내 학교에 가게 될 거라는 말을 들었다. 자리에 앉아 출석만 하면 되고 수업에는 참여하지 않아도 되지만, 언제든 교실에 들어와 진행 중인 수업을 들어도 좋다고 했다. 나는 폴과 학교까지 동행하여 폴이 폐쇄된 병동이 주는 안전과 밀폐의 느낌을 다시 찾을 때까지 아이 곁에 앉아 있어주기로 했다.

폴과 나는 또래 아이들에 끼어 햇살을 쬐러 나갔다. 환한 늦봄이었고 잔디 깎은 냄새와 장미꽃 향기가 가득한 날이었다. 나는 행복했다. 폴과 나란히 학교 건물로 이어지는 안마당을 가로질러 걸어가는 동안 폴은 고개를 푹 숙이고 있었다. 아무 말도 하지 않은 채.

학교 안에서는 커다란 원을 이루도록 놓인 의자에 폴과 나란히 앉아 전직 프로 럭비 선수로 거구인 교장 선생님이 체계적으로 출석을 확인하면서 우람하되 침착한 태도로 어린아이들의 힘을 북돋아주는 모습을 함께 지켜보았다. 모든 것이 순조로웠다. 아이들은 모두 제 이름이 호명되자 대답을 한 다음 그날의 목표에 대해서 말했다. 똑똑한데다 완벽주의자인 식이장애 여자애들과 남자애 한 명은 손쉽게 학습 목표를 세울 수 있었는데 선생님들은 신속하게 개입하여 하늘 높이 치솟은 이 아이들의 기대감을 적당한 수준으로 낮춰주었다.

분노에 차 있는 행동교정학교pupil referral unit, 일반학교 혹은 특수학교 교육에 적응하지 못하는 학생을 위한 교육기관으로 건강상의 이유로 학교에 다니지 못하는 학생, 미혼모, 임신한 학생, 학교공포증 환자, 일시적으로 학교 배정을 받지 못한 학생, 퇴학생, 퇴학

예정 학생 등이 다닌다 출신 아이들은 이미 퇴학을 당한 아이들인데 두 손 놓고 앉아 '목표'라는 개념 자체를 비웃었다. 그중 한 아이가 '타인에 대한 배려심 부족'이라는 이유로 병원으로 쫓겨나자 나머지 아이들은 신속하게 분위기를 파악하고 그날 달성할 무언가를 가까스로 찾아냈다.

자폐범주성 장애어떤 한 질병에 관한 병명이라기보다 비슷한 증상을 보이는 여러 증후군을 통칭한 병명가 있는 귀엽고 재능 많은 여자아이가 몸을 흔들면서 손등을 물어뜯는 동안 선생님은 아이에게 어제 그리던 그림을 보여주면서 그 그림을 마저 그리고 싶은지 물었다. 아이는 원근법과 비율에 맞게 런던의 대부분을 스케치해놓았으나 세심하게 윤곽을 잡아놓은 런던타워 꼭대기의 작은 탑은 아직 미완성이었다. 아이가 얼굴을 찡그리고 비명을 지르며 고개를 끄덕였다. 그때 폴의 차례가 되었고 우리는 다 함께 폴에게 잠시 틈을 준 뒤 그냥 넘어가려고 했다. 하지만 폴이 입을 열었다.

"저는 영어를 배우고 싶습니다. 이야기를 읽을 수 있게요."

정말이지 감격스럽고 벅찬 순간이었다. 교장이 미소를 지었다. 눈에 눈물이 고인 나는 결국 고개를 돌려야만 했다. 바로 이런 순간 때문에 내가 실습을 하는 거라는 생각이 들었다. 출석이 끝나고 모두들 각자의 교실로 흩어졌다. 나는 폴과 함께 앉아 있었다. 폴이 나를 보더니 어렴풋이 미소를 지어 보였다. 함께 아무 말 없이 앉아 있는 동안 나는 다음 행보를 놓고 고민에 빠졌다. 다른 팀원들이 만면에 미소를 띤 채 격려의 의미로 고개를 끄덕여주고는 내 곁을 지나갔다. 이 불안정하고 연약한 소년은 내가 곁에서 도와주기만 한다면 그들을 향해 한 발 더 앞으로 나아갈 수 있다는 것을 다들 알고 있었기 때문이다. 나는 아이가 신뢰한 사람, 어쩌면 평생 처음으로 신뢰한 사람일지도 모른다. 따라서 아이를 회복의 다음 단계로 이끌 수 있고, 또 이끌어줄 사람은 나여야 했다. 나는 한껏 들떠 있었다. 폴이 의아한 표정으로 나를 바라보고 있었다.

"폴, 우리 다음 행보에 대해서 생각해보자꾸나."

폴은 아무런 반응 없이, 아까와 같은 미소만 짓고 있었다.

나는 매우 신중하게 치료 차원의 쉬는 시간을 보낸 후, 이렇게 말했다.

"폴, 넌 오늘 큰 발걸음을 내디뎌주었어. 우리 좀 더 나아가보자꾸나."

교실은 조용했다. 모두들 내가 실력 발휘하길 기다리고 있는 것 같은 묘한 느낌이 들었다. 그래서 실력 발휘를 해보았다.

"폴, 너는 똑똑하고 멋진 아이야. 너는 네가 생각하는 것보다 더 나은 아이란다. 죽고 싶다면서 슬리핑백에 든 채로 병원에 왔을 때 우린 네가 얼마나 걱정됐는지 몰라. 우린 네가 죽을지도 모른다고 생각했고 널 살리기 위해서는 극단적인 조치를 취해야 할 상황이었지. 그런데 넌 우리 생각이 틀렸다는 걸 보여줬어."

폴이 눈 한 번 깜박이지 않고 나를 뚫어져라 쳐다보았다. 심장이 마구 두근거렸다. 이래서 내가 이 일을 하는구나 싶었다.

"폴, 이제 다음 단계로 나아가야 할 때야. 내가 너와 함께……."

소녀는 왜 다섯 살 난 동생을 죽였을까?

나는 폴에게 손을 내밀어 그 아이의 손을 잡고 그 아이가 처음 몇 걸음을 내디디며 다시 삶 속으로 뛰어드는 걸 배울 수 있도록 도와주어야만 했다.

시간이 멈춘 듯했다. 나는 아이에게 다가가 내 손을…….

30분 뒤, 나는 대형 사고를 보고하는 자리에 앉아 있었다. 내 눈은 시퍼렇게 멍들어 있었고 코에서는 피가 줄줄 흐르고 있었다. 참담한 심정이었다.

"그 아이에게 교실에 들어가라고 부추긴 이유가 뭐죠?"

이제는 조금 무서워진 교장 선생님이 내게 물었다.

"아이가 원할 거라 생각했어요. 더없이 좋은 때인 것 같았습니다."

"누구한테 좋다는 겁니까?"

교장 선생님은 이제 나한테 단단히 실망한 눈치였다.

"폴한테요."

"그렇다면 선생은 이 치료 계획이 학교에 대한 체계적 둔감화 프로그램의 첫 단계에 초점을 맞췄다는 사실을 모르고 있었단 말입니까? 자리에 앉아서 출석 확인하고 다시 병원으로 돌아가는 것 말입니다."

"저도 알고 있었습니다."

"그런데 왜 계획에 따르지 않은 겁니까?"

"우린 모두 그 아이가 합류할 준비가 되었다는 걸 알고 있었거든요."

"'우리'라뇨?"

"저랑 다른 선생님들이랑 다른 아이들이요."

"그렇게 본 사람 아무도 없어요. 선생이 도대체 왜 그랬는지 아무도 이해를 못하고 있습니다. 대체 뭘 봤다는 겁니까?"

내가 뭘 봤냐고? 나는 나를 필요로 하는 한 소년을 보았다. 한 번도 이해받아본 적 없었던 소년을 보았고, 나는 분명 그 아이를 이해하고 있었다. 나는 아이가 미소를 통해 자신이 다음 단계로 나아갈 준비가 되었음을 내게 알리고 있는 거라 여겼다. 현실은 달랐다. 내가 머릿속으로 짠 각본은 학교에서 일어나고 있는 실제 상황과는 달랐다. 예상한 침묵 같은 건 없었다. 다 나의 허황된 생각이었고 구원이라는 망상, 구조 판타지에 빠져 내가 보고 싶은 것만 본 탓이었다.

"폴은 신체적 학대밖에 모르고 자란 아이입니다. 그런데 선생은 신체적 접근을 했어요. 사전 예고도 하지 않고 아이의 허락도 받지 않고 아이에게 손을 댄 겁니다."

교장 선생님이 나를 호되게 꾸짖었다. 나도 이해가 됐다. 폴은 측은한 마음에 내가 보인 몸짓에 대하여 자신이 알고 있던 방식으로 반응했을 뿐이었다. 누구든 자신에게 신체적으로 접근해오면 그건 곧 구타였기 때문이다. 폴이 내 미간을 세게 치는 바람에 코뼈가 부러질 뻔했다. 이게 바로 폴이 알고 있는 유일한 신체 언어였다. 나는 폴을 구원하고 싶어 하는 나의 열망을 폴이 입증해주길 바랐기 때문에 나의 신체 언어를 이해해줄 거라 기대했던 것이다.

폴은 나의 구원 판타지가 문제라는 사실을 가르쳐주었다. 그 아

소녀는 왜 다섯 살 난 동생을 죽였을까?

이는 나의 직업적 구원 대상이었다. 하지만 모두를 구할 수는 없는 노릇이다. 구원 판타지란 바로 그런 것이다. 여기서 방점은 판타지에 있다. 세상에는 구할 수 없는 사람도 있다.

해럴드의 읽기 점수, 즉 병전 지능지수 검사는 그가 똑똑하다는 것을 말해주었다. 나는 웩슬러 성인 지능 척도의 개정판 중 네 가지 소검사 즉 어휘, 공통성, 토막짜기, 물체조립을 선별하여 해럴드의 현재 지능지수를 측정함으로써 단시간 내 그의 언어성 지능, 동작성 지능, 전체 지능 등을 알아낼 수 있었다.

확고한 '보존' 능력의 측정치에 해당하는 해럴드의 언어성 지능 점수는 두 가지 측정 수단으로 산출되었다. 단어 이해도, 언어 개념 형성, 지식 축적량을 측정하기 위한 어휘 영역 소검사, 언어 추론과 개념 형성을 위한 공통성 소검사.

동작성 지능 점수는 서로 다른 두 가지 유형 측정 수단으로 산출되었다. 공간지각력과 시각적 운동 조정력을 측정하기 위해서는 물체 조립을 이용한다. 비언어적인 형태의 추상적인 시각 자극, 즉 시지각視知覺을 분석하고 조직하는 능력, 동시처리 능력, 학습 능력 등을 측정하기 위해서는 블록 설계 작업을 이용한다.

해럴드의 언어성 지능은 양호했지만 동작성 지능은 매우 낮았다. 웩슬러 기억 척도 개정판WMS-R을 이용하여 해럴드의 기억력을 평가해봤는데 그가 크게 실패한 부분이 바로 이 부분이었다. 즉시 기억, 작용 기억, 지연 기억 점수가 전부 예상했던 것보다 현저히 낮왔다. 설상가상으로 레이복합도형검사Rey Complex Figure Test로 평가한 시공간 기억도 엉망이었다.

나는 크리스와 만났다. 이번에는 제시간에 왔지만 측은지심이 바닥나기라도 한 사람 같았다. 나한테 잔뜩 화가 나고 짜증이 나 있었다. 헤븐에서 나를 본 건가?

"여러 결과가 다 말해주고 있잖아요. 그런데 이렇게 다급하게 보자고 한 이유가 뭡니까?"

"그냥 다시 한 번 확인하고 싶었어요. 굉장히 충격적인 소식일텐데 실수하면 안 되잖아요."

크리스는 안경을 쓰고 해럴드의 원점수통계 처리하기 전의 점수를 손가락으로 쭉 훑으면서 환산 점수와 대조해보았는데 해럴드의 결과는 그 또래 '정규 모집단'에 속한다는 것을 보여주었다.

"이것 봐요, 너무 뻔하지 않습니까. 병전 기능과 현재 기능 사이에 유의미한 격차가 존재하고, 가장 심하게 손상된 기능들을 보면 초기이기는 하지만 만성 알츠하이머형 치매에서 예상할 수 있는 기능, 그러니까 시공간, 단기 기억 주변에 몰려 있어요. 내가 더 말해줘야 알겠습니까? 신경심리검사 강의 안 들었습니까?"

"들었죠, 하지만……."

"하지만 뭐요?"

이렇게 모진 현장의 첫날 크리스한테 호감을 품었다니 내가 잘못 생각해도 한참 잘못 생각했다. 크리스가 그 사나운 여자한테서 나를 옹호해준 건 순전히 그게 흥분되기 때문이었을 것이다. 이미 그 증거도 확인하지 않았나.

"알겠습니다. 헛걸음하시게 해서 죄송해요. 그럼 이만 가보겠습니다."

나는 주섬주섬 검사지를 챙기기 시작했다. 크리스가 담배에 불을 붙였다.

"타냐 선생, 성질 좀 그만 부려요. 이왕 온 거 하던 얘기 마저 해봅시다. 진짜 문제가 뭔지나 말해봐요."

"저기요, 문제 같은 거 없거든요. 그럼 가보겠습니다. 귀찮게 해드려서 죄송합니다."

크리스가 담배를 뻐끔뻐끔 피우며 웃기 시작했다. 저 면상에 주먹을 한 대 날리고 싶었다. 지겹고 짜증 나는 침묵의 순간이 흐르자 나는 금방이라도 폭발할 것만 같았다.

"왜요? 저한테 뭘 바라시는 거죠?"

크리스가 담배를 아주 길게 한 모금 빨아들이고 나서 입을 열었다.

"나한테 '점수 계산을 잘못한 것 같아요' 같은 개소리괴소리는 하지 말아요."

개소리괴소리라고? 요즘 누가 저런 말을 쓰지? 이 여자는 이 시대 사람이 아닌 게 분명했다.

"개소리괴소리라고요?"

도저히 그냥 넘어갈 수가 없었다.

크리스가 또다시 웃기 시작했다.

"그래요, 개소리괴소리. 허튼소리, 헛소리, 횡설수설."

"저기요, 교수님, 제가 하고 싶은 개소리괴소리는요, 제가 그 결과를 할아버지한테 알려드리고 싶지 않다는 거예요."

"어째서요? 그게 타냐 선생이 할 일인데. 그런 일 하라고 돈 주는 겁니다."

"그렇게 단순한 문제가 아니잖아요."

잠깐 동안의 침묵.

"글쎄요, 내 생각은 다른데요. 그건 '그렇게 단순한 문제'예요. 선생이 해럴드 씨한테 말을 안 해주면 누가 해줍니까?"

"할아버지가 꼭 알아야 할 이유가 뭔데요?"

"지금 알아야 할 이유라고 그랬어요?"

크리스는 점점 더 화를 내고 있었고 나는 나쁜 짓을 하다가 들킨 아이가 된 기분이 들기 시작했다.

"알아야 할 이유요? 그건 해럴드 씨의 권리예요. 그 사람은 알고 싶었기 때문에 그 검사를 받겠다고 동의한 겁니다. 사실 선생이 이미 나한테 말해준 내용이나 드러난 결과만 봐도 그 사람은 너무 똑똑하기 때문에 지금까지 모를 수도 없겠던데."

할 말이 없었던 나는 얼굴이 시뻘겋게 달아오르는 가운데 참을 수 없는 나약함을 느끼며 가만히 앉아 있을 수밖에 없었다. 크리스를 보니 이제는 화가 누그러진 것 같았다.

"그래요, 나쁜 소식을 전하는 일은 결코 쉽지 않습니다. 하지만 그것도 이 일의 일부고 그걸 잘해내는 게 바로 실력입니다."

"진담이세요? 도대체 이런 소식을 잘 전할 수 있는 방법이 뭔데요?"

"연민을 품고 상대에 대한 존중을 보이면서 세심하게 하면 되는 거예요."

"저는 그런 일엔 글러먹은 여자인 것 같은데요."

"음, 내가 보기에 선생은 전혀 안 글러먹었어요."

크리스가 담배를 재떨이에 비벼 끄더니 일어섰다.

"그리고 다음번에 또 나한테 어쩔 수 없이 해야 하는 일이 하기가 무섭다는 말을 하고 싶거든 그냥 그렇다고 말해요. 점수 계산법 모르는 척은 하지 말고요. 알았죠?"

크리스가 자기 가방을 집어 들었다.

"개소리괴소리하지 말란 말씀이신 거죠?"

"개소리괴소리는 더 이상 안 해주면 고맙겠어요. 그런 걸로는 못 버팁니다."

크리스는 나가면서 내 어깨를 힘주어 잡아주었다.

해럴드 할아버지의 상태는 엉망이었다. 내가 그걸 알려드려야 했다. 나는 우리 둘이 마실 진하고 독한 블랙커피를 따른 다음 해럴드 할아버지의 기호에 맞게 할아버지의 커피에는 설탕을 넣었다. 우리 할머니도 그렇게 단 커피를 좋아하셨다. 할아버지가 한 모금 마시더니 뜨거운 커피를 후후 불었다.

"자, mein Schatz, gib mir die schlechte Nachricht."

할아버지가 나에게 나쁜 소식을 들려달라고 했다.

"Wann wird sich mein Zustand verschlechtern? Wie schnell?"

퇴화는 언제부터 진행될 예정이고, 진행 속도는 얼마나 빠를 것 같지?

"할아버님 생각은 어떠신지 저한테 말씀해주시는 건 어떠세요?"

해럴드 할아버지가 온화한 미소를 지었다. 내가 곤란한 대화를 미루고 있다는 걸 할아버지도 알고 있다는 게 느껴졌다.

"저어, 할아버지."

결국 나는 말을 꺼내기로 했다.

"할아버지의 평생학습능력은 평균을 웃돌고요. 언어성 지능 점수는 아직 훌륭한 걸로 나와요. 하지만 기억력하고 비언어적 추론 검사에서는 예상했던 것보다 큰 어려움을 겪고 계신 걸로 나왔네요."

해럴드 할아버지는 참을성 있게 다음 말을 기다렸다.

"할아버지, 할아버지한테 치매 징후가 있는 것 같아요."

"나도 알고 있었어요, mein Schatz."

기분이 최악이었다.

"있잖아요, 할아버지, 물론 이건 배제진단이고 다른 이유가 없는지 계속 살펴볼 필요가 있기 때문에 알츠하이머가 확실하다고 단정할 수는 없어요. 하지만 혈액 수치도 정상이고 과음도 안 하시고 갑상선 기능도 아주 양호한 편이기 때문에 가장 그럴듯한 설명은 할아버지께서 겪고 계신 일이 치매 때문이라고 볼 수 있을 것 같아요."

"나한테 이런 소식을 전해야 해서 마음고생이 심했겠네."

"정말 전하기 싫은 소식이었어요. 정말 유감이에요."

금방이라도 울음이 터질 것만 같았다.

"나한테 이런 소식을 전해야 해서 마음고생이 심했겠어, mein

소녀는 왜 다섯 살 난 동생을 죽였을까?

Liebling. 이렇게 힘들어하니 정말 내가 더 유감이에요."

할아버지가 내 손을 토닥여줄 때 나는 내가 눈물 훔치는 모습을 못 보았으면 하고 바랐다.

"아가씨가 날 위해 해줄 일이 하나 더 있어요."

나는 고개를 들었다.

"그게 뭔데요? 무슨 일이든 도와드릴게요."

"내 얘길 들어주었으면 해요, meine Geschichte내 얘기, 그래야 아가씨가 다른 사람들한테 전해줄 수 있을 테니까, wer ich wirklich bin나의 본모습에 대해."

해럴드 할아버지는 할아버지가 원래 어떤 사람이었는지를 내가 남들한테도 전해주길 바랐기 때문에 나는 들으면서 노트에 모든 걸 꼼꼼히 기록했다. 가족과 생이별당하고 강제수용소 공장에 배치된 후, 해럴드 할아버지는 어느 날 수척해진 형이 수용소와 작업장을 갈라놓는 철조망 뒤에 서 있는 것을 보았다.

"내 시계를 형한테 던졌지."

해럴드 할아버지가 말했다.

나는 영문을 알 수 없었다.

"왜 형님은 수용소 공장에 할아버지와 함께 못 가신 거죠?"

"형은 우리가 거기 가기 전부터 아팠거든. 폐가 안 좋아서 몸이 약했어. 우리 아버지가 형 앞에서 총살을 당했는데 그 후부터 형이 자포자기한 것 같아. Er hatte keinen Willen mehr삶의 의지를 잃은 거지."

해럴드 할아버지의 형은 생존 욕구를 상실했던 것이다. 여기서 또다시 눈물이 핑 돌았다.

"어머님은요, 누님은요?"

"둘 다 다른 수용소로 보내졌는데 그 후론 두 번 다시 못 봤어."

그렇게 해럴드 할아버지의 이야기는 할아버지의 성인식 행사 때 형이 준 시계로부터 시작되었다. 이 시계는 할아버지의 모든 것을 상징하는 물건이었다. 남자가 되었다는 상징, 형의 사랑, 가족이자 문화 · 종교의 일원이라는 상징이었다.

"그 시계는 꽤 오랫동안 숨겨놨던 물건이었어. 옷이니 소지품이니 모든 걸 다 빼앗아갔지만 이 시계만큼은 내가 꽁꽁 숨겼거든. 알다시피 그 시계 하나면 더 푸짐한 식사를 하거나 얻어맞는 걸 피할 수도 있었지만 그 시계를 줘버린다는 건 내 목숨을 줘버리는 것과 같았어."

수용소 공장의 창가에 서서 할아버지는 형이 철조망 뒤에 서 있는 걸 보았다. 형도 할아버지를 보았다.

"내 본능이 그 시계를 형한테 던지라고 하더라고. 그래서 그렇게 했지."

나는 펜을 쥔 채 기다렸다.

"시계는 철조망 앞 땅바닥에 떨어졌어."

"그래서 그다음엔 어떻게 됐는데요?"

"그러고 나서 난 다시 공장으로 일하러 갔지."

"형님은요?"

"그 후로 다신 형을 못 봤어."

소녀는 왜 다섯 살 난 동생을 죽였을까?

그 후 할아버지는 끔찍한 일을 해야 했다. 할아버지는 자신의 동족이 가스실로 죽으러 갈 때 건너게 될 다리를 건설했다. 사체를 일반 치아를 가진 무더기와 금니가 있는 무더기로 분류하는 일도 해야했는데 금니는 뽑아야 했다. 급기야는 발에 잘 맞지 않는 나막신 때문에 발에서 피가 줄줄 흐르는데도 강제 행진을 해야 했다.

"길바닥에 쓰러져 죽는 사람이 보여도 그냥 계속 행진을 했어."

어느 날 굶주린 채 쓰러진 할아버지는 깨어보니 묘지 옆 숲에 있었다.

"내가 벽에 기대서 있더군. 여자들은 비명을 지르고 애들은 엉엉울고 있었어. 남자들은 기도를 하고 있었고."

할아버지가 몸을 근드적거리며 나직하게 기도문을 읊조리기 시작했다. 나도 아는 기도문이었다. 유대교에서 망자를 위해 드리는 기도인 '카디시'였다. 아버지도 할머니 장례식 때 올린 적이 있었다. 공포와 울부짖음과 망자를 위한 기도의 와중에, 지금 이 이야기를 듣고 있는 나와 마찬가지로 스물세 살이었던 해럴드 할아버지는 배고픔과 피로로 초주검이 된 상태에서도 용케 힘을 끌어모아 교회 경내의 높다란 벽을 뛰어넘어 묘지 뒤에 숨을 수 있었다.

"총소리가 들렸어. 비명 소리도 들렸고. 그 사람들을 저버린 나자신을 결코 용서하지는 못할 테지만 아무튼 나는 어떤 묘비 뒤에 숨었어. 나중에 한 친위대 간수가 내가 숨어 있던 곳 근처에서 오줌을 쌌는데 그놈을 죽이고 싶었지만 죽일 수가 없었지. Mein Liebling, ich bete zu Gott, dass Du nie dasselbe erlebst내가 제일 좋아하는 당신이 이런 경험을 하지 않기를 신께 기도드려요."

해럴드 할아버지는 나를 위해 신께 기도드렸다. 나는 할아버지가 그런 기도를 해주셔서 정말 감사했지만 이 세상 도처에서 당시와 다를 바 없는 야만적인 행태가 여전히 벌어지고 있다는 것을 그때도 알고 있었고 지금도 알고 있다.

요양소 내 다른 거주자들을 살피면서 며칠 동안 여기저기 다니다 보니 해럴드 할아버지가 부탁한 대로 이야기를 연대순으로 기록하기까지는 수주가 걸렸다. 무시무시한 부분도 있었는데, 할머니나 다른 친척들한테 이미 들어본 이야기이기도 했고 학교 역사 시간에 윤색된 버전으로 배운 적도 있어서인지 생소하지는 않았다. 하지만 믿기 어려운 부분들도 있었다. 책으로 읽는 것과 실제로 겪은 사람한테 직접 듣는 것은 그 생생함이 천지 차이였다.

"막바지에 접어들었을 때 다시 붙잡혀서 수용소로 보내졌는데 그때 병이 났어. 이질에 걸렸지. 제대로 먹지를 못해서 몸이 성하질 못했고 상처투성이였어. Sie haben mir den Geist gebrochen그놈들이 내 의지를 꺾어놓은 거지. 그땐 다 포기하고 의무실에 가서 나처럼 죽기만 기다리던 두 사람 사이에 누워서 나도 죽으려고 했어."

해럴드 할아버지가 커피를 한 모금 마셨다.

"아주 잘 만들었구만, Schatz보배 같은 아가씨."

"저희 할머니께서 가르쳐주셨어요. 할머니는 함부르크에서 태어나셨거든요."

그리고 할머니도 나를 '보배'라고 부르셨다.

"커피 마시는 동안 할머니 얘기나 들려줘요."

"음……저희 할머니는 괴짜셨어요. 배우 겸 모델이었는데, 전쟁 전, 그러니까 저희 Opa^{할아버지}를 만나기 전에는 베를린에서 카바레 댄서셨대요. 두 분 다 유대인이셔서 1937년 배 속에 저희 아버지가 생기자 독일을 떠나셨죠. 저희 Opa는 재혼하셨던 건데, 첫 번째 부인은 유대인이 아니었대요. 그래서 두 분을 나치한테 고발했고요."

해럴드 할아버지는 계속 커피를 마시면서 내 이야기를 듣고 있었다.

"가족 중에 수용소에 들어갔던 분이 계신가?"

"네, 많았어요. 다하우하고 부헨발트에 대해서는 저도 알 정도로."

해럴드 할아버지가 고개를 절레절레 저었다.

"그럼 나한테 듣게 될 얘기도 이미 다 알고 있는 얘기겠네."

"사실 꼭 그렇지는 않아요. 생존하신 분들은 그 얘기를 절대로 입밖으로 꺼내지 않으셨거든요."

나는 두 커피 잔에 다시 커피를 채우며 말을 이었다.

"그분들은 아무 말도 하진 않으셨지만 꽤 많은 분들이 우울증 때문에 고생하셨죠."

우리는 건배라도 하듯 각자의 커피 잔을 서로에게 들어 보였다.

"어쨌든 이건 다른 사람이 아닌 할아버지 얘기잖아요."

그때 문득 떠오른 생각이 있었다.

"아이들은요, 할아버지? 왜 사라이 할머니랑 사이에 아이를 낳지 않으신 거예요?"

해럴드 할아버지가 커피 잔을 천천히 내려놓았다.

"Leider Keine Kinder아쉽지만 아이는 가질 수 없었어. 수용소 중에서 실험을 실시한 곳이 있었는데 우리 집사람은 그 실험 때문에 불임이 됐거든."

세상에, 이보다 더 끔찍한 얘기가 있을 수 있을까? 그런 정보를 엉겁결에 털어놓게 했다니 너무 부끄러워서 지금도 얼굴이 화끈거릴 정도이다.

"할머니는 살아 계신가?"

"아뇨, 저희 할머니는 8년 전에 살해당하셨어요."

할아버지가 내 손을 토닥여주었다.

"그렇다면 선생도 사랑하는 사람한테 가해지는 무분별한 학살에 대해서 알고 있겠구먼."

할머니 얘기를 더 할 수는 없었다. 이 할아버지한테 여전히 진행 중인 내 슬픔을 극복하는 일까지 떠맡길 수는 없었다.

"의무실에서는 어떻게 살아남으신 거예요?"

"글쎄, 나도 그걸 모르겠단 말이야. 내 양옆에 누운 동지들이 죽으면 놈들이 죽은 사람들의 발을 잡고서 의무실 창밖에서 썩어가는 시체 더미까지 끌고 나가게 되어 있었거든. 시체를 질질 끌고 가다 보면 머리가 바닥에 부딪히면서 툭툭 튕기곤 했어. 절대 잊지 못할 소리지."

역겨움에 얼굴이 절로 찡그려졌다. 할아버지가 나의 역겨움을 감지했다.

"Entschuldigung, Liebling^{미안하네}. 이쯤 해두지. 이제 거의 다 됐으니 결론으로 가자고. 그러다 어느 날 미국인들이 왔어. 미국인들이 나치를 체포했지만 우리 중에는 이미 살해당하거나 여력이 남은 나치 일당한테 갈갈이 찢긴 사람들도 많았어."

할아버지는 잠시 말을 멈추더니 입가를 닦았다.

"그놈들과 다를 바 없는 야만인이 된 사람들도 있었고."

"하지만 이해할 만하잖아요, 안 그래요, 할아버지?"

"어찌 됐든 폭력은 그냥 폭력인 거야. 어쨌거나 멈추는 게 맞는 거잖아."

이 말은 받아들이기가 힘들었다. 내가 만약 내 부모, 내 동생이 내 앞에서 굶주리고 학살당하는 모습을 봤고, 용케 살아남아 복수를 할 수 있게 된다면 기꺼이 복수를 하고 내 행위가 정당하다고 느끼지 않을까? 내 생각을 읽기라도 한 듯 해럴드 할아버지가 물었다.

"선생이라면 할머니를 죽인 살인범을 죽일 거야?"

나는 충격에 빠졌다. 그런 생각은 한 번도 해본 적이 없었다.

"잘 모르겠어요."

나는 다시 생각해보았다.

"모든 게 아직 생생했던 당시에 저한테 기회가 생겼다면 정말 어떤 식으로든 복수하고 싶었을 거라는 생각은 들어요. 지금도 그럴지도 모르고요."

해럴드 할아버지가 커피 잔을 내려놓더니 고개를 느릿느릿 가로저으며 말했다.

"그렇다면 선생은 이미 벌어진 일을 받아들이지 못하고 있는 거야. 할머니를 아직 못 보내드린 거지. 할머니가 살해당한 데 대한 분노가 여전히 크게 자리 잡고 있구만."

할아버지가 나를 보고 미소를 지었다.

"할머니가 이 노래도 불러준 적이 있으신가?"

할아버지가 노래를 부르기 시작하자 온몸에 소름이 돋았다.

"Zog nit keyn mol, az du geyst dem letstn veg,
Khotsh himlen blayene farshteln bloye teg.
Kumen vet nokh undzer oysgebenkte sho,
S'vet a poyk ton undzer trot: mir zaynen do!"

"이 길이 막다른 길이라 말하지 말라,
납빛 하늘에 우울한 날들이 내내 계속될지라도.
우리가 바라던 순간이 코앞에 닥쳤도다,
우리의 발걸음이 우리가 다 왔다는 메시지보다 먼저일지니!"

할아버지가 노래를 마친 후 눈을 뜨더니 나를 바라보았다.

"불러주신 적 없어요, 할아버지. 무슨 노랜지 모르겠네요."

"'Zog Nit Keyn Mol'이라는 노래인데 영어로는 '말하지 말라' 정도가 되겠군. 히르쉬 글릭Hirsh Glick, 유대 시인이자 파르티잔이었음이 지은 노래고 파르티잔우리나라에서 빨치산으로 알려진 저항군의 명칭의 노래로 알려져 있지. 홀로코스트 기간 동안 우리에겐 저항의 상징과도 같은 노래였어."

"제목 철자가 어떻게 되죠?"

"이 노래는 받아 적지 말고, Liebling. 그냥 이 노래를 알아주었으면 했을 뿐이니까."

이제 더 따를 커피도 남아 있지 않았고, 날도 점점 저물고 있었다. 받아 적느라 손가락이 뻐근했다.

"아, 드디어 끝났구만. 미국인들이 와서 우리는 해방이 되었지. 미국인은 우리한테 초콜릿이랑 좋은 음식을 줬는데, 그게 그 사람들이 친절을 베푸는 방식이었고 우리를 찾아내는 과정에서 느낀 공포에 대한 반응이었다고 생각해. 그 후 죽은 사람도 많았지. 기름진 음식이 무리였던 거야. 그래, 우리 중 일부는 미국인이 베푼 친절 때문에 죽었지."

나는 펜을 내려놓고 노트를 닫았다.

고도의 스트레스와 과로에 시달리느라 언제라도 심장마비가 일어날 수 있는 사람들이 일하다 책상에서 죽기보다 휴일에 푹 쉬다가 죽는 경우가 더 많은 이유는 뭘까? 그런 사람들은 뼈 빠지게 일하고, 잠은 쥐꼬리만큼 자면서 과음과 과식을 일삼고 줄담배를 피워대면서도 비치웨어를 몸에 걸칠 수 있는 날까지 용케 버티다가 느긋하게 쉬어야 할 절실한 필요성을 인식하고는 일광욕 의자에 눕는 순간 죽어버린다.

이것도 하나의 현상이 분명하므로 이름을 하나 붙여주어야 하지 않을까? 나는 이와 비슷한 현상이 해럴드 할아버지한테서 일어나는 것을 목격했다. 치매에 걸렸을지도 모른다고 의심은 하고 있었지만 공식적인 확인은 받지 못했을 때, 할아버지는 외형적으로나마 '정상'을 유지하기 위해 최선을 다해 버텼고 문제를 보완해나갔다. 진단이 내려지고 상태가 확인되자마자 할아버지의 치매는 무섭도록 빠른 속도로 내리막길로 접어들었다.

이번 현장에서 남은 실습 기간의 마지막 몇 달 동안 요양소에 갈 때마다 최대한 자주 해럴드 할아버지를 찾아뵈었고 한 번인가 두 번은 미심쩍어하는 할아버지한테 내 소개를 다시 하려고 갖은 애를 써 보기도 했다. 할아버지는 밤에 특히 힘들어하셨고 따라서 야간 근무자한테 골칫거리가 되었다. 공격성과 폭력성을 보이는 바람에 진정제를 투여한 일이 한두 번이 아니었다.

내가 야간 근무를 하기로 했던 어느 날 밤 마음씨 좋은 자메이카 출신의 간병인 오드리는 자신의 투박한 신발을 갈아 신어야 했다. 오드리가 자고 있는 요양소 환자들을 살피느라 병실을 이동할 때 내는 발소리가 해럴드 할아버지한테는 군홧발 소리로 들렸기 때문이다. 지 박사와 면담한 결과 유니폼 규정이 바뀌어 전 직원은 고무 밑창이 달린 신발을 신게 되었다. 해럴드 할아버지는 다시 잠을 잘 잘 수 있게 되었지만, 잠자리는 침대 밑이었다.

해럴드 할아버지의 증상 악화에 설상가상으로 사라이 할머니까지 하루가 다르게 쇠약해져 갔다. 할머니는 음식을 거부하고 물도

거의 마시지 않았기 때문에 생체 기능을 일제히 상실하여 몸져눕게
되었다.

　내가 흡연을 시작하게 된 건 이 현장에서였는데 마지막 날에는
요양소 테라스에서 크리스와 함께 앉아 담배를 피웠다. 우리는 둘
다 뻐끔뻐끔 연기를 내뿜었다.

　"할머니도 할아버지가 변하고 있다는 걸 알고 있어요."

　내 임상 실습의 지도 교수 앞에서 질질 짜는 모습을 보이고 싶지
않았던 나는 말보로 레드 한 모금을 길게 빨아들였다. 현장 마지막
날 우리의 면담을 위해 평상시보다 빨리 나타나 나를 만나기 전 지
박사부터 만나고 온 크리스는 내 얘기를 들으면서 다정한 흡연 동지
노릇도 해주고 고개도 끄덕거려주었다.

　"할머니가 신체 기능을 유지했던 건 다 할아버지를 돌보기 위해
서였던 것 같은데 할아버지가 입원한 후 병세가 악화되기 시작하면
서 할머니한테는 더 이상 보살필 사람이 없게 돼버렸어요. 그래서
할머니가 다 포기하신 것 같아요."

　크리스는 계속 담배만 피웠다.

　"사실, 할머니는 할아버지가 포기한 순간 포기하신 거죠. 그러
면 할아버지한테 살아갈 이유가 없어지게 되니까 할아버지도 증세
를 급속도로 악화시킴으로써 할머니를 따라갈 수 있게 되잖아요. 이
제 생각해보니까 할머니는 할머니랑 할아버지 둘 다를 해방시켜 주
려는 게 아닐까 싶어요. 할머니는 할아버지를 최대한 빠른 시일 내에
해방시켜 주려고 자기 몸의 기능을 다 정지시키고 계신 것 같아요."

나는 기침이 나와 잠시 말을 멈췄다.

"교수님, 전 이 일이 정말 싫어요. 여기도 너무 싫고요. 저는 사람들이 더 나은 삶을 살게 도와주고 싶다고요. 정신적인 고통을 덜어주고 거기서 해방시켜서 질 높은 삶, 살맛 나는 인생을 살게 해주고 싶다고요."

"흠, 그럼 이번 현장에 오길 정말 잘한 셈이네요. 이젠 그게 늘 가능한 일이 아니란 걸 알았을 테니까."

나는 담배를 또 한 모금 길게 빨아들였다.

"그딴 거 알려줘서 우라지게 고맙네요, 교수님."

팽팽한 침묵.

젠장, 지도 교수를 열받게 했으니 이번 현장은 망했다. 젠장, 젠장, 젠장, 젠장, 젠장.

"제기랄! 교수님, 정말 정말 죄송해요."

또다시 침묵, 또 한 모금의 담배 연기.

"사과할 필요 없어요."

크리스가 마침내 침묵을 깼다.

"실습의 이런 면에 대해서 타냐 선생이 느끼는 감정은 유념하도록 하죠."

유념한다고? 어떻게 유념하겠다는 거지? '넌 선을 넘었어, 실습생. 그러니 널 탈락시키겠어'란 뜻인가? 크리스가 담배의 필터 부분을 비벼 담뱃불을 껐다.

"사실, 나도 타냐 선생 말에 동의해요. 이번 일도, 이번 일 때문에 선생의 내담자들과 선생이 느끼는 그 모든 참담한 심정도 모두 지랄 같단 말입니다."

그때 나는 펑펑 울기 시작했다.

"그래도 이런 지랄 같은 일을 이겨내고 거기서 뭔가 배워야 해요. 타냐 선생은 자살 성향이 있는 여자아이도 감당한 적이 있는 사람이란 걸 잊지 말아요. 그건 정말 대단한 일이라구요. 그렇게 어리고 미숙한 사람치고는 아주 잘해낸 겁니다. 근데……."

크리스는 담배 두 개비에 불을 붙인 다음 한 개비를 나한테 건넸다.

"일반의 진료소에서 편한 시간을 보낸 다음에는 이곳에서 실습을 받는 게 좋겠다 싶었어요. 왜냐하면 타냐 선생도 모두를 구원할 수 없다는 사실을 배울 필요가 있었거든요."

이제 내 코에서는 콧물까지 줄줄 흐르고 있었다.

"콧물 닦아요."

나는 크리스가 건네준 티슈를 받았다.

"타냐 선생은 여기서 내가 예상했던 것보다 훨씬 잘했어요. 잘해낼 줄은 알고 있었지만 말이에요. 개소리괴소리에도 불구하고."

우리는 둘 다 웃었다. 우리 뒤 어딘가 건물 안 깊숙한 곳에서 비명 소리가 연달아 들려왔다. 누군가 친위대 경비견으로부터 도주 중이거나 가스 샤워가 진행 중이라 비명을 지르고 있는 모양이었다. 이른 저녁 해가 지고 있었다.

"고맙습니다, 교수님."

"고마워할 거 없어요, 선생이 말아먹었으면 그렇다고 말했을 테니까."

우리는 둘 다 웃으며 계속 담배를 피웠다.

"그래서 다음엔 절 어디로 보내실 건가요?"

"요다음엔 6개월 동안 식이장애 병동에서 일하게 될 거예요."

"먹을 걸 안 먹으려고 하고 파스타를 먹으면서 공황 발작을 일으키는 여자들이 있는 곳 말인가요?"

"남자들도 있어요."

"브라보. 저랑은 공통점이 하나도 없는 곳이겠네요."

크리스는 미소를 지으며 가방을 꾸리기 시작했다. 앤 지 박사가 요양소 뒤편을 우회해서 크리스와 내가 앉아 있는 곳까지 와서는 크리스에게 경적을 울렸다.

"가야겠어요. 아 참, 잘했어요, 이번 현장도. 지 박사도 타냐 선생을 높이 평가하던데요. 내가 알기론 아마 선생이 처음일걸요."

크리스가 대기 중인 차 쪽으로 힘차게 걷기 시작했다.

"감사합니다. 저기, 교수님?"

크리스가 뒤를 돌아보았다.

"교수님하고 지 박사님은요?"

크리스가 가방을 어깨에 다시 둘러메면서 말했다.

"나한테 '우라지게'라는 말은 해도 좋지만 내 사생활에 대해선 절대 묻지 말아요."

그렇게 크리스는 휑하니 가버렸다. 나는 암 유발 구름 과자 먹기를 끝내고 태양이 나무 뒤로 잠기는 모습을 지켜보았다. 식이장애라고? 내가 아는 다른 여자들과 마찬가지로 먹는 것에 대해서도, 옷이 얼마나 꽉 낄지에 대해서도 지나치게 의식하고 있고 체중을 몇 킬로그램 줄인다고 과연 자존감이 향상될까 하는 의문을 품고 있는 여자인 내가 식사량을 제한하는 것으로 출세하려는 부류의 심정에 어떻게 공감할 수 있을지 자못 궁금했다. 이번 현장에서는 공과 사의 구분을 명확히 해야겠다고 속으로 다짐했다.

그 주 나는 친구들과의 약속을 모두 취소하고 느긋하게 프랭클 현상을 즐겼다. 나는 자기연민에 흠뻑 빠져 지냈고 내가 목표로 삼고 있는 직업이 지닌 특권에 대해서도 잊었다. 일요일 오후 거식증과 폭식증에 관한 연구 논문을 읽고 있는데 전화벨이 울렸다.

"안녕하세요, 앤 지입니다."

나는 깜짝 놀랐다. 지 박사가 전화를 걸고 있는 곳에서는 배경음악으로 감미로운 재즈가 흐르고 있었다.

"안녕하세요, 지 박사님."

"사라이 할머님이 밤중에 돌아가셨다는 사실을 알려주려고 전화했어요."

"어머나, 이를 어째. 정말 안타까운 소식이네요. 해럴드 할아버지는 좀 어떠세요?"

"오늘 아침 사라이 할머니 옆에 누워서 할머니를 꼭 껴안고 있는 해럴드 할아버님을 발견했는데, 우린 할머님이 돌아가신 지 꽤 시간이 흘렀을 것으로 추정하고 있어요."

가슴이 마구 뛰었다.

"그럼 해럴드 할아버지는요?"

"할아버님이 말씀을 안 하고 계세요. 내 생각엔 그분이 현실 감각을 완전히 버리신 것 같아요."

"플래시백을 겪고 계신가요? 혼란스러워하고 계신가요?"

"아뇨. 아무것도, 아무 말도 안 하고 계십니다."

망연자실해진 나는 아무 말도 할 수가 없었다.

"여보세요?"

지 박사가 물었다.

"죄송해요. 솔직히 좀 충격적이네요."

"그럴 거예요. 두 분이 함께 돌아가셨으면 정말 좋았을 텐데."

"할아버님도 곧 돌아가실까요? 상심이 너무 크셔서?"

잠깐 동안의 침묵. 전화기에서는 여전히 재즈가 은은하게 울려 퍼지고 있었다.

"신체적으로는 죽으려면 아직 멀었어요. 아주 건강하시거든요. 상심이 커서 죽는다? 글쎄요, 그게 이상적이겠죠, 아무래도? 하지만 유감스럽게도 경험상 그런 일은 대개 책이나 영화에서만 일어나더 군요."

나는 '아파트에선 금연'이라는 원칙을 어기고 담뱃불을 붙였다.

"전화 주셔서 감사합니다, 지 박사님."

"천만에요. 그나저나 타냐 선생은 새뮤얼스 씨 말년을 아주 잘 보살펴주었어요. 그냥 내 생각일 뿐이지만 사라이 할머니는 본인뿐만 아니라 할아버지도 원하는 때에 딱 맞춰서 돌아가신 것 같아요."

소녀는 왜 다섯 살 난 동생을 죽였을까?

나는 목이 메어 간신히 목소리를 낼 수 있었다.

"감사합니다. 저도 그런 것 같아요."

통화가 끝나갈 때쯤 나는 녹초가 되어 있었다.

"이렇게 전화까지 주시고 감사합니다, 지 박사님."

"별말씀을. 일을 정말 잘해주었어요. 아 참, 크리스가 옆에 있는데 안부 전해달라는군요."

그때 불현듯 떠오른 생각이 있었다.

"지 박사님?"

"네, 전화 아직 안 끊었어요."

"'Zog Nit Keyn Mol'이라는 히르쉬 글릭의 노래를 찾아서 해럴드 할아버지한테 정기적으로 틀어주시겠어요? 할아버지는 분명 그 노래를 듣고 싶어 하실 거예요."

지 박사는 잠시 아무 말도 하지 않았다. 젠장, 이젠 논쟁할 기운도 없는데.

"알았어요, 그렇게 하라고 일러두도록 하죠."

나는 수화기를 내려놓았다. 가만히 앉아 생각해보았다. 사라이 할머니는 해럴드 할아버지 품에서 돌아가셨으니까 두 분은 결국 두 분이 원했던 대로, 순리대로 함께한 셈이다. 기나긴 결혼 생활 내내 할머니는 할아버지가 너무 무서워서 헤쳐나갈 수 없었던 시절을 극복할 수 있도록 이끌어주었지만 말년을 보낸 이곳에서는 할머니가 할아버지 품에 안김으로써 할아버지가 보호자 겸 인도자 역할을 할 수 있게 해주었다.

사후 세계의 존재를 믿는 건 아니었지만 나는 언젠가 두 분이 그곳에서 만나 박해와 두려움으로부터 해방되길 바랐다. 누가 뭐라 해도 두 분은 늘 내 마음속에서 그런 모습으로 살아갈 것이다.

진하고 달콤한 커피를 만들고 다음 현장에 관한 글을 읽는 동안 들으려고 브로드웨이 뮤지컬 모음곡 CD를 튼 순간, 뜬금없이 사라이 할머니가 사랑해 마지않았으며 자신이 바라는 대로 따라준 멋진 남편의 품에 안겨, 원할 때 돌아가셨다는 생각에 얄궂게도 행복감이 밀려왔다. 다음 현장에 빨리 가고 싶은 기대가 무럭무럭 솟아오르고 있었다. 오늘은 일요일이었고, 빅터 프랭클은 나를 자랑스러워했을 것이다.

"이 길이 막다른 길이라 말하지 말라,
납빛 하늘에 우울한 날들이 내내 계속될지라도.
우리가 바라던 순간이 코앞에 닥쳤도다,
우리의 발걸음이 우리가 다 왔다는 메시지보다 먼저일지니!"
'Zog Nit Keyn Mol' (Yiddish: ‫זאג ניט קיין מאל‬)
히르쉬 글릭, 1943년

소녀는 왜 다섯 살 난 동생을 죽였을까?

상담실

{5}

상담실

{5}

모든 것을 다 갖췄지만 굶어 죽고 싶은 소녀

"전 아주 작아지고만 싶어요. 조그맣게요"

기숙 여학교는 식이장애라는 스포츠를 연마하기에 더없이 좋은 훈련소였고, 내가 열네 살이 되었을 때쯤엔 내 친구들 중 다수가 이 스포츠에서 올림픽 금메달을 획득하고 있었다. 한 친구는 이렇게 묻기도 했다.

"다 먹고 나서 목구멍에 손가락 넣고 다 토하기만 하면 네가 먹고 싶을 때 먹고 싶은 거 다 먹고도 살 안 찔 수 있다는 거 아니?"

우리는 모두 이 이야기에 완전히 빨려들었다.

"진짜? 그렇게 간단한 거였어?"

"그럼! 누구든지 먹기 전에 빨간 피망을 생으로 먹으면, 우리 언니가 그러는데 먹은 게 다 나왔는지 안 나왔는지 알 수 있대. 피망 껍질이 제일 마지막에 올라오니까 말야. 피망이 소화가 오래 걸린다더라구!"

그래서 우리는 점심을 먹고 나서 다 함께 화장실로 우르르 몰려가 각자 한 칸씩 차지하고는 체중 감량을 위해 웩웩 헛구역질을 해댔다. 사실대로 말하면 나는 토하는 데 젬병이었고, 더 정확히 말하자면 지독한 겁쟁이었다. 나는 토하는 게 정말 싫었다. 아무리 용을 써봐도 끝장을 볼 수가 없었다. 내 경우에는 구토보다 목구멍에서 손가락을 빼려는 본능이 더욱 강했던 것이다. 토만 하려고 하면 물에 빠져 죽을 뻔했다가 수면 위로 솟구쳐 올라 숨을 헐떡이는 것 같은 느낌이 들었다.

하지만 우리는 무슨 일에서건 성공이 중요한 여학교에 다니고 있었고 친구들이 도움이 될 거라며 온갖 방법을 제안한 결과, 나는 볼펜, 칫솔, 심지어는 한 친구가 치과 의사인 아버지한테서 훔친 치과용 탐침까지 골고루 갖추게 되었다. 그중 효과를 본 도구는 없었지만 실패자가 되기 두려웠던 나는 물병에 있는 물을 전략적으로 간간이 변기에 들이붓는 수법을 곁들여 가짜 구역질의 달인이 됨으로써 친구들을 안심시켰다.

우리는 챔피언들이었다! 그러나 문제는 내 친구들은 점점 여위어가는 데 반해 내 몸무게는 전혀 줄지 않는다는 것이었다. 친구들은 곧 의심을 하기 시작했다. 우리는 그 어떤 일에서도 실패해서는 안 되었는데, 식이장애에 걸린 버릇없는 소녀가 되는 일도 예외는 아니었다.

키 작고 뚱뚱한 아마추어 오페라 가수인 기든스 선생님의 지루한 음악 수업이 있던 어느 날, 나는 제대로 버릇없는 아이가 되기로 마음먹고는 한심하게도 내 신발을 벗은 다음 음악실에 있는 기다란 커튼 밑으로 신발이 바깥을 향한 것이 보이도록 놓았다.

어머나, 어머, 어머……저것 봐, 커튼 뒤에 누가 있어. 아니지롱! 신발밖에 없지롱. 재밌지!

기든스 선생님은 전혀 재미있어 하지 않았다. 선생님은 우리가 상위 5퍼센트에 든 아이들인 만큼 장난을 치려면 아주 제대로 치든가 아예 치지 말아야 한다고 했다. 나는 자기유도 구토에도 장난에도 젬병이었다. 약간 빈약한 A-레벨영국에서 만 열여덟 살에 치르는 대학 입학 시험으로 이를 위해 만 열여섯~열여덟 살까지 2년간 준비 과정을 거친다 성적을 받기 전부터, 당연히 상위 5퍼센트일 리가 없는, 나는 이미 그 학교에서 실패자였다.

체내 음식물 제거 능력에서 보인 저조한 성과에 대해 친구들이 품고 있는 의심을 어떻게든 해소해보고자 나는 운동을 시작했다. 그 결과 토하기뿐만 아니라 운동 또한 칼로리를 태울 수 있다는 것, 이 전략이 나한테는 훨씬 효과적이라는 사실을 알게 되었다.

나는 학교 하키 팀과 라크로스 팀의 대표 선수가 되었고 처음 생긴 네트볼 팀에서 골 수비를 맡으면서 건강해졌고 먹고 싶은 대로 다 먹을 수도 있었지만 슬프게도 학교가 나에게 심어준 바로 그 정신, 즉 나는 더 잘할 수 있고, 더 잘해야만 한다는 정신을 완전히 벗어던지지는 못했다. 나는 내 몸에 결코 만족하지 못했고 내가 '먹었어야' 했던 것과 '먹지 말았어야' 했던 것에 대한 생각으로 고심하는 일이 많았다. 내일은 더 열심히 노력해야겠다.

따라서 식이장애 입원 병동에서 일한다는 것은 가장 어렵고도 가장 감당하기 어려운 실습인 셈이었다. 나의 '무능함'을 외면한 채 성공한 사람이 되어야 했기 때문이다.

병동에 도착한 지 48시간도 안 되어 나는 먹지 않으려고 하는 여자들과 온종일 붙어 있는 건 못할 짓이라는 결론을 내렸다. 이곳은 탄수화물에 대한 공포의 기운이 감도는 곳이었다.

첫날은 거식증에 걸린 젊은 여자들이 세상에서 가장 고통스럽고 괴롭게 점심을 먹는 테이블에 앉아 있는 것으로 보냈다. 그 여자들이, 식사 전에 물배를 채우진 않았는지, 그리고 자기 몸에 교묘하게 음식을 숨기지는 않았는지 끊임없이 확인하고 감시해야 했다. 거식증에 걸린 여자아이가 팬티 속에 콩 한 알을 감추려고 애쓰는 모습을 본 적이 있는가? 단언컨대 꿈에서라도 보기 싫은 모습일 것이다.

그런 테이블에 앉아 있노라면 그 여자들이 먹던 음식이 담긴 접시를 낚아채서 대신 먹어줌으로써 비참한 신세에서 그들을(그리고 나를) 구원해주고 싶은 마음이 간절해진다.

규모가 큰 런던 의과대학 부속병원에 자리 잡고 있는 이 병동은 으리으리하고 화려했지만 나한테는 라우리Laurence Stephen Lowry, 20세기 영국 북부 공업 도시의 풍경과 노동자들의 일상을 주로 그렸던 화가. 그림에 등장하는 사람들이 하나같이 성냥개비처럼 가늘고 길쭉한 것이 특징이다의 그림 속에 나오는

소녀는 왜 다섯 살 난 동생을 죽였을까?

사람들이 득시글거리는 곳 같았다. 작은 성냥개비 같은 사람들은 넓고 탁 트인 공간 안에 떠 있는 작고 고독한 섬처럼 보였다.

이런 특수 병동에 입원하려면 체질량지수가 15 이하여야 하는데, 체질량지수가 15 이하라는 것은 키에 비해 체중이 위험할 정도로 낮다는 것을 뜻한다. 체질량지수, 즉 BMI를 계산하려면 체중(kg)을 신장(m)으로 나눈 다음 그 숫자를 다시 신장(m)으로 나눈다. 18.5에서 24.9 사이의 BMI를 건강한 것으로 간주한다. 그 수치를 넘기면 과체중이고 위로 갈수록 고도비만으로 본다. BMI 17.5 이하는 신경성식욕부진 초기로 간주하는데 여기 입원한 이들은 모두 BMI 14, 13, 12 달성을 염원하고 있고 이를 위해 정말 눈물겨운 노력을 한다. 하지만 그 수치에 도달한다고 하더라도 혈압이 위험할 정도로 낮고 심부 체온장기 등 몸 안에서 발생하는 열의 온도. 직장에서 잰다고 하여 직장 체온이라고도 함이 섭씨 35도 이하로 떨어져 있기 때문에 우리 몸은 체온을 유지하기 위해 솜털, 배냇솜털매우 가늘고 보드라운 털로서 온몸에 덮여 있다가 출생하면서 몇 달 사이에 다 빠지고 가는 솜털로 바뀐다을 증가시킨다. 근본적으로 죽음을 목전에 두게 되는 것이다.

자발적인 기아를 통한 죽음은 끔찍하다. 뇌를 비롯한 여러 기관의 기능이 정지되고 열린 상처에서는 단백질이 새어 나오는 동안 고약하게도 우리 몸은 체액으로 꽉 차 부풀어 오르고 이는 곧 체중 증가로 이어진다. 젊은 사람이 끔찍하고 고통스럽게 생의 종말을 향해 다가가는 모습을 지켜보는 것만큼 비극적인 일도 없을 것이다.

여태까지 함께 일해본 사람들 중 최악의 집단이 병동을 운영하고 있었다. 분야 간 경쟁의식 때문에 회의 때마다 초긴장하는 분위기가 감돌았다. 의사들은 코빼기도 보이지 않았고 정신과 과장은 볼은 시뻘겋고 코까지 불그스름한 알코올중독자인데다 간호사들 대부분은 과체중에 같은 여자면서도 여자들을 증오하고 권력에 환장한 인간 유형이었다. 여기야말로 우리, 바로 그 '우리'가 쉽사리 남들, 바로 그 '남들'이 될 수 있는 곳이었다.

"저는 실습 중인 임상심리사입니다. 인지행동 치료에 해당하는 사례를 맡았으면 합니다."

나는 약간은 거만한 투로 간호사들에게 말했다.

"잘됐네, 잘해보세요."

간호사들은 다들 지난번에 퇴원한 환자의 가족이 감사의 표시로 두고 간 벨기에 초콜릿 비스킷이 층층이 담긴 박스에서 꺼낸 비스킷을 게걸스럽게 먹으면서 이구동성으로 말했다.

이 병동의 직원들이 환자들 못지않게 식이장애를 앓고 있는 것처럼 보인다는 점을 되새기면서 나 또한 '프랄린설탕에 견과류를 넣고 졸여 만든 것. 보통 초콜릿 안에 넣는 재료로 쓰인다이 든 초콜릿' 두어 개를 입속에 꾸역꾸역 집어넣고는 직원 사무실을 떠났다.

몰리는 단체 점심시간에 참석하지 않았다. 처음 만났을 때 아이는 너무 약해서 스스로 식사를 할 수가 없었고 고집이 너무나 세서 음식을 먹일 수도 없었다. 결국 코에서 식도를 거쳐 위장까지 연결되는 튜브를 통해 경비위관經鼻胃管, nasogastric tube, 코를 통해 영양을 공급하는 튜브 특별식, 즉 등장성 용액정상적인 세포와 삼투압이 같은 용액으로 생리식염수 등이 있다을 혼합한 칵테일을 투여할 수밖에 없었다.

"저 애를 만만하게 보면 안 돼요."

내가 몰리의 기록을 훑고 있을 때 병동 간호사인 린다가 옆에서 말했다.

"저 애 보기보다 훨씬 독하다니까요."

나는 의아한 표정으로 린다를 보았다.

"저 애처럼 식이 제한을 하려면 엄청난 자제력이 필요하잖아요. '파리 한 마리 못 죽일' 것처럼 보일지 몰라도 뚝심이 대단한 아이라 고요."

이 말을 듣자 여기 간호사들은 환자를 정말 싫어하는구나 하는 생각이 들기 시작했다. 불굴의 자제력이 '성공적인' 식이장애의 핵심이라는 사실은 나도 알고 있었지만 이곳 직원들은 그토록 어린 환자들을 수년간 상대하다 보니 병마와의 싸움에는 이미 지쳐 냉소적 태도가 몸에 붙어버린 것은 아닐까 하는 생각마저 들었다. 몰리는 불면 날아갈 듯 가냘프고 연약한 모습을 하고서 침대에 꼿꼿하게 앉아 있었다. 아름답고 여린 아이였다.

"안녕."

몰리가 웃자 얼굴뼈의 윤곽이 그대로 드러나면서 그 위 피부가 팽팽하게 당겨지는 게 보였다.

"안녕하세요."

몰리의 목소리는 아주 작았고, 눈물 한 방울이 양 볼 위를 타고 주르륵 흘러내리고 있었다. 길쭉한 팔과 가느다란 손가락은 양 옆구리 옆에 가만히 놓여 있었다. 나는 티슈 한 장을 뽑아 몰리의 볼을 가볍게 눌러 닦아주었다. 내가 볼을 얼마나 세게 눌렀는지는 모르겠지만 아이가 워낙 연약해서 혹시나 피부가 찢어지지 않을까 두려웠다.

우리는 대화를 나눴다. 몰리는 교과서에 나올 법한 전형적인 식이장애 환자였다. 어마어마하게 똑똑한데다 부유하고 출세지향적인 가정 출신이었다. 열일곱 살인 몰리는 A-레벨을 준비 중이었는데 제 궤도에 올라 최고점을 받았고 의대 진학을 앞두고 있었다. 명랑하고 쾌활하고 스케치와 데생에 어마어마한 재능을 타고난 아이이기도 했다. 모든 것을 다 가진 소녀였는데도 굶어 죽고 싶어 하는 거였다.

"전 아주 작아지고만 싶어요. 조그맣게요."

몰리는 나에게 거식증에 걸린 사람의 심리를 이해하는 데 크나큰 도움을 주었다. 아이는 한 가닥 연기 같은 사람이 되고 싶어 했다.

"저도 이런 제가 정말 싫지만 어쩔 수가 없어요. 행복해지고 싶지만 삐삐 마를 때까진 행복할 수가 없어요."

"몰리, 너 정도면 이미 삐삐 말랐다고 할 수 있지 않을까?"

몰리가 한숨을 푹 쉬었다.

"이것 보세요."

새 다리같이 가느다란 손가락이 뼈를 최소한만 덮고 있는 살가죽을 잡아당기며 말했다.

"이것 봐요, 보셨죠. 너무 역겹잖아요."

몰리에게는 역기능적 신념이 놀라우리만치 뿌리 깊이 박혀 있었다. 나 정도의 인지행동 치료 실력으로 그토록 뿌리 깊이 박혀 있는 몰리의 역기능적 신념을 바꿔놓을 수 있을지 자신이 없었다.

몰리의 음식 문제는 학교에서 시작되었다.

처음에는 가벼운 불안감이었던 것이 학교 식당에 대한 극도의 공포증으로 변했다. 음식 냄새를 맡기만 해도 어지럽고 구역질이 났고, 급식 담당자들을 보기만 해도 속이 메스꺼워졌다. 결국 몰리는 학교 식당에 아예 갈 수 없게 되어 도서관에 숨으려고 했다. 그 사실을 알게 된 학교 측에서는 몰리가 양호실에서라도 식사할 수 있게 하려고 노력했다. 그러나 소용이 없었다. 학교 음식 냄새는 양호실이라는 제한된 공간 안에서 그 강도가 더욱 심해져 몰리는 그곳에 가기만 해도 구토가 나왔다. 그러자 학교 측은 몰리의 부모님을 호출했고 이후 이 소녀는 여러 의사를 전전하게 되었다. 3년째 그런 상황이 지속되다가 결국 이 병원에 입원하게 되었던 것이다. 몰리는 침대 머리맡에 고개를 기댄 채 한숨을 쉬었다.

"얼마나 많은 의사들이 제 혈압을 재고, 알레르기 검사를 하고, 카메라를 목구멍으로 쑤셔 넣었는지 몰라요."

"듣기만 해도 무시무시한데."

몰리가 나를 보며 이맛살을 찌푸렸다.

"선생님은 모르실 거예요."

몰리가 침대에서 몸을 살짝 뒤척였는데, 그 사소한 노력만으로도 구슬 같은 땀방울이 송골송골 맺혔다.

"처음엔 학교에서도 지원을 아끼지 않았는데 온갖 검사를 다 하고도 아무 결과가 안 나오니까 저한테 슬슬 짜증을 내더라구요. 부모님이 상담에 참석하셨는데 교장 선생님하고 담임선생님께서 엄마랑 아빠를 되게 답답해하시던 게 기억이 나요. 왜 다른 애들처럼 정신 차리고 점심시간에 밥 하나 못 먹게 하냐고요."

"부모님 반응은 어땠는데?"

"음……제가 집에서도 밥 못 먹는 걸 봤기 때문에 두 분도 어쩔 수가 없었죠."

나는 먹지 않겠다는 결의에 가득 차 요지부동인 이 소리 없이 터프한 고집쟁이 소녀를 어떻게든 다스려보려다가 무력감과 좌절감에 빠진 어른들의 모습을 머릿속에 그려보았다.

"처음에는 '행동 프로그램'에 들어갔는데요."

몰리가 쓴웃음을 지으며 말을 이었다.

"아시잖아요, 조금이라도 먹게 하려고 장려책을 쓰다가 안 먹으면 결국 어떤 취급을 하는지. 시키는 대로 안 했으니까 규칙이 뭔지 가르쳐줘야 하는 못된 애라도 되는 것처럼 대하더라구요."

"글쎄, 먹는 건 생존의 기본 규칙 아닐까?"

"그분들이 걱정하는 건 그것 때문이 아니라니까요."

"누구, 부모님 말이니?"

"아뇨, 학교 말이에요."

"음……너한테는 그렇게 느껴졌을 수도 있겠다, 근데……."

"학교는 다른 여자애들이 저를 따라 할까 봐 걱정한 거예요. 제가 무슨 근절해야 할 전염병이라도 되는 것처럼 제 행동이 학교에 '번지지' 않았으면 좋겠다고 했다니까요."

"'근절'은 꽤 심한 단어인데, 몰리. 어째서 그런 생각을 했니?"

나는 몰리의 분노를 느낄 수 있었다. 몰리의 얼굴이 시뻘겋게 달아오르기 시작했다. 몰리는 한숨을 쉬며 자기 몸 위에 놓인 경비위관을 어루만졌다.

"무시당한 기분이었어요."

"어째서?"

몰리가 나를 물끄러미 쳐다보았다.

"학교가 제가 못하는 걸 억지로 시키려고 했으니까요."

나는 자세를 고쳐 앉았다.

"무슨 투쟁처럼 들리는걸."

몰리가 빙긋이 미소를 지으며 말했다.

"그렇게 말할 수 있겠죠."

"하지만 왜? 모두들 네가 걱정되고 널 돕고 싶어서 그런 것뿐인데?"

몰리가 웃기 시작했는데 그 웃음은 곧 기침 발작으로 변했다. 기침이 멈추자 몰리는 다시 나를 빤히 쳐다보았다.

"저를 돕는다구요? 제가 못하는 걸 억지로 시켜놓고 어떻게 그걸 돕는다고 할 수 있는 건데요?"

나는 잠시 아무 말도 하지 않았고 바야흐로 우리 둘 사이의 전투가 시작되려 한다는 걸 감지할 수 있었다.

"몰리, 못 먹는 거니 아니면 안 먹는 거니?"

몰리가 두 눈을 감고 한숨을 쉬었다.

"한숨은 왜?"

몰리가 어깨를 으쓱했다.

"이런 대화는 질리도록 해봤기 때문에?"

몰리가 고개를 끄덕였다.

"좋아. 그럼 어떻게 하면 이번엔 좀 다르게 대화할 수 있을까?"

몰리가 눈을 번쩍 떴다.

"그야 선생님이 아시겠죠, 선생님이 심리학자시잖아요."

몰리의 부모님은 매일 찾아왔다. 아버지는 시끌시끌하고 매력적이었고 어머니는 세련된 헤어스타일에 말수가 적었다. 부부는 딸이 누운 침대 옆에 앉아 아이의 손을 꼭 잡은 채 자신들의 일상에 대해 이야기해주고는 아이의 일상에 대해서도 물었다. 누가 봐도 딸을 사랑하는 부부였다. 이렇게 화목한 가정에 이렇게 고통 받는 자녀가 있다는 사실이 나를 혼란스럽게 했다. 어느 화창한 금요일 오후, 몰리가 쓰는 쪽 병실 창문을 통해 햇살이 내리쬐던 날, 나는 몰리의 부모님께 인사를 드렸다.

"로버트입니다. 제가 아빠죠."

힘찬 악수와 푸근한 미소.

"안녕하세요. 엘리너라고 합니다."

엷고 희미한 미소.

"우리 엄마예요."

나는 바깥에서 몰리의 침대가 보이지 않도록 커튼을 치고 의자를 앞으로 당겼다.

"자, 이 왈가닥 꼬맹이 아가씨를 언제쯤이면 먹게 해줄 수 있으세요?"

로버트의 목소리와 우람한 덩치가 좁디좁은 공간을 꽉 채웠다. 몰리가 움찔하며 말했다.

"아빠……."

로버트는 딸의 말은 무시한 채 말을 이었다.

"농담이 아니에요. 이렇게 날씬해지고 싶어 하는 게 요즘 대유행이라는 건 저도 압니다. 딸이 둘 더 있는데 걔네들도 똑같았으니까요. 그래도 이 정돈 아니었는데 말이에요."

엘리너가 말을 잘랐다.

"여보, 포피나 틸리는 신경성식욕부진증이 아니었잖아요. 이번엔 다르다구요."

엘리너가 몸을 앞으로 숙이고 딸의 조그만 손을 어루만졌다. 로버트가 웃었다.

"허 참 내, 이거 또 시작이구만. 난 또 이해심 없는 아빠란 거지! 미안하지만 나 역시 '빨리 정신 차려' 세대의 전형적인 구식 아빠인걸 어쩌라고."

몰리가 두 눈을 꼭 감고 엄마 손을 꼭 쥐었다. 로버트는 거기서 멈추지 않았다.

"내 말은 거식증이든 뭐든 딱지를 붙여놓으면 그것만 철석같이 믿고 사람이 무릎을 꿇게 된다는 거지."

"여보!"

엘리너의 목소리가 날카로워졌다. 로버트는 땅이 꺼져라 크게 한숨을 푹 쉬더니 의자에 털썩 기대앉았다.

"미안해, 여보. 내가 또 앞뒤 안 재고 막말을 했네."

상황이 험악해져서 내가 나서보기로 했다.

"몰리, 언니가 둘이나 있었구나. 가족 얘기를 들려주겠니?"

엘리너가 나를 힐끗 보았다.

"환자 기록은 읽으신 거죠?"

엘리너는 당연하게도 심하게 아픈 딸을 보호하려는 모성 본능을 발휘했다.

"읽었습니다만, 어머님, 가족 모두에 대해서 알아야 하는 만큼 직접 들었으면 해서요."

엘리너가 딸인 몰리를 바라보았는데, 몰리는 여전히 두 눈을 감고 있었다.

"내가 대신 얘기할까, 아가? 많이 피곤하니?"

갑자기 로버트가 의자 팔걸이를 쿵 하고 내리쳤다.

"당신도 참. 애가 말하게 좀 내버려둬요. 몰리, 선생님 질문에 그냥 대답해."

여전히 두 눈을 꼭 감은 채 몰리가 말하기 시작했다.

"우리 큰언니는 포피라고 해요. 스물여덟 살이고 재무 담당 이사예요. 그다음에는 루퍼트 오빠가 있는데 법정 변호사고요. 스물여섯 살이에요. 틸리 언니는 스물다섯 살이고 미국에서 국제정치학 박사 과정을 밟는 중이에요."

로버트가 몰리의 손을 힘차게 쓰다듬었다.

"잘했다, 우리 딸."

"여보, 살살 좀 해요, 제발."

"괜찮아, 엄마."

"몰리, 너랑 다른 형제자매 사이에 터울이 꽤 많구나."

몰리가 미처 대답하기 전에 아버지인 로버트가 또다시 말하기 시작했다.

"아, 그런 편이죠. 넌 우리 집에 떨어진 복덩이야, 안 그러니, 우리 막내?"

몰리가 미소를 지으며 아버지를 쳐다보았다.

"네, 아빠."

로버트가 환하게 웃었다. 자기 딸을 귀여워하는 것이 분명해 보였다.

"그럼 그렇고말고, 그리고 우리 집 복덩이는 그 누구보다도 대성할 거야, 그렇지, 아가? 우리 딸내미는 열심히 공부해서 의사가 될 거니까."

몰리가 아버지를 보고 미소를 짓자, 아버지의 목소리가 더욱 우렁차졌다.

"고 뼈에 살만 좀 붙으면 문제없지!"

로버트가 병실이 떠나가도록 크게 웃었다. 엘리너는 내내 돌처럼 차가운 표정을 짓고 있었다. 몰리는 두 눈을 감았다. 우리가 함께 있는 커튼 안 작은 공간의 분위기가 점점 험악해지고 있었다.

"아버님, 몰리의 체중이 걱정되시는 건 저도 이해합니다만 그 점은 잠깐 접어두고 몰리가 먹는 걸 왜 이렇게 무서워하는지 그 이유에 대해서 생각해볼 필요가 있지 않나 싶어요."

이제 로버트의 우렁찬 목소리에는 짜증이 서려 있었다.

"이봐요. 일을 더 복잡하게 만들지 맙시다. 선생 의견은 존중하지만 우린 이런 얘길 지난……."

로버트가 부인을 쳐다보며 물었다.

"몇 년이었지, 여보?"

엘리너의 어조는 퉁명스러웠다.

"3년이요."

"맞아요, 3년 동안 말입니다. 우린 빌어먹을 심리 치료사를 여기저기서 많이도 만났단 말입니다. 가족 치료도 받고, 몰리는 상담 치료, 외래 치료 등등 안 받아본 게 없고……."

그의 목소리가 차츰 잦아들더니 얼굴이 시뻘게졌다.

"잘 알겠습니다만……."

"아니. 대단히 미안한 말이지만, 선생은 몰라요. 우리 딸한테는 정신 차리고 다시 먹으라고 알아듣게 말해줄 사람이 필요하다 그거요. 그 뭐라더라? 재급식이라던가. 맞아, 그거였지. 재급식을 해줘서 애가 스스로 먹을 수 있게 도와주면 제 앞가림은 알아서 할 수 있게 될 거란 말이지. 진단 같은 것도 다 필요 없고, 그냥 옛날 방식대로 '신발 끈 동여매고 정신 차리는' 치료면 된다 이겁니다."

나는 엘리너 쪽을 보며 물었다.

"남편분 말씀에 동의하시나요?"

눈에 띄게 아름다운 여성인 엘리너는 딸의 손을 어루만지면서 내내 침착함을 잃지 않았다.

"엄만 제가 건강해지기만 바랄 뿐이에요, 그렇지 엄마?"

엘리너가 딸을 보며 미소를 지었다.

"그렇고말고, 우리 아가. 아빠도 마찬가지란다."

크리스가 치아바타 샌드위치를 꾸역꾸역 쑤셔 넣고 있었다. 어마어마하게 큰 샌드위치였다. 내용물 일부가 흘러넘쳐 블라우스에 얼룩이 묻었다.

"이런 젠장, 꼬락서니하고는! 나야말로 먹는 데 문제 있는 사람이네!"

나는 웃으며 커피를 홀짝였다. 마침내 이 여자가 주제 파악을 다 하네.

"자, 이번 현장에서는 목표가 뭡니까?"

목표라고? 젠장, 또 시작이군.

"음……생각해봤는데요, 다른 현장에서 배운 것들을 복습하고 이번 현장에서 조금 더 쌓아야 할 경험이 뭔지 알아내면 좋을 것 같습니다."

크리스가 우적우적 씹으며 고개를 끄덕거렸다.

"아주 좋아요. 논문은 어떻게 되어가고 있어요?"

빌어먹을 논문. 임상 실습, 사례연구 보고, 강의, 에세이, 학기말 시험으로는 부족한 건지 실습 마지막 해 자격을 얻기 위해서는 3만 단어 길이의 논문도 준비하란다.

"빌어먹을 논문."

크리스가 웃었다. 컨디션이 더없이 좋아 보였다.

"그래도 완성해야죠. 지금쯤이면 주제 정도는 결정했겠죠?"

아직 못 정했다. 나는 의자에서 몸을 비비 꼬았다.

"외래 진료실에서의 각성제 중독자 치료 연구로 정할까 생각하고 있어요. 제가 일반의 진료실에서 실습할 때 환자들을 몇몇 봤거든요. 결국 약물중독 병동에 의뢰하긴 했는데 대개 젊은이들이더라고요."

크리스가 눈썹을 추켜세웠다.

"어째서 그런 데 관심을 두는 거죠? 직접 경험이 별로 없는 분야를 고를 때는 신중하도록 하죠. 이번 현장 이후에 들러야 할 현장이 한 군데밖에 안 남았는데다 다음 현장이 어딘지 아직 확정된 것도 아닌데 말이죠. 마지막 현장이 약물중독 병동이 아닐 수도 있어요."

"약물 남용은 사회문제와 밀접한 관련이 있잖습니까. 저는 외래 환자들한테 더 많은 도움을 주고 싶어요. 그 사람들이 다시 약물중독에 빠지는 걸 막을 방법을 연구하고 싶어요. 게다가 요즘은 레이브 문화일렉트로닉 댄스 음악에 맞춰 열광적인 파티를 벌이는데 엑스터시, LSD(환각제의

소녀는 왜 다섯 살 난 동생을 죽였을까?

일종) 같은 약물을 흔하게 사용한다가 유행이잖아요. 시대정신인 것처럼 느껴질 정도로요. 제가 어디서 읽었는데 이런 온갖 각성제가 젊은이의 뇌에 미치는 장기적인 영향에 대해서는 아직 아는 바도 없고 약으로 해결할 수도 없대요."

나는 어깨를 으쓱하며 덧붙였다.

"정신과 의사와 처방전보다는 심리학자가 해결해야 할 영역인 것 같아요."

크리스가 웃었다.

"심리학자의 구조 판타지인가요?"

나는 이번에도 어깨를 으쓱했다.

"모르겠어요. 아뇨, 사실은 심리학자가 실질적인 변화를 이룩할 주체가 될 수 있을지도 모르는 분야를 찾고 싶어서요."

"벌써 잊었어요? 우리라고⋯⋯."

나는 크리스의 말을 가로막았다.

"알아요, 안다구요. 우리라고 세상 사람 다 구할 수는 없다는 거요. 당사자가 도움을 원하지 않는 한은요."

크리스가 미소를 지었다.

"맞았어요."

"사실은요, 교수님. 전 도움을 받고 싶어 하는 사람은 정말 많은데 중간에 장애물도 너무 많고 어떻게 도움을 요청해야 하는지 몰라서 못 받고 있는 것 같아요. 보살핌을 받는다는 것 자체가 생소한 사람들도 있구요."

크리스가 혼자, 커피 쪽을 보고 웃으며 말했다.

"그것도 그 사람들 선택이에요."

"아니요. 전 동의하지 않아요. 제가 만나본 약물중독자들 중에서 가장 구제불능이었던 사람들 대다수가 빈곤과 폭력이 난무하는 환경에서 태어났어요. 그 사람들이 약물 남용을 배우고 싶어서 배운 게 아니잖아요. 그 사람들한테 약물 남용은 자라는 동안은 물론이고 평생 짊어지고 가야 할 아주 지랄 맞은 건데, 그건 우리가 도와줄 수 없는 부분이죠."

나는 한숨을 돌렸다. 의도했던 것보다 말이 살짝 세게 나오고 말았다. 크리스가 한숨을 푹 쉬며 나를 올려다보았다.

"조심해요. 선생이 다루는 사람들 중 누구라도 피해자로 보기 시작하면 그 사람들은 정말 피해자가 되고 마니까."

"정말 피해자일 때도 있어요!"

내 목소리가 너무 날카롭게 나오는 바람에 작은 카페에 있던 주변 사람들이 주위를 두리번거리기까지 했다. 약간 민망해진 나는 빈 커피 잔을 들고 마지막 한 모금까지 커피를 쪽쪽 빨아먹는 데 필요 이상으로 집중했다.

"자, 이번 현장과 목표에 관해 얘기해봅시다."

크리스가 잠시 말을 멈추더니 커피를 후루룩후루룩 들이켰다.

"그 어린 소녀 말이에요. 그 소녀 이야기를 해봐요."

"'기운 차리라'는 말만 하는 허풍쟁이 아버지와 내성적인 어머니가 있어요."

소녀는 왜 다섯 살 난 동생을 죽였을까?

"내성적이라뇨?"

"감정을 자제해요. 딸을 과보호하고요. 남편에 대하여 수동공격
성겉으로 드러나지 않는 고의적 지연과 같은 소극적인 방식으로 적대감과 공격심을 표출하는
것을 품고 있는 것 같아요."

크리스가 더블 에스프레소를 다 비웠다.

"딸은요? 밀리라고 그랬나?"

"몰리요."

"아, 미안해요. 몰리군요."

"똑똑하고, 경직되어 있고 지배적이에요. 재능은 많은데 자기 파
괴적이고요. 한 줄기 연기가 되고 싶대요."

"연기?"

"네, 있는 듯 없는 듯한 존재. 형체 없는 연기 말이에요."

크리스가 고개를 끄덕거렸다.

"사실은요, 교수님, 전 이 꼬마 아가씨가 두려워요. 이 아이는 자
기 파괴적 행동에 굉장히 깊이 빠져 있거든요. 엄청나게 똑똑하기도
하고요. 하지만 자기 몸에 대해서, 자기 체중이 표준에 얼마나 한참
못 미치는지에 대해서는 망상에 가까운 착각에 빠져 있어요. 제 평
생 이렇게 자기를 억누르는 사람은 처음 봤다니까요."

크리스가 냅킨으로 입술을 훔치며 말했다.

"뭐가 두렵다는 거죠?"

그 점에 대해서는 생각을 해봐야 했다. 나는 뭐가 그렇게 두려운
걸까?

"이 아이의 자기 통제 욕구와 능력이 이 아이를 낫게 도와줄 수 있는 내 능력보다 더 클까 봐서요."

"흠, 이렇게 막강한 젊은 아가씨를 보니 선생이 두 번째 현장인 청소년 병동에서 만난 그 꼬마 소녀가 생각나는군요. 이름이 뭐였더라?"

아 네, 자기 여동생이 자기를 성적으로 학대했던 바로 그 소름 끼치는 놈한테 똑같은 일을 당하는 걸 막아주려고 동생을 익사시켰던 자살 성향의 아이가 있었던 그 현장, 교수님이 '개인적인 이유'로 코빼기도 보이지 않았던 바로 그 현장 말씀이시군요.

"이모젠이요."

"몰리도 이모젠처럼 막강하잖아요. 몰리의 행동도 분명 어떤 목적이 있을 거예요. 체계적 가족 치료는 어때요?"

젠장.

"모르겠어요. 강의 세 번하고 워크숍 한 번이 다인걸요?"

"음, 아직은 역부족이겠네요. 자, 이번 현장에서 타냐 선생이 달성해야 할 목표를 말해줄 테니까 잘 들어봐요. 우선 다음 주말까지 문헌연구 보고서 초안하고 실증논문 초반부를 제출하세요."

그러면 1만 2000단어쯤 되는 분량인 셈인데 나는 여태껏 겨우 3분의 1 정도밖에 쓰질 못했다. 게다가 이번 주말에는 로지의 생일이 있었다. 도저히 짬이 없었다.

"알겠습니다."

크리스가 고개를 끄덕거렸다.

"좋아요. 그다음으로는 데이터 처리에 이용하려는 통계자료 분석이에요, 후딱 해치워버립시다."

으악, 핵폭탄이 떨어졌다.

"교수님, 저어, 통계 말인데요, 제가……."

크리스가 미소를 지으며 말했다.

"통계는 내가 좀 알아요. 나한테 보내면 해결해줄게요."

정말?

"정말로요?"

"그렇다니까요. 선생은 임상 심리학자지 통계학자가 아니죠. 통계가 장애물이라면 내가 그 장애물을 넘게 해주겠어요. 통계는 내가 좀 하거든요."

"저어……정말 그러시다면야 저야 만세라도 부르겠지만 심사위원단한테 제 통계를 설명해야 하잖아요."

"내가 코치해줄 수 있어요. 그냥 입 다물고 나만 믿어요. 대신 체계적 가족 치료와 구조적 가족 치료에 관한 논문이나 읽어요. 그래야 이 가족을 거뜬히 해치우고 이번 현장도 성공적으로 마무리할 수 있을 테니까."

모든 게 너무 버겁게만 느껴졌다. 마지막 해인 지금이 지난 2년간 실습하면서 맞이했던 그 어떤 순간보다도 벅차게 다가왔다. 내가 읽을거리 목록을 받아 적는 동안 크리스가 나를 빤히 쳐다보는 바람에 갑자기 식은땀이 삐질삐질 났다.

고된 병동 업무가 계속되었다. 몰리와 나는, 몰리가 지적한 대로,

'치료적 관계'를 구축하기 위해 정기적으로 만나 대화를 나눴다. 몰리는 언제나 치료 과정, 우리가 나누는 대화 내용의 심리 작용을 지적하고 내 질문의 의도를 해석하면서 나와 동등한 위치에 있고 싶어 하는 것 같았다. 이건 보나 마나 눈치 빠르고 똑똑한 몰리가 치료 베테랑이 되었기 때문이겠지만 이 또한 매우 강한 통제욕으로 느껴졌다.

어떤 날에는 강제 급식의 윤리에 대해서 논쟁을 벌이고 싶어 하더니 또 어떤 날에는 음식을 대하는 나의 태도에 대해서 끊임없는 호기심을 보이기도 했다. 내가 음식을 제한한 적이 있었던가?

"제가 선생님을 믿어야 하는 이유가 뭐죠, 선생님은 선생님에 대해서 아무것도 알려주지 않으려고 하시는데?"

몰리가 귀여운 말투로 물었다.

"나에 대해서 아는 게 너한테 무슨 도움이 된다는 건데?"

내가 물었다.

"도움이 안 될 건 또 뭐예요?"

몰리가 미소를 지으며 대꾸했다.

몰리와의 대화는 흥미진진했지만 그럼에도 이 어린 소녀에게 말은 그만하고 내가 던지는 도전 과제를 잘 듣고 받아들여야지 그 도전 과제를 나한테 되던지지는 말라는 말이 하고 싶어 종종 내가 먼저 대화를 그만두곤 했다. 왜였을까? 나는 몰리에게 어른은 나니까 더 이상 토 달지 말라는 말이 너무나 하고 싶었다. 그랬다, 몰리의 부모님이나 선생님들, 병동 직원들과 마찬가지로 나 역시 이 막강한

소녀는 왜 다섯 살 난 동생을 죽였을까?

어린 소녀를 힘겨워하고 있었던 것이다.

그다음 주 점심시간에는 이곳 여자애들에게 스파게티가 나왔는데, 울고불고 가쁘게 숨을 몰아쉬고 있는 이 젊은 여자들이 모인 공간에 들어선 순간 파스타가 이 정도로 위협적인 음식이었는지 난생처음 알게 되었다. 간호사들은 쥐똥만큼도 동정심을 보이지 않았고 담당 정신과 의사는 숙취를 없애려 병동 직원용 휴게실에서 잠을 자고 있었다.

접시 긁는 소리와 음식 숨바꼭질이 이어지던 또 다른 날 점심시간에는 차갑게 식어 엉겨 붙은 스파게티 면을 꼰 다음 그걸로 내 목이나 매야겠다는 생각마저 들었다.

그때였다, 행동이 개시된 것은! 직업적 요인^{모델이나 발레리나처럼 체중에 민감할 수밖에 없어 타 직종에 비해 섭식장애를 앓을 확률이 더 높은 것을 말함}으로 폭식증에 걸린 빅토리아가 저녁 식사 후 써먹는 자기유도 구토 수법을 구사하고 있었다. 그녀는 프로라서 목구멍으로 손가락을 집어넣지도, 음식을 숨기고 비우기 위해 화장실이나 청소도구함에 잠입하지도 않았다. 그저 자기한테 주어진 파스타 접시를 깨끗이 비운 다음 얼굴 두껍게도 우리 앞에 서서 횡경막 근육 및 심부안정화 근육^{우리 몸의 가장 안쪽에 위치하는 근육으로 등과 복부, 골반을 둘러싼 근육 복합체를 말함} 춤을 출 뿐이었다.

"쟤 또 시작했어!"

린다가 외치자 다른 간호사들까지 합세하여 씩씩거리는 빅토리아를 붙잡으려고 난리가 났다. 스파게티 토사물이 빅토리아로부터 요란한 소리를 내며 뿜어져 나와 용케 열려 있던 코딱지만 한 창문 틈을 통과하여 밑에 있던 나무로 떨어졌다.

어렸을 때 엄마가 한 말은 다 거짓이었다. 스파게티는 정말 나무에서 열리는 거였다.

나는 몰리 곁에 있어줘야 했다. 코에서 식도까지 튜브를 꽂고 침대에 꼿꼿이 앉아 있는 몰리는 이곳에서 유일하게 제정신인 사람이었다. 나는 몰리의 침대 커튼을 빙 둘러치고서 앉았다. 몰리가 웃으며 물었다.

"도대체 무슨 일이에요?"

"식후 사고랄까."

몰리가 손을 뻗어 스케치북을 열었다.

"이것 좀 보세요."

몰리가 보라고 한 것은 흠잡을 데 없는 솜씨로 그린 내 모습이었다.

"세상에, 몰리! 이걸 왜 그린 거니?"

몰리는 가녀린 어깨를 으쓱해 보였다.

"몰라요."

나는 잠시 아무 말도 할 수 없었다. 이 똑똑한 아이가 지금 나를 조종하려는 걸까, 아니면 내가 환자 속도 모르는 멍텅구리가 되어가고 있는 걸까?

"모른다고? 하지만 넌 정말 똑똑한 아이잖니. 분명 알고 있을 것 같은데."

몰리는 두 눈을 감은 후 숨을 깊이 들이마셨다.

"글쎄요, 그럴까요? 선생님이 알아맞혀보세요."

끝내주게 똑똑하지만 딱딱거리는 솜씨 또한 못지않은 이 맹랑한 소녀에게 쩔쩔매던 나는 경비위관을 제거하러 의사와 간호사가 오자 다행이다 싶었다.

"안녕."

의사가 인사를 건넸다. 몰리가 고개를 끄덕이자 간호사가 미소를 지었다.

"자, 드디어 기다리던 날이 왔네. 꾸준한 체중 증가, 정말 잘했어. 이제 제대로 된 음식을 먹을 때가 됐네."

의례적이고 사무적인 말뿐이었다.

"전 나가 있을까요?"

내가 의사에게 물었다.

몰리가 내 손을 꼭 쥐며 애원했다.

"아뇨, 나가지 말아주세요."

오 마이 갓, 사실 나는 남아 있고 싶지 않았다.

"그래, 안 나갈게. 괜찮은 거죠?"

의사는 고개를 끄덕이면서 몰리의 차트만 보았다. 몰리의 얼굴이 백지장처럼 하얘졌고 나는 슬슬 메스꺼워지기 시작했다.

"좋아, 몰리. 이제 네가 끼고 있는 관을 아주 부드럽게 뺄 거야. 아프진 않겠지만 잡아당기는 느낌이 날 거고 기침이나 헛구역질이 날 수도 있어. 알아들었지?"

고개를 절레절레 내젓는 몰리는 눈물을 글썽거렸다.

"좋았어! 시작합시다."

의사가 손을 씻고 장갑을 끼는 동안 간호사는 몰리의 가슴 위에 수건을 한 장 깔아놓았다.

"괜찮니?"

내가 아주 작은 목소리로 물었다.

몰리가 이글거리는 눈으로 나를 보며 고개를 절레절레 저었다.

"자자, 힘내고, 후딱 끝날 거다."

나는 환자를 지나치게 활기차게 대하는 내 동료의 태도가 마음에 들지 않았다.

경비위관 때문에 몰리의 환자복에 꽂아두었던 옷핀이 제거되고 관을 코에 고정시키려고 붙였던 테이프도 제거되었다. 몰리가 움찔했다.

"아 참 나, 이건 안 아프잖아!"

자기가 뭘 안다고? 내 마음을 읽기라도 한 듯 의사가 말을 이었다.

"의대 시절에 나도 해봐서 안 아프다는 거 알거든요."

그렇게 말한다면야 그런 거겠지. 당신이 안 아팠으니, 다른 미천한 인간들도 안 아프겠지. 허약하고 겁에 질린 열일곱 살짜리 소녀는 더더욱 안 아플 거야. 흥! 거만한 놈 같으니라고.

간호사가 흡입기를 끄고 경비위관을 분리하는 동안 의사가 몰리의 코를 꼭 집고 있었다.

"자, 숨 깊이 들이쉬고 이제 내 뱉고……. 들이쉬고 내뱉고……."

소녀는 왜 다섯 살 난 동생을 죽였을까?

의사가 관을 잡아당기자 뱀처럼 구불구불한 관이 나왔고 그와 동시에 몰리가 격렬한 기침과 헛구역질을 하기 시작했다. 옆에 있던 나도 먹은 게 넘어와 다시 삼켜야 했다.

의사와 간호사는 코와 얼굴을 쓱 문질러 닦아준 후 가래를 뱉기 위한 용기를 주고는 마지막으로 한 마디를 던진 후 자리를 떴다.

"물을 조금씩 마시는지 지켜봐주시겠어요?"

"마지막 지시 사항은 나한테 한 말 같구나, 몰리."

몰리가 고개를 끄덕이며 말했다.

"저 아저씨는 멍청이예요."

얼마 안 가 몰리가 베개에 기대 눕자 숨소리도 차분해졌다.

"곁에 있어주셔서 감사해요."

나는 미소를 지어 보였다.

"역겨웠죠, 그쵸?"

나는 고개를 끄덕였다.

"꽤 무시무시하던데."

그때 발자국 소리가 점점 가까워지더니 침상 주위를 둘러싸고 있던 커튼이 홱 열리면서 뒤에 엘리너를 대동한 로버트가 모습을 나타냈다.

"이야, 이거 봐라, 우리 딸. 관을 뺐잖아!"

로버트가 돌진하다시피 들어와 자기 딸을 와락 끌어안았다.

"조심해요, 여보!"

엘리너는 얼굴에 아무런 감정도 드러내지 않고 있었다.

"살살 좀 안을 수 없어요?"

몰리가 웃었다.

"괜찮아, 엄마. 그런다고 내가 부서지진 않을 테니까."

"역시 내 딸이야!"

로버트가 다시 한 번 몰리를 부서져라 안자 몰리가 발작적으로 기침을 하기 시작했다.

"그만해요, 여보."

엘리너가 남편을 딸에게서 떼어놓고 한쪽으로 밀치자 남편인 로버트가 부인의 손을 움켜쥐고는, 아니 정확히 말해 쥐어짜듯 꼭 잡고는 낮은 목소리로 이렇게 말했다.

"당신, 이제 그만 애를 놓아줘."

이 얼마나 의미심장한 발언인가.

"그래, 우리 애는 좀 어떤가요?"

로버트가 딸 옆에 놓인 의자에 묵직하게 앉은 후 물었다.

나한테 던진 질문이었다. 나는 몰리를 보았다.

"좀 어떠니, 몰리?"

엘리너가 쓴웃음을 띠었다.

"전 괜찮아요, 아빠."

아까와는 다른 간호사가 걸쭉한 베이지색 액체가 가득 담긴 커다란 유아용 컵 비슷한 용기를 들고 나타났다. 지체 없이 이유식 과정에 돌입해야 했다.

"우리 딸, 원샷!"

몰리가 미소 띤 얼굴로 이유식이 담긴 컵을 바라보았다.

"자자, 몰리, 위하여!"

"아빠, 이따가 먹을게요."

우람한 덩치의 로버트가 상체를 한껏 내밀었다.

"몰리, 지금 당장 마셔야지."

엘리너가 벌떡 일어섰다.

"여보, 잠깐 나 좀 봐요."

로버트가 한숨을 내쉬며 의자에 다시 기대앉더니 눈을 감았다.

"아니지, 지금은 '잠깐 나 좀 봐요'라는 말을 할 때가 아냐, 여보. 우리 딸한테 이유식이나 먹입시다."

엘리너가 여전히 선 채 말했다.

"여보, 그러니까 내 말은……."

로버트가 솥뚜껑 같은 손으로 의자 팔걸이를 쿵 하고 내려쳤다.

"앉구려, 여보."

엘리너는 그래도 앉지 않았다.

"여보, 부탁이야. 앉아."

엘리너가 앉았다. 로버트가 딸에게 말을 걸려고 다시 몸을 앞으로 내밀더니 이유식이 담긴 컵을 자기 손으로 가져갔다.

"어디 내가 좀 먹어볼까."

로버트가 한 모금 들이켰다.

"맛있는데. 질 좋은 1972년산인 것 같구나."

몰리가 긴장한 표정으로 캑캑댔다.

"자, 우리 아가. 쭉 들이켜렴."

지금 이 광경을 지켜보는 것이 경비위관이 빠져나오는 과정을 보는 것보다 더 힘들었다. 고로 개입하고 싶은 마음은 굴뚝같았지만 그래선 안 될 것 같았다. 왠지 관음증 환자가 된 것 같은 기분이었지만 이 상황이 어떻게 전개될지 지켜볼 필요는 있었다.

로버트가 앉은 자리에서 몸을 앞으로 쭉 내밀고 유동식을 먹이려고 딸을 구슬리는 동안 엘리너는 내내 무표정이었다. 몰리가 유동식을 들이켰다. 차마 눈뜨고 보기 힘든 광경이었다.

"옳지, 아가, 쭉쭉, 더, 더."

입을 쓱 문질러 닦던 몰리가 살짝 구역질을 했다.

"먹고 있어요, 아빠. 익숙하지 않아서 그런 것뿐이에요."

"저기, 빨리 마실수록 더 잘 넘어간단다."

나는 더 이상 입 다물고 가만히 있을 수가 없었다.

"아버님, 몰리를 격려해주시는 건 좋습니다만……."

"빠지란 거요?"

로버트는 매우 적대적인 태도를 보였다.

"음, 제가 드리려는 말씀은 그게 아니고요. 몰리가 시간을 갖고 천천히 불안감 없이 마실 수 있게 해주면 좋을 것 같아서요. 아시다시피 그래야 자가 급식을 편안하게 느낄 테니까요."

"좋습니다."

이 거구의 남자는 일어서더니 허리를 숙여 자기 딸에게 입을 맞췄다.

"우리 딸, 아빠 이만 가봐야겠다. 일 때문에. 오늘 아주 잘했다. 계속 힘내기다!"

로버트는 나한테 고개를 한 번 까딱해 보이더니 나가는 길에 부인의 어깨를 쓰다듬고는 커튼이 쳐진 공간을 떠났다. 숨 막힐 듯 살벌한 분위기였다.

몰리가 피곤해서 휴식을 취해야 했기 때문에 나는 엘리너와 함께 병동에 있는 작은 상담실로 갔다. 엘리너는 뻣뻣한 자세로 앉아 물 한 잔을 받아 들었다. 내가 과감하게 나서야 할 때였다.

"어머님, 전 어머님이 걱정입니다. 잘 지내고 계신가요?"

보일 듯 말 듯 희미한 미소. 내가 너무 성급하게, 너무 갑작스럽게 들이밀었다는 생각이 들었다. 아름답고 침착한 이 여자는 신경질적으로 자기 목만 쓰다듬고 있었다.

"몰리는 잘하고 있는 건가요?"

엘리너가 물었다.

"몰리는 점점 나아지고 있습니다. 체중도 조금 늘었고요. 독립적인 식사가 이상적인 다음 단계가 되겠죠. 근데 어머님은 어떠신가요?"

엘리너가 미소 띤 얼굴로 진주알을 만지작거렸다.

"몰리만 잘해낸다면 전 괜찮아요."

기나긴 침묵. 엘리너가 나를 골똘히 쳐다보았다.

가만히 앉아 기다릴 수만은 없었다.

"몰리는 잘하고 있어요. 전 어머님이 어떻게 지내시는지 듣고 싶어요."

내내 진주알 위에서 움직이던 엘리너의 손이 어느새 무릎 위에 가지런히 놓여 있었다.

"전 잘 지내요. 그런 걸 왜 물으시죠?"

"제가 보기에는 어머님께서……."

말문이 막혔다. 엘리너의 손가락이 또다시 움직이기 시작했다.

"전 어머님께서 마음고생을 하고 계실까 봐 걱정이 되는데 만약 그러시다면 어머님을 지지해드리고 싶습니다."

그 순간 손놀림이 멈췄다. 또다시 이어진 침묵. 나는 다른 접근법을 시도해보았다.

"어머님한테는 아주 멋진 딸이 있습니다. 몰리가 어찌나 똑똑하고 예쁜지 함께 있다 보면 시간 가는 줄 모를 정도예요."

갑자기 양손이 무릎 위에 놓였다. 꼿꼿하게 세운 몸. 완전한 집중.

"우리 아이 어디가 그렇게 좋으신가요?"

"그 아이 머리가요. 세상에 어찌나 도전적이던지요!"

"맞아요."

엘리너가 활짝 웃으며 말을 이었다.

"그 애는 어리석은 사람을 못 견딘답니다![고린도후서 11:19에서 사도 바울이 고린도 교회의 그리스도교인들을 질책하면서 '너희는 지혜로운 자로서 어리석은 자들을 기쁘게 용납하는구나'라고 말한 데서 나온 표현] 네 아이들 중에서 가장 도전적이에요, 어렸을 때부터 그랬고 지금도 그래요."

마지막 발언은 수동공격적인 느낌이 났다. 그 어리석은 자가 나라는 건 누구 생각일까, 몰리 아니면 엘리너?

"어릴 때는 어땠는데요?"

"몰리는 34주차에 태어났어요. 하루빨리 세상에 나오고 싶어 했죠. 세상에 맞설 준비가 돼 있었던 거예요."

엘리너가 물을 한 모금 들이켰는데 잔을 쥐고 있는 손이 부들부들 떨리는 게 보였다. 잠시 후 이야기는 계속되었다.

"몸집은 작았지만 제일 튼튼했어요. 세상에, 울음소리가 얼마나 우렁찼다구요!"

우리는 서로 미소를 주고받았다.

"아시다시피, 그 애는 가지려고 해서 가진 애는 아니었지만 배 속에 있을 때부터 아주 특별한 아이라는 걸 난 알았어요. 그 애는 작은 선물 같은 존재였죠. 자그마한 선물 말이에요."

"2주 동안 소아과 집중 치료실에 있지 않았나요?"

엘리너가 고개를 떨군 채 말했다.

"그랬죠. 젖을 먹일 수가 없었거든요. 몸집도 너무 작았고 모유도 나오질 않아서. 젖을 물렸지만 모유가 부족해서 체중이 줄어들더군요."

"정말 힘드셨겠네요."

엘리너가 나를 빤히 바라보았다.

"아이가 있나요?"

"아뇨, 어머님, 없습니다."

엘리너가 고개를 끄덕이며 미소를 지었다.

"그래요, 정말 힘들었어요."

엘리너가 고개를 돌리더니 말을 이었다.

"나머지 세 아이들은 잘 먹었기 때문에 너무나 힘들었어요."

몰랐던 내막이 드러났다. 나는 머릿속에 새겨두었다. 초기 모유 수유 불안정. 식이장애에 걸린 딸.

"죄책감이 드셨나요?"

또다시 이어진 기나긴 침묵.

"죄책감이 들었죠. 내가 엄청 늙은 것 같다는 느낌도 들었구요."

"네? 이렇게 아름다운 따님을 낳으셨잖아요. 어머님 몸은 여전히……."

엘리너가 한 손을 들어 올렸다.

"나는 아이를 원했지만 남편은 원하지 않았어요. 둘 다 너무 나이가 많다면서. 나머지 세 자식이 잘 크고 있으니 당연히 자식을 더 가질 필요가 없다고 생각한 거죠. 하지만 난 그 애를 낳고 싶었어요."

엘리너의 손이 또다시 진주알을 만지작거리기 시작했다.

"그이는 너무 바빠서 그런 생각할 틈도 없었지만 난 애를 더 갖고 싶었어요. 그래서 내가 일부러 임신한 거였어요."

이건 어마어마한 사건이었다.

"어떻게요?"

엘리너가 나를 보더니 희미하게 코웃음을 쳤다.

내 얼굴은 새빨갛게 달아올랐다.

"제 말은 그 어떻게가 아니라……."

엘리너가 앉은 자세를 바로잡았다.

"하지만 '어떻게'가 궁금하신 건 맞잖아요. 어떻게 된 거냐 하면 그이는 내가 애를 가질 수 없게 됐다고 생각했는데 내가 그렇다고 거짓말해버렸던 거예요. 임신이 안 된다고 말해놓고는 덜컥 임신을 해버린 거죠."

"하지만 어머님은 임신이 가능하다는 사실을 알고 계셨고요?"

엘리너가 물을 쭉 들이켰다.

"물론 저는 알고 있었죠. 세상에 어떤 여자가 그런 걸 모르겠어요? 당연히 전 임신이 가능했어요."

엘리너가 바뀐 어조로 말을 이었다.

"세상에, 그이가 아는 게 있기나 했을까요? 알고 자시고 할 만큼 내 곁에 있기나 했을까요? 꽤 오랫동안 그이한테는 폐경기라고 했어요. 그래야 내가 부부 관계에 관심 없는 게 말이 되니까."

얼굴이 빨개졌지만 엘리너는 이야기를 이어나갔다.

"그러다 다른 아이가 필요하다는 생각이 들었고 그래서 일을 꾸몄죠."

나는 불편한 심정이 되어 의자에서 자세를 고쳐 앉았다. 내가 불편한 건 누구 때문인 거지?

"다른 아이요?"

"우리 몰리요. 나만을 위한 다른 아이 말이에요."

그때 느닷없이 문 두드리는 소리가 들려 화들짝 놀랐다. 병동 회진을 알리려는 노크였다. 나는 그 사람들을 서둘러 몰아냈다. 젠장,

이미 분위기는 깨지고 말았다.

"몰리의 경과는 어떤가요?"

젠장.

"어머님, 이야기 계속해주세요. 하시던 말씀 정말 재미있게 듣고
있었습니다."

"몰리의 경과가 어떠냐고요?"

"어째서 몰리가 어머님께 다른 아이라는 거죠?"

진주 목걸이를 잡은 엘리너의 손에 힘이 잔뜩 들어갔다. 손가락
관절이 새하얗게 변했다. 곧이어 들린 단호한 목소리.

"몰리의 경과가 어떠냐고요?"

나는 난처했고 두렵기도 했다.

"통찰력 발달과 자가 급식 능력에 근거할 때 몰리의 경과는 좋습
니다."

엘리너가 일어섰다.

"여러모로 감사했습니다."

그러고는 가버렸다.

젠장. 젠장. 젠장.

몇 주 뒤 일터에 도착했는데 처음으로 그곳의 하루 일과가 기다
려지면서 설레는 감정이 들었다. 내가 도착했을 때, 병동은 음악으
로 활기가 넘쳤고 모두들 춤을 추고 있었다. 마치 요란한 파티장에
들어선 것 같은 기분이었다. 웃으니까 여기 있던 젊은 여자들도 활
기차 보였고 푹 꺼진 핑크빛 볼도 운동으로 환하게 빛나 보였다. 심

지어 간호사들조차 웃고 있었다.

몰리는 의자에 앉은 채 음악에 맞춰 발을 까딱거리고 있었다.

"안녕! 이게 다 무슨 일이니?"

고개를 들어 나를 향해 미소를 지은 아이의 얼굴은 보름달처럼 동그랗고 아름다워 보였다.

"몰라요! 다들 행복한 기분으로 잠에서 깼나 봐요."

나는 가방과 외투를 몰리의 침상 옆에 아무렇게나 내려놓고 의자에 앉았다.

"너도 행복한 기분이니?"

"네. 오늘은 잠에서 깼을 때 울고 있지 않았거든요. 그건 좋은 일이잖아요, 안 그래요?"

"내가 듣기에도 좋은 일 같구나, 몰리."

몰리가 눈을 내리깔았다.

"뭐 하나만 물어봐도 돼요?"

"물론이지, 물어보렴."

"궁금한 게 있어요. 선생님은 왜 이 일을 선택하신 거예요?"

젠장, 이번에도 나를 드러낼 수밖에 없는 질문이었다. 이 아이한테 우리 할머니 얘기를 해야 할까?

"뭐, 아무래도 오지랖이 넓어서 그랬나 봐."

몰리가 깔깔대며 웃었다.

"아뇨, 진짜 이유요. 허구한 날 남들이 털어놓는 고민만 듣다 보면 선생님까지 우울해지지 않으세요?"

나는 잠깐 동안 골똘히 생각해보았다.

"아니, 우울증처럼 우울해지는 건 아니야. 하지만 사람들이 뭣 때문에 인생이 불행한지, 혼란스러운지 말할 때는 가끔씩 정말 슬퍼져."

"그래서 운 적도 있어요?"

몰리가 나를 빤히 쳐다보았다.

"아니, 운 적은 한 번도 없지만 눈에 눈물이 고인 적은 있단다."

"그야 선생님도 인간이니까요."

"나도 그렇게 생각해. 게다가 나는 임상 경험이 그렇게 많지 않으니까."

"그야 그렇겠죠. 하지만 정말 너무너무 속상한 얘기를 들었는데 그 사람을 어떻게 도와줘야 할지 모를까 봐 걱정된 적은 없으세요?"

"글쎄, 우리 직종에 종사하는 사람들은 동료들로부터 어마어마한 지원을 받고 있고 나한테는 환자에 대해서 의논도 하고 환자를 끝까지 잘 돌볼 수 있게 도와주는 지도 교수님도 계신단다."

몰리가 고개를 숙인 채 물었다.

"그분한테 제 얘기도 하셨어요?"

"내가 만약 얘기했다고 하면 네 기분이 별로일까?"

"아뇨. 그분은 저를 어떻게 생각하신대요?"

"몰리, 일이 그렇게 돌아가지는 않는단다. 너도 알다시피 지도 교수님이 하는 일의 핵심은 나한테 뭘 어떻게 하라고 알려주는 게 아니라 내 생각과 느낌을 자연스럽게 유도해주는 거고, 내 치료 계획이

소녀는 왜 다섯 살 난 동생을 죽였을까?

이론에 기반하고 있고 빈틈이 없지는 않은지 확인해주는 거야."

"이름이 뭐예요, 선생님의 지도 교수라는 분 말이에요."

"크리스 무어헤드 박사님이셔."

"그분은 어떤 분이세요? 그분이 마음에 드세요?"

윽, 나도 모르겠다. 나는 잠시 할 말을 잃었다.

내가 미처 대답하기도 전에 몰리가 잽싸게 말을 이었다.

"죄송해요, 지금은 제가 오지랖 넓게 굴고 있네요!"

우리는 둘 다 웃었다.

"괜찮아. 네가 나 같은 사람들이나 우리가 하는 일에 대해서 정말 궁금한 게 많다는 거 나도 알고 있으니까."

"맞아요."

몰리가 웃으며 고개를 끄덕였다.

"하지만 선생님이 말씀하셨다시피, '제가 선생님에 대해서 안다고 해서 그게 무슨 도움이 되겠어요?'"

다과 운반대가 들어왔기에 나는 우유와 설탕 하나를 넣은 진한 차를 주문했다.

"저도 한 잔 마실래요."

"잘한다, 몰리!"

몰리가 보일 듯 말 듯 희미한 미소를 짓자 그 순간 어머니의 얼굴이 겹쳐 보였다. 몰리가 차를 한 모금 마셨다.

"선생님이 여태껏 본 사람들 중에서 제가 가장 어려운 사람이에요?"

"어렵다니?"

"몰라요, 그냥 어려운 거요. 아시다시피 제가 선생님한테 별로 털어놓지를 않잖아요."

"글쎄, 우린 서로 알게 된 지도 얼마 안 됐잖아."

"그렇긴 하네요, 하지만 전 선생님이 정말 좋아요."

"그거 듣던 중 반가운 소린데, 왜냐하면 나도 네가 좋거든, 몰리."

몰리가 환하게 웃었다. 병동에서 울려 퍼지던 음악 소리가 꺼졌고 파티도 끝났다. 병동 소녀들은 투덜거렸지만 환자들이 칼로리를 태운다는 미명하에 운동을 과하게 하지는 않는지 감시 중이던 간호사들은 인정사정없었다.

"저기, 혹시요……선생님이랑 저랑 오늘 바깥에 어디 카페 같은 데 가서 간식도 먹고 수다도 떨고 그럴 수 있을까요?"

나는 어안이 벙벙했다.

"글쎄……."

나는 망설였다. 마음 같아서는 지금 당장 대답을 해주고 싶었다.

"그럴 준비가 된 것 같니, 몰리?"

또다시 보일 듯 말 듯 희미한 미소.

"그럼요, 물론이죠. 준비가 안 됐으면 물어보지도 않았죠!"

"듣고 보니 그렇네. 훌륭한 지적이구나."

우리는 다시 한 번 함께 웃었다.

"있잖아, 간호사들 의견은 어떤지 확인 좀 하고 올게."

"네."

몰리가 다시 차를 홀짝홀짝 마시기 시작했고 나는 내 물건을 챙긴 후 어째서 몰리와 함께 있으면 내가 몰리보다 두 발 정도 뒤처진 느낌이 드는지 의아해하며 간호사실로 걸어 들어갔다.

10분 뒤, 외출 허가를 거뜬히 받아낸 내가 다시 병실로 돌아갔을 때는 몰리의 어머니가 막 도착한 참이었다. 오늘 엘리너는 안색이 창백했고 부들부들 몸까지 떨고 있었다. 몰리가 걱정스러운 얼굴로 엘리너를 바라보고 있었다.

"안녕하세요, 어머님. 오늘 아침에 오시는 줄은 몰랐네요."

"죄송해요, 갑자기 오면 안 되는 건가요?"

"음……외래 면회 시간에 오시고 싶으시면 아시다시피 먼저 전화를 주셔야 할 거예요. 몰리가 상담이나 다른 치료를 받는 중일 수도 있으니까요."

"죄송하게 됐네요. 방문 신고는 누구한테 할까요?"

혀가 꼬인 듯 발음도 불분명했고 눈도 풀려 있었다. 의자에 앉아서도 자세를 바로잡아보려 했지만 도로 주저앉아 눈을 감았다. 술 냄새가 진동했다. 엘리너는 만취 상태였다. 오전 10시도 채 안 됐는데 엘리너는 이미 인사불성이 될 정도로 취해 있었다.

"엄마, 괜찮아?"

엘리너는 미소를 지으며 진주알을 만지작거렸다.

"물론, 괜찮지, 우리 아가. 정말 괜찮단다."

"어머님, 차 한 잔 갖다 드릴게요."

여전히 두 눈을 감은 채 엘리너가 웃기 시작했다.

"차요? 나한테 필요한 건 차가 아닌데."

난처하기 짝이 없었다.

"그럼 커피로 드릴까요?"

엘리너가 갑자기 두 눈을 번쩍 뜨더니 자세를 바로 했다.

"마시고 싶지 않다고요."

그녀의 어조는 날카롭고 퉁명스러웠다.

"엄마! 왜 그래? 왜 이러고 다니는 거야?"

엘리너는 다시 눈을 감더니 의자에 털썩 기대앉았다.

"아가, 너도 알다시피 엄만 바보 같은 질문은 끔찍이 싫어하잖니."

"엄마, 엄마한테 차를 권하신 거잖아. 그건 바보 같은 질문이 아니라고. 도대체 왜 그래?"

몸을 앞으로 내밀어 딸의 손을 잡으려던 엘리너의 상체가 휘청거렸다.

"미안, 우리 딸. 엄마가 너무 예의 없었지?"

몰리가 고개를 끄덕거렸다.

"왜 그래, 엄마?"

엘리너가 내 쪽으로 고개를 향했다.

"무례하게 군 점 사과드릴게요. 고맙지만 마실 건 사양하겠습니다."

나는 무슨 말을 해야 할지 난감했다. 그때 몰리가 내 구세주가 되어주었다.

"엄마, 우리 오늘 간식 먹으러 카페에 나갈 거야."

"나랑? 그거 정말 좋겠다."

"아니, 엄마, 엄마랑 간다는 게 아니고. 선생님이랑 간다고."

몰리가 나를 가리키며 말했다. 엘리너가 눈을 뜨더니 땅이 꺼져라 한숨을 내쉬고는 비틀거리며 벌떡 일어났는데 몸이 살짝 갸우뚱거리더니 기절하듯 도로 의자에 나자빠졌다.

"엄마!"

몰리는 잔뜩 겁먹은 표정이었다.

내가 몸을 앞으로 내밀었다.

"어머님, 제가 좀 도와드릴까요?"

"됐어욧!"

단번에 병동이 조용해지면서 모두의 시선이 우리를 향했다.

상심한 기색이 역력한 몰리가 몸을 뒤로 기대면서 두 눈을 감고 있는 동안, 엘리너는 몸을 앞으로 내밀어 머리를 가다듬고 진주알을 정돈하고 있었다.

"이제 가야겠네요. 감사합니다."

엘리너가 뻣뻣하게 자리에서 일어나더니 나를 정면으로 응시했다.

"물론 다음번에 귀여운 우리 딸이 보고 싶을 땐 전화로 예약을 잡고 오도록 하죠. 빌어먹을 애아버지한테 하듯이 말이에요."

간호사들이 원형으로 우르르 몰려들자 엘리너가 비틀거리며 병동 출입구 쪽을 향했는데 이윽고 쌍여닫이문에 다다랐을 때 그만 바닥으로 고꾸라지고 말았다. 몰리가 비명을 질렀고 간호사 둘하고 내가 달려가 엘리너를 부축했다.

"부탁인데 절 그냥 내버려두세요."

"어머님, 돕게 해주세요."

내 손을 찰싹 쳐서 뿌리친 엘리너는 바닥을 짚고 일어나면서 목걸이를 잡더니 그걸 휙 잡아 뺐다.

한 간호사가 문을 열어주고는 조심스레 나가는 길을 안내해주었고, 엘리너는 나가기 직전 뒤돌아 나를 보더니 손가락으로 내 얼굴을 가리키며 말했다.

"당신, 책임지고 우리 딸 낫게 해줘야 해요. 이건 명령이라구요."

엘리너는 병동을 떠났지만 진주알은 남아 반들반들한 리놀륨 바닥 위를 또르르 굴러다녔다.

얼마 후, 간호사실에 앉아 병실 담당 간호사인 린다와 차를 마시던 중이었다.

"괜찮아요?"

나는 고개를 끄덕였다.

"비스킷 좀 드릴까요?"

린다가 내게 비스킷이 든 깡통을 내밀었다.

"고맙지만 사양할게요."

"자기야, 아까 일 너무 마음에 담아두지 마. 자기도 예상 못했던 일이잖아."

"실은 왠지 예감하고 있었던 것 같아요."

린다가 미소를 지으며 말했다.

"뭐야, 자기한테 우리 간호사들한테는 없는 무슨 수정 구슬이라도 있는 거야?"

나도 미소를 지어 보였다.

"아뇨. 하지만 가끔은 그런 게 있었으면 좋겠네요."

린다가 비스킷 통으로 나를 쿡쿡 찔렀다.

"이거 먹고 기운 좀 내. 그동안 나는 그 가족 주치의한테 연락해서 우리가 우려하는 점을 알려놓을 테니까. 어쩌면 그쪽에서 몰리 어머니를 위해 상담을 잡아줄 수 있을지도 모르잖아. 이 얘기는 정신과 과장님이 참석하는 사례 회의 때 하면 되겠네."

나는 초콜릿이 범벅된 쇼트브레드밀가루와 설탕에 버터를 듬뿍 넣고 두툼하게 만든 비스킷를 하나 집었다.

"그러니까 우리 병원 환자 중 한 환자의 어머니가 알코올중독인 것 같으니 어떻게 하면 좋을지 과장님한테 의견을 구하자는 거군요."

린다가 웃었다.

"왜 그런 말 있잖아. 과부 설움은 홀아비가 안다던가. 뭐 그 비슷한 말!"

다른 간호사들 몇몇도 나를 살피러 와주었다. 다들 아주 친절했다. 나는 마음 한구석이 찔렸다. 내가 지켜보고 있는 자리에서 몰리와 몰리의 어머니에게 트라우마로 남을 수 있는 사건이 벌어진 와중에 친절하고 든든한 동료로 내 곁을 지켜준 것은 결국 내가 그토록 경멸해 마지않았던 간호사들이었다. 하지만 최악인 것은 몰리가 자신의 속마음을 털어놓았을 때 내가 그것을 감당할 수 있을 만큼 강한 사람인지를 떠봤다는 거였다. 이번이 처음은 아니지만 이 일을 정말 계속해야 하는 것인가 하는 회의감이 들기 시작했다.

그날 오후 몰리가 내가 주도하는 보디 이미지body image, 자신의 몸에
대한 생각과 그에 대한 정서적인 태도 집단 상담 시간에 참가하지 않았기에 오
전에 어머니가 일으킨 소동 때문에 속상하고 창피할 테니 억지로 참
가시키지 않아야겠다고 마음먹었다. 집단 상담이 끝난 후 의자들을
접어 병동 한쪽 구석으로 치우면서 그날 일정을 마무리하고 있었는
데 거기서는 몰리를 볼 수 있었다.

의자에 앉아 스케치북 쪽으로 고개를 숙인 몰리는 그림에 열중
하고 있었다. 제멋대로 앞으로 내려온 긴 머리에 단호한 표정을 한
몰리는 홀로 남겨진 어린 소녀처럼 보였다. 아무 감정도 드러내지
않고 있었지만, 그 순간 몰리의 나약함이 비수처럼 내 심장을 찌르
는 것 같았다.

몰리의 부모님이 불행하고 금실도 좋지 못한 것은 분명해 보였
다. 그러고 보니 몰리가 더 심하게 아팠을 때는 딸의 건강에 대한 걱
정 때문에 부부가 한마음 한뜻이 되어서였는지 부부가 늘 함께 다녔
다. 이제 몰리가 회복하고 있으니 부부 관계의 간극이 다시 커질지
도 모른다. 로버트는 사업 때문에 늘 집을 비우는 것 같았고 엘리너
는 그럴수록 나날이 마음 약해지고 외로워졌을 것이다. 몰리의 식이
장애 문제에 체계적으로 접근해야 한다고 했던 크리스의 말은 바로
이런 뜻이었을까? 몰리의 거식증은 사이가 벌어진 부모님을 뭉치게
해준 접착제였던 걸까? 지금 당장 이 나약한 소녀에게 다가가 꼭 안

소녀는 왜 다섯 살 난 동생을 죽였을까?

아주고 싶었지만 부적절하고 주제넘게 느껴져서 의자만 차곡차곡 쌓고 말았다. 슬슬 집에 갈 채비를 하는데 린다가 나를 간호사실로 불러들였다.

"오늘 사건 후에 기분이 좀 어떤가 해서."

나는 하품을 하며 말했다.

"기진맥진하네요."

린다가 웃었다.

"그래, 여기가 좀 힘든 데긴 하지, 누가 뭐래도 말야!"

나도 따라 웃었다.

"저기요, 린다, 오늘 큰 힘이 되어주셔서 고마웠어요."

린다가 그런 말 말라는 듯 손사래를 쳤다.

"우리의 몰리 양하고는 앞으로 어떻게 할 셈이야?"

"몰리는 귀엽고 똑똑하고 대단한 아이지만 보기보다 훨씬 힘든 애고 동시에 마음속 깊이 불행한 애라고 했던 말은 정말 맞았어요. 있잖아요, 난 그 아이가 이미 죽음 직전에까지 갔으면서도 어째서 살을 더 빼야겠다는 강박에서 벗어나지 못하는지를 이해해보려고 엄청 노력 중이에요."

"그렇지, 그 애가 좀 모질긴 하지."

린다가 한숨을 쉬며 자리에 앉더니 신발을 벗고 지친 발을 주물 렀다.

"그래서 그 애가 그러는 이유가 뭐 같아, 자기 생각에는?"

나도 털썩 주저앉아 발길질로 신발을 벗어 던졌다.

"통제욕. 사춘기의 정체성 위기. 가족 위기. 마른 몸을 숭배하는 사회."

린다가 또다시 웃었다.

"몰리 편을 좀 들자면 그 아이의 BMI는 날로 정상에 가까워지고 있다고. 입원 당시 너무 낮아서 경비위관을 삽입해야 했던 때에 비하면 그건 기적에 가까운 거지."

나는 고개를 끄덕거렸다.

"물론 그렇죠. 그래도 문제의 내러티브를 파헤칠 필요는 있다고 봐요. 제 말은, 몰리처럼 부족할 것 하나 없는 소녀가 뭐 때문에 목숨을 걸려고 하느냐는 거죠? 어째서 그렇게 절실한 걸까요?"

"몰리는 자기 인생에서 뭔가가 심각하게 잘못되었다는 걸 보여주려고 안 먹는 거야. 말로 할 수 없으니 몸으로 보여주는 거지."

린다가 일어나 차를 끓이며 말했다.

"그 아이 부모님 참 흥미로워, 안 그래?"

"겉보기엔 참 다정하고 헌신적인 부부 같더라고요. 아빠란 사람은 '정신 바짝 차리고 먹으면 된다'는 주의구요……."

린다가 킥킥거렸다.

"음……우리도 가끔은 그 주의에 격하게 동의할 때가 있다고."

"그래도 그 모든 치료를 받아놓고도 어쩜 그렇게 무신경할 수가 있나 싶어요."

린다가 내게 찻잔을 건넸다.

"보상적 양육?"

소녀는 왜 다섯 살 난 동생을 죽였을까?

"아버지의 행동이 어머니의 행동을 보상한다는 말인가요?"

린다는 차를 홀짝이며 고개를 끄덕거렸다.

나는 내 의견을 넌지시 말했다.

"엘리너는 몰리를 과보호하고 몰리만 바라보고 불면 날아갈세라 상처 입은 아기 새처럼 몰리를 다루죠. 어쩌면 엄마가 그러니까 아빠가 무데뽀로 나오는 걸지도 몰라요."

린다가 어깨를 으쓱하며 말했다.

"내가 보기엔 닭이 먼저냐, 달걀이 먼저냐 같아."

"그럴지도요. 몰리가 네 남매 중 터울 많은 막내라는 거 알고 계셨어요?"

"그러니까 지금 우린 엘리너의 막둥이, 늦둥이 얘길 하고 있는 거구나?"

나는 고개를 끄덕거렸다.

"심하게 말하면 임시방편으로 가진 아기라고도 할 수 있을걸요. 엘리너가 말하길 로버트가 반대했는데도 몰리를 가졌다고 했거든요. 남편은 더 이상 애를 갖고 싶어 하지 않았대요."

"어머 어머, 그래, 맞아. 몰리가 점점 자라니까 엘리너는 앞으로 닥칠 빈둥지증후군 때문에 지레 겁을 집어먹은 거야. 그 마음 내가 알지. 나도 생각만으로도 무섭거든. 그렇지 않아도 우리 막내가 몇 달 후면 갭이어고등학교 졸업 후 바로 대학에 진학하지 않고 1년 동안 다양한 경험을 쌓는 것을 말함를 떠나잖아."

"그렇다고 자식들이 떠나는 걸 막으실 거예요?"

린다가 웃으며 말했다.

"당연히 안 막지! 내 손으로 비행기 표도 사줄 건데!"

린다가 의자 위에 발을 올리며 말을 이었다.

"설마 몰리가 엘리너 때문에 어른이 돼서 집 떠나는 걸 주저하고 있다고 생각하는 건 아니지?"

"그렇죠. 의식적으로는 말이에요. 다만 전 엘리너가 홀로 남겨지는 게 두려워서 몰리가 안 떠났으면 하고 바라고 있다는 생각은 들어요."

린다가 내게 비스킷을 권했다.

"아휴, 이거 먹으면 안 되는데. 몸무게가 늘고 있다구요."

내가 투덜댔다.

린다가 웃으며 자기 배를 어루만졌다.

"우리 모두 여기서 근무하는 사람들 아니겠어? 그게 바로 우리의 보상행동육체적, 정신적으로 자신에게 만족하지 못하여 열등감이 있거나 사회적 지위에 대한 불만이 강할 때, 그 불쾌감을 보충하려는 심리 작용이라고. 여기서 일하는 베테랑한테도 일어나는 일이야. 굶주림이 판치는 곳에서 체중이 는다? 주변 사람들이 기아 상태로 살고 있는 게 보이니까 과식하게 돼서 그런 거야. 반사 반응이지. 생존하려고 말이야."

참으로 마음 놓이는 사실이 아닐 수 없었다. 이제는 최근에 찐 3킬로그램의 살이 그렇게 기분 나쁘지만은 않았다.

"어쨌거나, 몰리 말이야, 병원에 있는 건 그 아이잖아. 이 모든 난장판에서 몰리가 맡은 역할은 뭐야?"

나는 비스킷을 아작아작 계속 씹으며 생각해보았다.

"글쎄요, 병에 걸림으로써 몰리는 회복하는 동안 자기 엄마로 하여금 딸인 자신을 돌보면서 곁에 붙잡아둘 수 있게 해주고 있을 뿐만 아니라 부모를 결속시켜 주고도 있는 거죠."

린다가 고개를 끄덕거렸다.

"진짜 그러네, 거식증에 걸림으로써 어른이 되어 집을 떠나는 걸 미루고 있는 거야."

빙고!

"그래요, 린다, 바로 그거예요. 이 예비 숙녀께서는 몸이 아파 엄마 곁에 있어야 하기 때문에 학교도 못 가고 자기 인생도 못 살고 있는 거예요. 즉 병이 몸의 성장과 독립을 막고 있는 셈인데, 이게 바로 엄마 엘리너가 원하는 거라고요."

린다가 씩 웃었다.

"무슨 이론 같다."

"린다, 거식증에 걸려서 월경이 중단되는 걸 뭐라고 하죠?"

"무월경이잖아."

"단식하고, 병나고, 엄마의 보살핌이 필요해지고, 마르고, 가슴이랑 골반도 없어지고, 그러다 생리도 멈추고……."

가슴이 마구 뛰기 시작했다.

"거식증을 통해 여자가 심리적, 정서적, 육체적으로나 행동 면에서 다시 소녀가 되고 이로써 어머니로 하여금 도저히 그만둘 수 없는 엄마 역할을 더 할 수 있게 해주는 거죠."

린다가 이번에는 회심의 미소를 지었다.

"고지가 눈앞에 보이는 것 같은데."

"막내이자 가장 마지막으로 집을 떠나게 될 몰리는 어머니와의 극심한 분리불안을 보이고 있는데, 엄마가 자기 없이는 제대로 못 살까 봐 걱정이 되니까 그게 무서워서 집을 못 떠나는 걸 거예요. 몰리의 질병은 몰리가 가족 내에서 맡은 암묵적인 역할을 상징하고요. 집을 안 떠나도 되는 정당한 이유도 제공해줘요. 그뿐 아니라 질병을 통해 몰리는 다시 무기력하고 의존적인 아기가 돼요. 그럼으로써 엄마는 결코 포기할 수 없는 엄마 역할을 계속할 수 있게 되는 거고."

린다가 머그잔을 들어 올려 내게 경의를 표하고는 미소를 지으며 의자에 다시 기대앉았다.

"자, 이제 몰리가 집을 떠날 수 있게 도와주려면 뭐부터 어떻게 할 건데?"

우리 생각이 틀렸다는 걸 증명하고 싶었는지 몰리는 겉으로 보기엔 아주 잘해내고 있었다. 단체 식사에도 나오고 혼자서도 잘 먹고 체중도 늘리고 병동 내 공동체에서도 잘 어울리고 있었다. 이론을 세우기는 했지만 우린 여전히 몰리의 동기를 규명하지 못하고 있었다. 퇴원 후 몰리의 재입원을 막을 수 있는 것은 무엇인가?

크리스는 읽기 과제로 내게 가족 치료사 존 빙-홀의 논문 여러 편을 내주었다. 가족 신화가 그의 중심 테마였다. 그는 가족 스스로가 만들어낸 신화를 중심으로, 각각의 가족 구성원이 각자 맡고 있는 자신의 역할에 대하여 내린 암묵적 동의를 중심으로 가족이 어떻게 기능하는지 자세히 풀어놓았다. 나는 몰리가 가족 사이에서 맡은 역할과 그 역할이 몰리가 지금 겪고 있는 어려움에 어떤 식으로 작용했는지를 파악해야 했다. 또한 자신의 역할을 계속 유지하고 싶어 하는 몰리 어머니의 욕구와 어머니에게 그걸 가능케 해주고 싶어 하는 몰리의 욕구에 대한 내 가정 중 일부를 테스트해보고 싶었다.

최근에는 몰리의 부모님을 자주 뵙지 못했다. 아버지 로버트가 사업 때문에 끊임없이 집을 비우는 모양이었다. 최근에 꽤 예쁘장하고 눈치 빠른 개인 비서를 데리고 공항으로 가는 길에 딱 한 번 들여다본 게 다였다. 엘리너는 매일 면회를 왔지만 나를 포함하여 직원 중 그 누구에게도 말을 거는 법이 없이 늘 매우 조용히 다녀갔다. 병동에서 일으킨 주사酒邪 소동 때문에 창피해하고 있을까 봐 걱정이 된 나는 엘리너에게 전화를 하기로 마음먹었다.

"안녕하세요, 어머님. 그냥 안부가 궁금해서 전화드렸습니다. 어머님이 몰리 보러 오실 때마다 계속 저랑 엇갈린 것 같더라구요."

"전 잘 지내고 있습니다. 감사합니다. 선생님도 잘 지내시죠?"

엘리너의 목소리는 생기가 전혀 없고 조심스러웠다.

"아, 네. 저도 잘 지내죠. 몰리는 좀 어떤 것 같으세요?"

"몰리도 아주 잘 지내고 있는 것 같더군요. 다행이에요. 선생님이 보시기엔 어떤가요?"

"먹기 위해 열심히 노력하는 모습을 보니까 대견하더라구요. 식사 시간에도 예전만큼 불안하지는 않은 것 같아요."

"잘 됐네요."

"실은, 어머님, 날 잡아서 다 같이 뵐 수 있을까 해서요. 어머님하고 아버님하고 몰리하고요."

"그럴……필요가 있을까요?"

이렇게 물어보면 나는 어쩌라고.

"가족들이 모여서 서로에 대해서도 그렇고, 몰리 상태에 대해서도 그렇고, 지난 몇 년 동안 서로에 대해서 어떻게 느끼고 있는지 얘기를 해보면 굉장히 도움이 될 것 같은데요."

일순간 정적이 흘렀다.

"그게 무슨 상관이 있는데요?"

"아, 그게요."

다음에 내뱉을 말을 얼마나 신중하게 골라야 할지 깨닫자 갑자기 현기증이 다 났다.

"사실, 어머님, 몰리가 거식증을 잘 치료하게 되는 것도 굉장히 중요하지만 가족이 함께 시간을 보내면서 여러 가지 문제들에 각자가 어떤 원인을 제공했는지 고민해보는 것도 정말 중요하거든요."

젠장. 어설프기 짝이 없는 설명이었다. 엘리너가 허탈한 웃음을 지었다.

"선생님도 기억하실지 모르겠지만 남편은 상담이라면 신물이 난다고 하고 솔직히 말씀드리면 저도 그러네요."

몰리의 통제 본능이 어디서 온 건지 알 수 있었다.

"잘 알겠습니다. 몰리나, 어머님이나 아버님이나 모두들 온갖 치료사를 만나보셨다는 건 저도 압니다만 몰리가 입원해야 할 만큼 상황이 전보다는……중대해졌으니까 그런 문제들을 다시 한 번 짚어보는 것도 도움이 될 겁니다."

엘리너가 조롱하듯 코웃음 치는 소리가 똑똑히 들렸다.

"글쎄요, 저야 딸을 위해서라면 무슨 일이든 할 마음이 있죠. 선생님이 애아버지를 설득하신다면 말리진 않겠지만 저라면 큰 기대는 안 하겠어요."

오 마이 갓, 이제 뭐라고 해야 하지?

"설명을 드리자면요."

나는 머뭇머뭇 말을 꺼냈다.

"몰리가 겪는 어려움은, 그런 어려움을 겪는 자기 자신의 문제를 훌쩍 넘어서는 이유 때문에 생기는 경우가 많습니다."

수화기 저편에서는 여전히 쥐 죽은 듯 고요한 정적만이 흘렀다.

"청소년들이 힘겨워하는 이유가 무엇인지, 가족 구조나 가족 기능과 관련 있는 이유가 있는 건 아닌지 여부를 가족과 함께 탐구해보는 일은 흥미롭기도 하고 유용하기도 합니다. 어머님, 직접 뵙고 얼굴 보면서 얘기 나눌 수 있으면 더 좋을 것 같은데요."

엘리너가 한숨을 쉬었다.

"남편이나 저나 우리 자식들 중 그 누구도 이런 일을 겪기를 바란 적은 없어요. 우린 아이들이 건강하고 행복하게 자라서 집을 떠나 세상으로 나아가기를 바랄 뿐이에요."

"물론이죠. 절대 어머님 가족이 잘못했다는 말을 하려는 게 아닙니다. 전 다만 막내 따님이 이제 성인이 될 이 중요한 시기에 왜 이렇게 힘들어하는지 그 이유에 대해서 의문을 가져보는 것도 중요할 것 같다는 말씀을 드리는 겁니다."

"선생님은 그 시기를 수월하게 넘기셨나요?"

"아니었죠."

"선생님이 겪은 어려움에 가족이 일정 부분 원인을 제공했나요?"

젠장, 왜 내 얘기로 넘어온 거지? 내가 말재주가 지독하게도 없는 모양이다. 엘리너가 이렇게나 방어적으로 나오는 걸 보니.

"어머님, 죄송하지만 이런 대화는 전화로 하는 게 아니었나 봐요. 시간 잡아서 뵐 수 있을까요?"

또다시 이어지는 기나긴 침묵.

"여보세요, 전화 끊으신 건 아니죠?"

"아니에요. 날짜를 잡으려면 먼저 남편 일정부터 확인해봐야 해요. 남편 비서한테 전화해보고 다시 연락드리겠습니다."

엘리너는 단호했지만 두려운 기색도 보였다.

"어머님, 지난번 일 때문에 너무 민망해 마시고 편할 때 찾아주셨으면 합니다."

억지웃음 소리가 들렸다.

"세상에, 그럴 리가요! 선생님께 쪽지라도 남길 걸 그랬나 봐요. 미처 못 챙긴 제 불찰입니다. 그날은 컨디션이 좋질 않았어요. 열도 좀 있었고. 제 행동이 거북스러웠다면 사과드리죠."

"어머님, 사실은-"

"이제 정말 끊어야겠어요. 남편 일정표를 확인하는 대로 전화드리겠습니다. 여러모로 감사합니다."

전화는 이미 끊겨 있었다.

몰리와 나는 몰리의 '거식증을 부추기는 목소리' 부분에 착수하여 그 목소리에 저항하고 나아가 그 목소리를 자유자재로 다룰 수 있는 방법들에 관해 고민해볼 정도로 상담을 진척시킨 상태였다.

"그럼 모든 게 불안감 때문이란 거네요?"

"네 생각은 어떠니, 몰리?"

"음식을 먹는다는 생각을 할 때나 끼니때가 돼서 밥을 먹어야 한다는 걸 알게 되면 너무 무서워서 죽을 것 같기 때문에 그 말이 맞겠지만, 그 외에는 전혀 불안하지 않은데요."

"학교나 시험에 대한 부담감은 어떠니?"

"아휴, 그건 다 제가 즐기는 것들이라고요. 공부하기 싫다고 징징거리는 친구들이 있는데 저는 그런 친구들이 이해가 안 가요. 공부가 얼마나 재밌는데."

"네가 잘한다고 생각하는 분야이기 때문일지도 모르지."

"그렇긴 해요. 선생님도 아시다시피, 이런 말하면 재수없게 들리겠지만, 전 제가 할 수 있다는 걸 알아요. 마치 제 뇌가 생각하고 공부하고 시험 치기 위해 생겨난 것 같다니까요."

"실패할까 봐 걱정되지는 않니?"

"아뇨, 전혀요."

"실패한 적은 있니?"

몰리가 씩 웃었다.

"아뇨, 한 번도 없어요."

"그렇다면 확고한 자신감이 어떻게 불안감을 극복하고 도전에 성공적으로 응할 수 있게 해주는지를 보여주는 훌륭한 예가 이미 존재하는 거네."

"전 학교도 공부도 하나도 힘들지 않아요. 자유를 느낄 수 있어서 좋아요."

"그건 왜 그런 건데?"

몰리가 골똘히 생각에 잠겼다.

"먹을 거 생각을 안 해도 되니깐요."

이 아이는 의학을 공부할 게 아니라 임상심리학을 공부해야 한다.

"저도 선생님이 하는 일을 해야겠어요!"

"어머, 나도 그런 생각을 하고 있던 참이야. 그나저나 우리 이 자신만만한 학생을 데려다가 음식에 대한 불안감에도 자신감을 장착할 수 있는 방법이나 궁리해보자꾸나."

"하지만 전 음식엔 영 자신이 없어요."

"왜?"

"왜냐하면 먹어야 돼서 먹게 되면 제 자신이 너무 혐오스럽거든요."

"지금은 아주 잘해내고 있는 것 같은데."

"그야 그렇지만 그건 어쩔 수 없으니까요."

"그게 무슨 말이니? 병원이라서 어쩔 수 없다는 말이니?"

고개를 푹 숙인 몰리의 얼굴은 핼쑥했다.

"아뇨. 엄마랑 아빠를 위해서는 어쩔 수 없다는 말이에요."

몰리는 눈물까지 글썽이며 말했다.

"몰리, 물론 부모님이니까 너를 걱정하시는 거야. 아버지도 네가 먹을 수 있길 간절히 바라고 계시기 때문에 그분만의 방식으로 널 격려해주려고 노력하고 계신 거란다."

몰리가 힘없이 미소를 지었다.

"그렇겠죠. 아빠 완벽한 막내를 원하시니까요. 아빠 제가 의사가 되기만을 바라고 계세요. 의사가 되려면 먹어야 하구요."

"너도 의사가 되고 싶니?"

여전히 눈물을 꾹 참고 있던 몰리가 피식 웃었다.

"그럼요, 당연히 되고 싶죠."

"이제 곧 '하지만'이 나오는 거니?"

몰리가 절레절레 고개를 저었다.

"아무래도 좋아요."

"내 생각은 다른데. 아무래도 좋을 수가 없는 문제라고 생각해."

몰리의 눈에서 참았던 눈물이 줄줄 흘러내리기 시작했다.

"전 그림을 그리고 싶어요."

나는 내 두 팔로 몰리를 꼭 안아주고 싶었다.

"하지만 아무래도 아빠가 허락을 안 하실 것 같구나."

"엄마도 마찬가지예요."

"엄마도?"

몰리가 고개를 들더니 점퍼 소매로 눈물을 훔쳤다.

"엄마도 제가 의사가 되길 바라실 것 같아요. 왜 그런 거 있잖아요, 가족들 사이에서 으레 그러려니 하는 것들 말이에요. 몰리는 가족 대표 의사가 될 거다."

"가족 대표 의사라고?"

"아시잖아요. 가족 중 유일한 의사이자 가족을 위해 존재하는 의사."

"그러니까 네 말은 가족들은 네가 가족들을 치료해줄 거라 기대하고 있다는 뜻이니?"

"그런 셈이죠. 농담처럼 말하긴 했지만요. 포피는 가족 재무 담당, 루퍼트는 법률 담당, 틸리는 우리한테 이롭도록 법을 바꾸는 담당, 전 우리 가족 건강을 담당하면 된다고요."

심장이 거칠게 뛰기 시작했다. 몰리의 역할은 의사, 그것도 가족의 의사가 되는 것이었다. 처음에는 가족끼리 주고받는 농담이었을 것이다. 하지만 이 가족이 지금까지 살아오면서 성공적인 네 자녀 각자가 맡게 될 역할에 대하여 만들어낸 이야기에 대해서 생각하다 보니 불현듯 성인기로의 전진이라는 측면에서 몰리의 역할이 가장 중요한 것 같다는 생각이 들었다. 몰리는 지금 개별화, 자아정체감 형성이 발달 과업인 시기에 도달해 있었다. 하지만 어찌 보면 몰리의 역할 자체가 몰리의 발달 과업을 달성하지 못하게 가로막고 있다고 할 수 있지 않을까?

소녀는 왜 다섯 살 난 동생을 죽였을까?

"그러니까 몰리 네 역할은 가족의 건강을 지키는 거로구나."

몰리가 어설픈 미소를 지으며 어깨를 으쓱해 보였다.

"나한테는 그게 이 모든 일에 어느 정도 원인을 제공했을 수도 있겠다는 것처럼 들리는데."

"그럴지도요. 모르겠어요. 그래도 우리 부모님을 미워하진 말아 주세요."

"내가 왜 그분들을 미워하겠니?"

몰리가 또다시 어깨를 으쓱거렸다.

"몰라요."

"가끔씩 부모님이 밉니?"

몰리가 말을 잠시 멈추고 비스킷 하나를 야금야금 먹고 있었는데, 그걸 베어 문 다음 입안에서 잘게 부숴 삼키기까지 백만 년은 걸릴 것 같았다.

"아뇨, 미워하지 않아요. 사랑하죠. 걱정도 되고요."

"뭐 때문에 걱정이 되는데? 실망시킬까 봐?"

다시 한 번 나는 몰리가 비스킷을 오랫동안 느릿느릿 씹어 먹을 때까지 기다려야 했다.

"네. 하지만 실망은 지금도 이미 충분히 시켜드리고 있으니까요, 뭐."

나는 몰리가 비스킷을 좀 더 야금야금 먹어치울 때까지 기다렸다.

"그중에서도 엄마가 제일 걱정되는 것 같아요."

"어째서?"

몰리가 어깨를 으쓱했다.

"몰라요."

비스킷을 좀 더 먹은 후 몰리가 말을 이었다.

"음……엄마가 많이 슬픈 것 같아서요."

"왜 슬픈 것 같은데?"

몰리가 어처구니없다는 듯 나를 바라보았다.

"그걸 지금 저한테 물으시는 거예요?"

"그렇단다. 내 질문이 어디가 잘못됐는데?"

긴장된 분위기가 감돌았다.

"아휴. 지금 우리 둘 중에 배운 사람은 선생님이잖아요. 엄마를 보기도 했고."

"내가 뭘 봤다는 거니, 몰리?"

"저번 주에 목걸이요. 엄마가 넘어졌던 거랑 취했던 거랑."

"술 때문에 엄마가 걱정되니?"

"술 마시는 이유 때문에 걱정돼요."

"엄마가 술을 마시는 이유가 뭐 같은데?"

"슬프니까요."

"뭐 때문에 엄마가 슬픈지 짚이는 거라도 있니?"

몰리가 한숨을 폭 쉬며 씹다 말아서 눅눅해진 비스킷을 내려놓았다. 나를 똑바로 쳐다보는 몰리의 얼굴은 새빨개져 있었고 표정은 잔뜩 굳어 있었다.

"엄마가 슬픈 건 제가 떠나면 엄마한텐 아무것도 안 남게 되기 때문이에요."

나는 가슴이 무너졌다. 내가 몰리의 생각을 바꿔놓지 않는 한, 몰리는 언제까지나 가족에 대한 책임감에서 벗어나지 못할 거란 걸 깨달았다. 하지만 몰리는 그걸 원하지 않았다. 왜 그러겠는가!

며칠 뒤, 나는 공포에 질린 채 북런던 교외에 자리 잡은 어느 작은 마을의 거리를 정신없이 뛰어다니고 있었다. 몰리가 화가 잔뜩 난 상태에서 사라졌기 때문이다. 병원에서 얼마 멀지 않은 곳에 있는 작은 식당에서 이루어진 점심 데이트의 시작은 매우 순조로웠다. 식당까지 멀지 않은 거리를 걷고 난 후 몰리는 약간 산만하긴 했어도 핑크빛으로 물든 뺨 덕분에 건강해 보였고 자신만만하게 직접 음식을 주문하기까지 했다. 우리의 목적은 공공장소에서 음식을 먹어보는 것이었는데, 이는 몰리가 극도의 공포증을 보이는 행위였다.

몰리는 똑똑한 아이였다. 집중력도 뛰어난데다 용감하기까지 했다. 몰리가 불안해 보이면 나는 낯선 상황 탓일 거라 여기고 혹시라도 위축되면 어쩌나 하는 마음에 전혀 눈치채지 못한 척했다. 밥 먹을 때의 몰리는 그저 점심을 먹는 평범한 여고생일 뿐이었다.

그러다 모든 것이 달라졌다.

"엄마가 선생님이랑 통화했다던데요."

나는 입에 음식을 잔뜩 문 채 고개를 끄덕거렸다.

"가족 모임을 하자고 하셨다면서요."

음식을 꿀꺽 삼킨 후 내가 말했다.

"아직 가족 모임을 한 번도 못 해봤는데 한 번 해보면 도움이 될 것 같아."

"왜요?"

몰리가 아주 심각하다는 걸 알 수 있었다.

"네가 지금 아주 잘하고 있으니까 퇴원해서 집에 가면 어떨지 온 가족이 함께 생각해볼 수 있도록 관심을 유도하고 또……."

"엄마가 화가 많이 났어요. 온 가족이 제 병과 어떻게 관련이 있는지 얘기 나눠보고 싶다고 그러셨다면서요? 왜 그런 말씀을 하셨어요?"

이 똑똑한 여고생한테 또 꼼짝없이 당할 것만 같은 예감이 들었다.

"네 어머니를 화나게 할 마음은 전혀 없었어, 몰리, 비난받아야 할 점이 있다는 생각을 갖게 할 마음도 물론 없었고."

"누가 비난 얘기를 꺼내기라도 했나요?"

나는 이미 방어 태세에 돌입해 있었다.

"비난 얘기를 하자는 게 아니라 네가 집에 돌아갔을 때 네 가족들이 한 가족으로서 어떻게 기능할지, 또 어떻게 서로를 지지해줄 수 있을지에 대해서 알아보자는 거야."

"엄마 말로는 선생님이 '역할'이라는 단어를 썼다던데요. 무슨 얘길 하시려고 그러는 거예요?"

나는 잠시 말문이 막혔다.

"선생님은 엄마 맘을 정말 아프게 하셨어요. 대체 왜 그러셨어요?"

고개를 들어 쳐다본 몰리의 얼굴은 점점 새빨갛게 달아오르고

소녀는 왜 다섯 살 난 동생을 죽였을까?

있었고 눈에는 분노의 눈물이 금방이라도 흘러내릴 듯 고여 있었다.

"'역할'이라는 말은 비난하려고 한 말이 아니야, 몰리. 너랑 네 엄마 마음을 아프게 한 건 내가 사과할게. 내 말은 가족이 어떤 식으로든 네가 겪고 있는 어려움에 원인을 제공했을지도 모르니 어떻게 된 건지 다 함께 고민을 해보자는 거였어."

몰리가 들고 있던 포크를 던졌다.

"네, 그걸 다른 말로 비난이라고 하죠. 몰리가 거식증에 걸린 건 누구 잘못이냐는 거잖아요?"

나는 냅킨으로 입술을 훔치며 말했다.

"몰리, 내가 네 식구들을 비난하는 것 같아서 화가 난 거니, 아니면 엄마 마음을 아프게 해서 화가 난 거니?"

격분한 몰리가 코웃음을 쳤다.

"엄마가 요즘 어떤 상태인지 선생님은 아시잖아요. 엄마가 최악의 상태일 때 어떤지 보셨잖아요. 엄마가 이 정도로 마음 아파하시는 건 본 적이 없다구요."

"엄마 마음을 아프게 할 의도는 없었어. 엄마가 오해하시지 않도록 내가 분명하게 말씀드릴게. 하지만 우리가 최근에 나눈 대화 중에 네가 엄마가 걱정된다고 했고, 특히 네가 집을 떠나게 되면 더 걱정이라고 한 내용을 고려해봤을 때, 그 점에 대해서 가족들과 대화를 나눌 필요는 있다고 생각해."

"전 아니거든요."

"음……우리 그 점에 대해서 함께 생각할 시간을 좀 더 가져보는 건 어떻겠니? 엄마를 못 떠날 것 같은 네 감정이 어쩌면 네가 이렇게 아프게 된 이유의 일부일 수도 있거든."

몰리가 어처구니없다는 표정으로 나를 바라보았다.

"어째서요?"

"그게 말야······."

나는 어휘 선택에 신중을 기하느라 잠시 뜸을 들일 수밖에 없었다.

"어쩌면 막내인 네게 집을 떠나는 건 걱정스러운 일일지도 몰라. 어머니가 나중에라도 너무 괴로워할 수 있기 때문에 너도 네 인생의 다음 단계인 집 떠나기를 이렇게 힘들어하고 있는 걸지도 모른다고."

"하지만 점점 나아지고 있잖아요!"

"몰리, 계산하고 병원으로 돌아가서 어디든 여기보다 조용한 데서 얘기하는 게 어떻겠니?"

몰리가 의자를 밀치고 자리에서 일어나며 말했다.

"그 얘긴 하고 싶지도 않고, 하지도 않을 거예요."

그 말과 함께 몰리가 카페에서 뛰쳐나가는 바람에 나는 황급히 계산을 한 다음 몰리 뒤를 쫓아 서둘러 거리로 나가야 했다. 하지만 몰리는 이미 사라지고 없었다.

벌써 40분이나 시간이 흘렀건만 몰리의 행방은 오리무중이었다. 이번 일은 대형 참사가 될 소지가 충분하다. 내 감독하에 첫 외출을 감행한 몰리가 지금 혼자서 거리를 헤매고 있으니 말이다. 화젯거리로 삼아선 안 되는 것들이 너무 많았다. 그 대화는 엘리너와 그냥 전화로 나눠야 했던 걸까? 내 심리 작전은 지나치게 직설적이고 무신경한 직업적 헛소리였을 뿐 결국 비난을 암시하는 말에 불과했던 걸까? 아까 식당에서는 왜 굳이 몰리가 엄마에게서 느끼는 불안감을 쓸데없이 자세히 늘어놓았던 걸까? 너무 조급하게 개입한 걸까?

마구잡이로 뛰는 심장을 부여안고 혼자 그냥 병원으로 돌아갈까 심각하게 고민하던 중 병원 맞은편 카페 밖에 놓인 테이블에 앉아 있는 몰리가 눈에 들어왔다. 몰리가 나를 향해 손을 흔든 순간 안도감이 물밀듯 밀려왔다. 몰리는 차 두 잔을 앞에 두고 있었다. 몰리가 한 잔을 내 쪽으로 밀며 말했다.

"죄송해요."

"몰리, 걱정했잖아."

몰리가 고개를 떨궜다.

"알아요. 죄송해요."

"그래, 이렇게 찾았으니까 됐어. 넌 괜찮은 거야?"

몰리가 차를 홀짝이며 대답했다.

"네. 머릿속을 정리할 곳이 필요했던 것뿐이에요."

몰리가 나를 골똘히 쳐다보았다.

"무슨 말씀이신지 저도 다 알고요, 선생님 말씀이 맞는 것 같아요."

몰리가 내민 차는 여전히 따뜻해서 마실 만했다.

"무슨 말이 맞는데?"

"엄마에 관해서, 저에 관해서 하신 말씀이요."

나는 차를 휘휘 저었다.

"그렇다면 가족과 다 함께 그 얘기를 나눌 수 있는 방법을 모색해보는 건 어떻겠니?"

"별로 하고 싶진 않지만 해야 한다는 건 알아요."

"왜 그런 건데?"

몰리는 골똘히 생각에 잠긴 듯 잠시 아무 말도 하지 않았다.

"왜냐하면 엄마도 저 없이 사는 법을 배워야 하니까요."

대학 내에 있는 교수실에서 크리스를 만나고 나온 나는 정신이 혼미할 지경이었다. 논문 때문에 어찌나 나를 달달 볶아대던지 병동으로 돌아가기 전에 머리를 식힐 곳이 필요했다. 늦은 봄, 날도 포근하기에 나는 버스에 올라타 런던 시내를 가로질러 마블아치^{하이드 파}크 동북쪽 입구까지 간 다음 버스에서 내려 하이드 파크로 걸어갔다. 마침내 몰리와 가족 모임 날짜를 잡았으니 정신을 단단히 차려야 했다.

내 마음속에서는 몰리에 대한 모든 것이 단편적으로 느껴졌다. 여러 생각과 관념의 가닥들이 서로 이어지지 않고 뒤죽박죽 헝클어져 있었다. 섭식 절제, 극심한 통제 욕구, 부모와의 관계 등 몰리를 중심으로 일관된 내러티브를 짤 수가 없었다. 햇살이 눈부시게 빛나고 공기가 아주 맑은 날이어서 호숫가까지 걸어간 나는 커피를 한 잔 사서 내 곁을 지나가는 산책 중인 가족들을 구경했다. 오리와 거위에게 빵을 던지면서 신이 난 아이들, 그런 아이들을 물가에 못 가게 말리고 있는 걱정 어린 부모들.

빨간색 더플코트를 입은 한 꼬마 아이가 큰 새들이 모여 있는 쪽

소녀는 왜 다섯 살 난 동생을 죽였을까?

으로 달려가 겁을 주어 쫓아내는 데 재미를 붙였는지 계속하겠다고 고집을 부리고 있었다. 아이는 무척 재미있어했지만 점점 지쳐가는 아이 엄마는 전혀 그렇지 않았다. 아이 엄마는 비스킷과 초콜릿 우유로 아이를 구슬려서 다른 엄마들이 좀 더 말을 잘 듣는 아이들과 함께 앉아 있는 테이블로 아이를 불러들이려고 했다. 하지만 아이는 먹을 것 따위에는 아랑곳하지 않았다.

나는 아이 엄마가 불쌍했다. 자신이 아들과 실랑이를 벌이느라 힘들어하는 모습을 친구들이 못 본 체하려고 애를 쓰면 쓸수록 엄마는 점점 더 민망해하고 있었다. 문제의 꼬마 아이는 쉴 틈 없이 호숫가 주변을 이리저리 뛰어다니고 있었다. 아이가 마구잡이로 양팔을 휘두르자 혼비백산한 새들이 사방으로 흩어졌다. 아이 엄마는 자리에서 벌떡 일어나 아이 쪽으로 달려가서는 아이 뒤에서 무릎을 꿇은 다음 양팔로 아이를 안더니 귀에 대고 무슨 말인가를 속삭였는데 아이를 진정시키려는 말인 듯했다. 하지만 꼬마 도련님은 이번에도 아랑곳하지 않았다.

거위 떼가 물가로 돌아왔지만 새빨간 코트를 입고 있는 이 활력 넘치는 아이 때문에 불안했는지 꽥꽥거리기 시작했다. 이제 인내력의 한계를 느낀 게 분명한 아이 엄마가 벌떡 일어나더니 아들을 잡아채어 겨드랑이 밑에 끼고는 테이블 쪽으로 돌아갔다. 꼬마는 서서히 생떼를 부리더니 소리를 지르고 미친 듯이 팔을 휘젓고 발길질을 하기 시작했다. 아이 엄마가 아이를 좀 더 우아하게 안을 수 있도록 겨드랑이 밑에 끼고 있던 아이를 양팔로 다시 안으려고 안간힘을 썼지만 이 꼬마 녀석은 순순히 안길 마음이 눈곱만큼도 없어 보였다.

아이 엄마가 나를 흘긋 쳐다보았는데 자기 아들이 이목을 끌고 있다는 사실에 민망해하는 것 같아 나는 재빨리 고개를 돌린 후 몸을 앞으로 내밀어 가방에서 논문 뭉치를 꺼냈다. 커피를 한 모금 마신 후 논문들을 자세히 살펴보던 중 가족 치료사이자 나의 임상심리학 길잡이인 존 빙-홀이 쓴 논문이 눈에 들어왔다. 이미 여러 번 읽어본 논문을 쥔 채 호수 반대편을 물끄러미 응시하던 중 따로 놀던 몰리의 내러티브가 머릿속에서 하나로 합쳐지기 시작했다.

몰리는 부모님의 결혼 생활을 유지시켜 주는 접착제였다. 그건 몰리 덕분에 나도 이미 파악하고 있던 사실이었다. 현장 실습 초기, 몰리가 극심한 저체중에 자가 급식이 불가능했던 때를 떠올려보니 몰리의 부모님이 꽤 자주 여느 가족처럼 손을 잡고서 대화를 나누며 병실에 함께 나타났던 게 기억났다.

하지만 몰리가 점차 회복하면서 우리가 영양을 공급해줘야 할 무기력한 아기에서 스스로 먹을 수 있는 정상적인 청소년으로 바뀌어감에 따라 부모 사이의 적대감도 더욱 두드러졌다. 특히 어머니 쪽의 나약함이 현저히 드러났다.

몰리가 옳았다. 몰리는 어머니를 못 떠날 것이다. 만일 떠난다면 어머니에게 더 이상 뭐가 남겠는가? 엘리너의 역할은 어머니 노릇을 하는 것이었고, 그녀는 열과 성을 다해 그 역할을 수행했다. 그러나 엘리너에게 막내 딸, 결혼 생활에서 느끼는 외로움에 대한 일종의 예방주사로 가진 자식을 잃는다는 것은 도저히 견딜 수 없는 일이 될 것이 분명했다. 마지막 아이를 영영 잃게 된다는 생각, 앞으로 닥칠 불행한 결혼 생활, 그뿐 아니라 자신의 정체성과 앞으로의 역할에 대한 불확실성이 공존하는 미래에 직면하게 된 엘리너. 그녀는 자신을 덮칠 고통을 술로 자가 치료하고 있는 셈이었다.

모든 게 납득이 되기 시작했다. 제 기능을 발휘할 수 없게 되고, 스스로 음식을 먹을 수도 없고, 몸이 너무 약해서 기본적인 일과도 수행할 수 없게 되어 걷는 것, 자기 몸을 돌보는 것, 먹는 것도 도움을 받아야 할 상황에 처한 거식증 환자 몰리는 절망에 빠진 엄마가 활짝 열어놓은 품 안으로 퇴행하고 있었던 것이다. 불임이 될 정도의 저체중 상태가 되면서 몰리의 월경은 중단되었고 가임 여성으로의 성장도 보류되었다.

몰리는 다시 무기력한 아기, 엄마가 자그마치 17년 전부터 그토록 바라마지 않았던 아기로 돌아간 것이다. 몰리는 어머니에게는 그토록 곁에 두고 싶어 하는 아기가 되어주고, 부모에게는 자신의 중병을 중심으로 똘똘 뭉쳐 자식을 걱정하는 부모로서 제 기능을 하는 부부가 될 수 있게 해줌으로써 가족의 평화를 유지해주었다.

햇살이 호수 표면을 끊임없이 비춰주는 가운데 상황이 좀 더 뚜렷하게 보이기 시작했다. 어떻게 하면 이 소녀가 자신에게 주어진 역할의 굴레에서 벗어나게 해줄 수 있을까? 다시 스스로 먹는 법을 배우도록 돕고 영양분을 흡수하려는 신체의 본능에 굴복하면 실패자가 될 뿐이라는 기저 신념에 맞설 도구를 제공하는 것만으로는 문제가 해결되지 않을 터였다. 몰리의 가족은 빙-홀이 '각본'이라 칭한 것을 이해할 수 있도록 도움을 받아야 했다.

그러다 몰리는 영영 음식을 거부하려는 자아로부터 벗어나지 못할 거라는 생각이 들어 가슴이 철렁 내려앉았다. 너무 말라 의대에 진학하지 못하면 절대로 의사가 되지 못할 것이다. 몸이 너무 약해 자기 몸 하나 건사하지 못하게 된다면 집에 남아 엄마의 보살핌을 받을 수 있게 된다. 계속 의존적인 딸로 엄마 곁에 남는다면 깊어진 골 때문에 삐걱거리긴 하겠지만 부모님도 부부 관계를 계속 유지할 수 있게 된다. 지금은 점차 회복되고 있지만 아버지는 지금처럼 밥 먹듯 집을 비우고 어머니는 폭음을 할 경우 몰리는 다시 섭식을 중단할 수밖에 없게 될 것이다. 몰리는 말 그대로 빠져나올 수 없는 덫에 갇힌 셈이었다.

가슴이 미어졌다. 나는 논문을 가방에 쑤셔 넣고 차갑게 식은 나머지 커피를 벌컥벌컥 들이켠 다음 엘리너와 몰리만 참석할 예정인 가족 모임에 참석하기 위해 병동으로 돌아갈 채비를 했다. 로버트가 사업 때문에 또다시 부재중이었기 때문이다. 젠장. 나는 어째서 이제야 전말을 파악한 걸까?

지하철이 평소와 다름없이 굼벵이처럼 느릿느릿 움직여준 덕분에 의도한 것보다 늦게 병원에 도착하고 말았다. 시계를 보니, 젠장, 몰리와 엘리너가 참석하기로 한 상담 시간에서 이미 몇 분이나 흘렀다. 병동으로 걸어 들어가는 내내 불안감이 엄습했다. 몰리는 자기 침상에 없었고 원내는 평소와 달리 조용해서 영안실 같은 느낌마저 들었다.

"대체 어디 있다 이제야 나타난 거야?"

"미안해요, 린다. 빌어먹을 지하철에 갇혀 있었어요."

"아휴, 문제가 생겨서 비상 회의를 소집했어. 당장 가야 해."

화장실이 너무너무 급했음에도 린다의 표정과 말투 때문에 곧장 그녀를 따라 임상 회의실로 직행할 수밖에 없었다.

모두들 참석해 있었다. 병동 직원 전체가 동시에 한 공간에 있는 걸 보기는 처음이었다. 완전히 사색이 된 정신과 과장이 회의실 맨 앞에 서 있었다. 나는 자리에 앉았다. 정신과 과장이 내가 있는 쪽으로 고개를 끄덕여 보이더니 발언을 시작했다.

"다들 참석해주셔서 감사합니다. 방금 몰리 리처드슨의 아버지인 리처드슨 씨한테서 전화를 받았는데 부인 되시는 리처드슨 부인이 오늘 아침 교통사고로 돌아가셨다고 합니다."

우리는 모두 충격에 할 말을 잃었다.

"리처드슨 씨도 저한테 자세한 사항은 알려줄 수가 없다고 하셨지만 다른 자동차와 사고가 난 것은 아닌 것 같습니다."

머릿속이 정신없이 빙빙 돌기 시작했다. 엘리너가 음주 운전을 했던 걸까?

"리처드슨 씨는 현재 해외 출장 중이신데 가장 빠른 귀국 항공편을 알아보고 있다고 해요. 몰리의 형제자매 중 한 명은 미국에서 귀국 중이고 나머지 둘은 최대한 빨리 돌아오겠답니다. 당연한 말이지만 지금은 이 가족에게 비통한 시기일 겁니다."

아무도 입을 열 수가 없었다. 치료하는 사람들로부터 하늘이 무너질 듯 슬픈 이야기를 숱하게 들을 수밖에 없는 분야에서 숱한 세월을 단련해온 우리였지만 이처럼 비극적인 소식을 담담하게 받아들일 수 있는 사람은 없는 것 같았다. 정신과 과장이 시선을 나에게 돌렸다.

"몰리는 아직 이 소식을 못 들은 상태인데, 리처드슨 씨께서 특별히 부탁하시길 반드시 타냐 선생이 다른 형제자매들이 도착하기 전에 그 아이한테 알려달라고 하셨어요. 괜찮으시다면 몰리를 생각해서라도 그게 최선이지 않을까 싶군요. 린다 씨도 옆에 있어주면 좋을 것 같네요."

입안이 바짝 말랐다. 모두의 시선이 내게 향했다.

"네."

나는 잠긴 목소리로 간신히 대답했다.

린다가 테이블 너머로 몸을 숙여 내 손을 꼭 잡아주었다. 나는 벌벌 떨고 있었다.

교회 뒷자리에 앉아 울먹이는데 죄책감이 들었다. 엘리너를 알게 된 지 그다지 오래되지도 않았으면서 내 슬픔을 마음껏 표출하는 것은 왠지 이기적인 것 같았다.

내 앞에 자리한 검은 옷을 입은 인파를 뚫고 교회 맨 앞자리 어머니의 관 오른쪽에 앉은 몰리의 뒤통수를 뚫어져라 바라보았다. 이따금 눈물을 닦거나 코를 풀기 위해 몸을 앞으로 숙이는 것 외에 몰리의 감정을 확인할 길은 없었다.

전 직원과 병동에 입원 중인 젊은 여자들 중 일부가 참석했는데 나도 그 사이에 앉아 있었다. 교회를 둘러보다 보니 한 번도 만난 적은 없지만 왠지 낯익은 얼굴들이 눈에 띄었다. 이 가족과 유전자를 공유한 친척일 것으로 짐작되는 이들도 있었고 병동 내 몰리의 침상 주변에 붙여놓은 사진에서 본 적 있는 어여쁜 아가씨들도 있었다.

신부님이 말씀을 멈추자 몰리가 일어나 성서대로 걸어갔다. 어머니의 관을 보지 않고 그 곁을 지나 걸어가는 몰리는 유독 작고 허약해 보였다. 당장이라도 몰리에게 달려가 내 품에 안고 살살 흔들어주고 싶어 온몸이 근질거렸다. 몰리는 앞에 책을 펼쳐놓더니 씩씩한 목소리로 낭독하기 시작했다.

"엄마를 위해 낭독하려고 합니다. '내 무덤 앞에서 울지 마라'입니다."

몰리가 슬픔을 가누고 읽기 시작한 순간 숨이 턱 막혔다.

"내 무덤에 와서 울지 마라

나는 그곳에 없나니, 그곳에 잠들어 있지 않으니.

나는 변화무쌍한 천 개의 바람이며

눈 위에 반짝이는 다이아몬드며

익어가는 곡식 위에 내리쬐는 햇빛이며

부드러운 가을비일지니."

몰리가 낭독을 잠깐 멈춘 순간, 몰리의 아버지가 몰리의 언니들 중 한 명의 어깨에 고개를 파묻고 대성통곡하는 소리가 숨죽인 교회 안을 가득 메웠다. 그 소리가 마치 이제는 모두들 비통한 심정을 표출해도 좋다는 신호라도 된다는 듯 사방에서 일제히 훌쩍거리는 소리와 흐느끼는 소리가 났다. 몰리가 시를 이어서 읽기 시작했다.

"그대가 새벽의 고요 속에서 깨어날 때
나는 가볍게 하늘로 날아오르는 바람이며……."

몰리의 목소리가 불안정하게 떨렸다. 그러나 심호흡을 한 뒤 계속 읽어나갔다.

"조용히 원을 그리며 비상하는 새이며
밤하늘에 빛나는 작은 별이다."

급기야 눈에서 눈물이 줄줄 흐르더니 몰리의 목소리가 갈라졌다.

"내 무덤에 와서 울지 말라.
나는 그곳에 없나니, 나는 죽지 않았느니."

이 구절은 내가 병동 상담실에서 몰리를 꼭 안아주었을 때 몰리가 몇 번이고 목이 터져라 외치던 내용이었다.

"엄만 안 죽었어요. 제발, 사실이 아니라고 해주세요. 제발 선생님이 잘못 안 거라고 말해주세요. 엄만 안 죽었다고요. 제발 엄마가 죽은 게 아니라고 말해달란 말이에요."

그 순간 달리 해줄 말이 없었다. 인지적 도전도 체계적 해석도 시의적절한 개입도 소용없는 순간이었다. 그 순간 내 말은 아무 소용이 없었을 것이다. 가족이 도착할 때까지 함께 땅바닥에 앉아 내 셔츠가 흠뻑 젖을 정도로 눈물을 흘리는 몰리를 품에 안고 살살 흔들어줄 수 있을 뿐이었다.

상담실

{6}

상담실

{6}

다른 행성에서 온 사람들

"난 그쪽 인생을 원해요"

내가 직업 세계에 첫발을 내디뎠을 때, 마침내 어른이 되었을 때, 수간호사인 어머니가 내게 인생의 선배로서 해준 충고가 있다.

"얘야, 사내 연애는 절대 하지 마라."

엄만 내게 동료와는 절대로 사귀지 말라고 경고했는데 나는 엄마 말을 따르지 않았다. 약물중독 병동의 정신과 의사이자 고참 의사인 남자가 있었는데 강인하고 믿음직하고 결단력 있는 사람이었다. 내가 환자들을 파악하느라 헤맬 때 내 말을 침착하게 들었다가 두서없는 내 생각을 해석해주었고 내 직관을 칭찬해주기도 했다. 그는 바람기가 다분한 사람이었고 나는 그것을 알면서도 스스로 낚였다.

외모는 내 타입이 아니었지만 차콜 그레이색 양복에 칼라를 풀어헤친 흰색 셔츠를 입고 중후한 신사화를 신은 그는 지적이면서도 섹시해 보였다. 실습 첫날 그의 사무실에서 한 시간 동안 진행된 정식 소개 자리에서 두 발을 책상 위에 올리고는 머리 뒤로 양팔을 깍지 긴 채 의자에 깊숙이 앉아 약물중독 병동에 잘 왔다며 나를 반겨준 사람이기도 했다. 데즈먼드 모리스Desmond Morris, 영국 출신의 동물행동학의 권위자의 빌어먹을 『털 없는 원숭이인간을 마치 동물학 연구 대상인 일개 동물 종처럼 다룬 것으로 크나큰 논란을 일으킴』도 읽었고 학부 시절에는 몸짓 언어에 관하여 전 과목을 이수하기도 한 내가 도대체 왜 알파 수컷이 되려 애쓰는 이 인간에게 홀린 걸까?

그곳은 내 마지막 실습 현장이었다. 나는 시간을 쪼개 약물중독 병동과 HIV 보균자 및 에이즈 환자를 연구하고 치료하기 위해 신설된 시설인 말기 환자 병동을 오가고 있었다.

몰리를 떠나는 일은 힘겨웠다. 이모젠과 더불어 몰리도 내 마음 한구석에 자리 잡았고 오랜 시간이 지난 지금까지도 나는 이 아이들을 떠올릴 때마다 슬퍼하지 않으려 안간힘을 쓰고 있다. 엘리너는 죽음으로써 딸을 떠났고, 사고 보고서에는 그녀가 일부러 충돌했다는 아무런 증거도 없었지만 그녀의 갑작스런 죽음은 심술궂게도 몰리로 하여금 인생의 다음 단계로 나아갈 여지를 주었다.

몰리는 내가 그 현장을 떠나기 전에 퇴원 허가를 받았다. 복학하여 지금도 의사가 되겠다는 꿈에 전념하고 있다. 병동을 떠나기 전 우리는 충격과 슬픔을 극복하기 위한 시간을 가졌는데, 몰리는 스케

소녀는 왜 다섯 살 난 동생을 죽였을까?

치와 그림으로 감정을 표현했다. 마지막 상담 시간에 몰리는 나를 그린 스케치를 주었다.

나는 여전히 배우는 과정이었으므로 다음 훈련 목표인 약물과 죽음으로 관심을 돌려야 했다.

약물중독 병동은 도시 중심가로 통하는 분주하고 지저분한 도로에 자리 잡은 오래된 병원의 1층, 마약 거래상들이 득시글거리는 것으로 악명 높은 소굴이 자리 잡은 황폐한 대규모 주택가의 맞은편에 터를 잡고 있었다. 진료소들이 들어선 복도 끝에는 널찍한 대기실이 있는데 의자는 볼트로 바닥에 고정되어 있고 그림들은 손이 닿지 않을 정도로 높이 걸려 있어서 오히려 천장에 더 가까웠다. 나는 약물중독자 담당 사회복지사들 두 명과 진료실을 함께 썼는데, 두 사람 다 친절한데다 붙임성도 좋았고, 병동을 찾는 사람들과 이질감이 별로 없는 외모였다. 약물중독 병동 뒤편에는 상담실이 여러 개 있는데 마찬가지로 볼트로 모두 고정해놓은 의자들은 언제든 비상 버튼을 손쉽게 누를 수 있도록 배치되어 있었고, 집단 상담을 할 수 있는 널따란 상담실도 두 개 있었다.

조제실/교체용 주삿바늘은 병동 후미진 곳에 있는 잠긴 문 뒤에 있었는데 강화콘크리트에 두꺼운 판유리가 있어 꼭 벙커처럼 보였다. 이곳이 바로 메타돈_{모르핀이나 헤로인에 의존하는 환자의 금단 증상을 치료하는 데에 쓰는 합성 진통제}을 비롯하여 기타 향정신성 의약품이 한 번에 한 환자에게만 삼엄한 감시하에 조제되는 중심부였다. 더럽고 무딘데다 감염 가능성까지 있는 주삿바늘을 오염되지 않은 깨끗한 주삿바늘과 교환해주었는데 헌 주삿바늘은 폐기물이 들어가자마자 바로 뚜껑이 잠기는 전용 쓰레기통에 버려졌다. 직원이 주삿바늘에 찔려 다쳤을 경우에는 긴급 절차를 따르라고 권고하는 비닐 코팅 포스터가 사방에 붙어 있었다.

정신과 의사는 전 직원 중 유일하게 전용 사무실을 가지고 있었는데 그냥 사무실이 아니라 가장 큰 사무실이었다. 그 방에 있는 사진들은 정상적인 높이에 걸려 있었고 커피도 그 사람만 쓰는 전용 머그에 담아 다른 사람이 가져다주었다.

병동 전체가 흰색 페인트로 칠해져 있어서 깨끗한 인상을 주기는 하지만 개성이라고는 조금도 없었다. 매일 오전 9시에 문이 열리면 살아오면서 지금까지 본 사람들 중에서 가장 지저분하고 궁핍한 사람들이 끝도 없이 줄지어 들어왔다. 이 대기실에서 기다리는 사람들이 선진 세계에서 가장 부유하다는 도시 중 한 곳에 사는 사람들이라는 사실을 받아들이기까지는 꽤 오랜 시간이 걸렸다. 이 공간에는 영양실조에 걸린 사람들이 상처투성이인 사람들, 쇠약한 사람들, 버림받은 사람들과 줄지어 앉아 있었다.

그럼에도 병원은 조용했다. 폭력이 일어나는 일이 거의 없었는데 얼마 안 가 이곳 직원들이 치료를 받으러 오는 사람들을 존중해주기 때문이라는 것을 알 수 있었다. 별 특징 없고 사방이 온통 하얀 보호막 안에서 우리는 모두가 인정과 환영을 받는 안식처와 평온과 온기를 제공했다. 그러나 잠깐이나마 안전하고 따뜻하고 보송보송한 곳에서 쾌적한 수면을 취해보겠다고 의자에서 떠나지 않으려는 사람들을 내보내기 위해 실랑이를 벌여야 할 때가 종종 있었다. 적잖은 사람들에게 이곳은 집이나 다름없는 곳이었다.

정신과 의사는 내가 그를 필요로 할 때마다 늘 내게 시간을 내주는 듯했다. 그는 매력적이었다. 이른 아침 예약도 없이 환자가 들이닥쳐 늘 정신이 하나도 없기 일쑤인 이 진료소에서 그는 누가 봐도 '대장', 알파 수컷이었다. 접수계원들도, 간호사들도 좋아해 마지않는 그를 나 역시 좋아했다. 우린 그를 따르는 사자 무리였다.

경쟁을 즐기는 여자로서 나는 사자 무리의 대장 암사자가 되기로 결심했다. 그와 함께 까다로운 환자 몇몇을 맡고 있었는데 그는 늘 내가 없었으면 혼자서 막막했을 거라고 했다. 나는 그에게 인정받는 것이 좋았고 동료들의 시샘 어린 눈총도 마냥 즐겁기만 했다.

근무가 끝나면 우린 그의 사무실에서 함께 시간을 보내곤 했다. 커피를 마시면서 그날 힘들었던 일들을 서로에게 털어놓았다. 문제를 즉각적으로 파악하는 능력, 어떻게 개입해야 할지 구체적으로 짚어내는 그의 능력이 그렇게 감탄스러울 수가 없었다. 나도 그처럼 문제를 바로 파악하고 알아내고 해결할 수 있는 사람이 되고 싶었다.

"왜 의학을 안 했어요?"

어느 날 그가 내게 물었다.

"의학 공부를 한 다음에 정신의학을 전공하면 됐을 텐데? A-레벨 점수가 별로 안 좋았나?"

사실 내 A-레벨 점수는 같은 학교에 다니던 영재들에 비하면 그다지 좋은 편이 못 되었다. 앞에서도 언급했지만 나는 공부 욕심 많은 여자애들이 다니는 여학교를 다녔는데 그 학교가 너무 싫어서 눈 곱만큼도 관심이 없는 사실들을 암기하느라 시간을 보내는 것보다는 동네 다른 학교의 남학생들과 어울려 다니는 걸 더 좋아했다.

내가 다닌 학교는 옥스브리지옥스퍼드와 케임브리지를 합한 말에 합격한 여학생들을 졸업식 때 앞으로 불러낸 다음 떼로 무대를 가로지르게 하고는 깐깐한 여자 교장 선생님의 자애로운 악수를 받게 하는 학교였다. 나를 비롯하여 '2류' 대학의 입학을 앞둔 나머지 열등생들은 강당 뒤편에 앉아 박수 부대 노릇을 했다. 대학 준비생 학부모 면담 때, 우리 부모님은 내가 '최우등생'이 될 일은 없을 거란 말을 들었다. 나중에 엄마가 나한테 고백한 바에 따르면 그 말을 한 모 교사의 귀싸대기를 갈기고 싶었단다.

나는 예전에도 학벌 제일주의가 싫었고 지금도 싫어한다. 그런데 저 정신과 의사가 내게 던진 말이 바로 학벌 제일주의 풍토를 반영하는 말이었다. 대놓고 잘난 체하는 꼴이라니. 그는 의학계의 오만한 면을 고스란히 보여주는 전형적인 꼴통이었다. 하지만 그 당시, 그 순간의 나는 딱하게도 그의 관심을 받아 의기양양해진 나머지 그가 얼마나 머저리 같은 인간인지 몰랐다. 그는 내 손을 잡더니 '전국에 있는 모든 의대 학장들'이 나를 만나봤어야 한다고 말했다.

"나한테 고등학교를 갓 졸업한 당신을 만날 기회가 생겨 당신을 직접 면접할 수 있었다면, 두말할 필요도 없이 당신은 지금 수련의 과정 중일 거예요. A-레벨 성적이 어떻든지 간에."

그는 내내 내 눈을 똑바로 쳐다보면서 이 말을 했는데, 내가 낸

소녀는 왜 다섯 살 난 동생을 죽였을까?

헉 소리도 분명 다 들었을 것이다. 나는 그에게 키스하고 싶었고 그보다 훨씬 더한 것도 하고 싶었다.

그런 식의 유희는 계속되었고 몇 주 후, 더위에 지치고 힘들었던 어느 기나긴 오전이 끝자락에 이르렀을 때 우리의 관계는 가장 실망스러운 방식으로 '절정에 도달'했다.

그날 출근하면서 진료소 문을 여는데 어떤 여자가 들어와 바닥에 쓰러졌다. 너무 순식간에 쓰러지는 바람에 미처 그 여자를 붙잡을 틈이 없었다. 젊고 야윈 여자의 샛노란 금발은 염색한 머리였는데 탈색을 과하게 했는지 지푸라기처럼 푸석푸석했고 뿌리 부분은 머리가 자라 까맸다. 이 동네 진료소에서는 그렇게 보기 드문 헤어스타일이 아니었다. 머리가 바닥에 부딪치면서 튕기는 바람에 작은 귓불에 달려 있던 금색 링 귀고리가 짤랑짤랑 소리를 냈다. 코 밑에 피가 말라붙어 있었고 왼쪽 광대뼈는 심하게 부풀어 오를 조짐을 보이고 있었다. 오른쪽 눈은 지난주쯤 생겼을 것으로 보이는 멍이 빠지면서 희미한 자국이 남아 노란빛과 푸르뎅뎅한 빛을 띠고 있었다.

얻어맞은 여자들은 정말 눈뜨고 보기 어려울 정도로 끔찍한 모습이지만 한 열 번쯤 보고 나면 어느 정도 무덤덤해진다. 그 진료소에서는 폭력이 가족 간, 커플 간, 친자 간에 일어나는 보편적인 의사소통처럼 보일 지경이었다. 그러나 그런 나도 얻어맞은 여자의 얼굴에 유행 중인 고가의 운동화 상표명과 로고가 찍혀 있는 걸 본 건 난생처음이었다. 문제의 상표는 창백하고 푸석푸석한 피부에 자줏빛으로 부풀어 오른 형태로 새겨져 있었다.

진료소에서는 이 여자를 알고 있었다. 이름은 모Mo였고 동네에서 악명 높은 집안에서 태어났다. 이 동네 보건, 사회, 교육 복지 기관에 다니는 사람들은 다들 이 여자, 여자의 부모, 조부모, 이모·고모, 삼촌·외삼촌, 형제자매, 사촌 등 그 수가 너무 많아 일일이 열거할 수조차 없는 친인척까지 다 알고 있었다. 모는 '메타돈을 몇 방울만 더' 달라며 진료소에 들르는 일이 많았다. 지난번 분량은 강도를 당했다, 흘렸다, 엄마랑 같이 먹었다 등등 핑계도 다양했다.

모는 초짜인 나는 모르는 허점을 알고 있었기에 한동안은 화장실에서 나와 내게 작은 용기에 담긴 차가운 소변을 '돌아가신 할아버지 무덤을 걸고 맹세하는데 약 안 한다'는 증거랍시고 건넸고 소변 흡수 막대도 여봐란듯이 그녀의 말이 진실임을 입증해주었다. 그시절의 나는 그 차가운 소변이 되는대로 아무 소변이나, 이를테면 여동생의 소변이라든가, 받아두었다가 밀반입한 소변이라는 것을 몰랐다. 병동에 있는 동안 채뇨컵에 받아서 체온이 유지된 상태로 건네준 것이 아니라면 모 같은 사람의 소변을 인정하면 안 된다.

섬뜩한 스포츠 용품 광고판처럼 얼굴에 상표 로고가 찍힌 모가 내 발치에 누워 있었다. 신음 소리를 내는 것으로 보아 살아 있는 것은 분명해 보였으나 그다지 좋은 상태는 아니었다.

정신과 의사는 바닥에 있는 모를 살펴보았고 우리는 함께 모를 들어 올려 그의 사무실로 데리고 갔다. 간호사 한 명이 와서 자상과 타박상을 처치하고는 자기 일이 끝나자 돌아갔다. 그 간호사는 정신과 의사 선생과 한 방에 남아 있는 것이 내가 아니라 자기이기를 바

소녀는 왜 다섯 살 난 동생을 죽였을까?

랐을 것이다.

그날의 대부분을 나는 모와 보냈다. 모는 전체 건강검진을 받았고 민감한 피부를 담뱃불로 지져 생긴 상처가 곪은 부위에는 연고가 도포되었으며 면봉으로 표본을 채취하여 검사했더니 성병에 감염되었다는 결과가 나와 약도 처방받았다. 뜨겁고 달큰한 차를 몇 잔이고 마셨고 버터를 바른 다음 잼까지 잔뜩 바른 토스트를 거의 다 먹어치웠다. 음식을 먹는 모의 나약한 모습에 마음이 짠해졌다. 모가 말을 하기 시작했다.

"나는 그이를 엄청 사랑해요."

모가 선언하듯 말했다.

"왜요, 모? 당신을 이렇게 때리고 담뱃불로 지진 사람이잖아요."

"그이도 어쩔 수 없어서 그런 거예요, 딱하기도 하지. 나쁜 놈은 아니라구요. 그이도 많이 맞으면서 자랐거든요."

굶주린 어린아이처럼 토스트를 게걸스럽게 먹는 모의 입에는 잼이 잔뜩 묻어 있었다. 그런 그녀를 껴안아주고 싶었다.

"그 남자도 분명 모를 사랑하고 있겠죠."

이 말은 내 진심이 아니었다.

"하지만 그 남자는 애정 표현을 폭력으로 하잖아요. 그 남자가 분노를 해결할 수 있도록 도움을 받지 않는 한 당신은 평생 그의 샌드백이 될 거예요."

고개를 쳐들고 나를 바라본 모의 한쪽 눈은 휘둥그레져 있었지만 나머지 한쪽은 심하게 부어 있어 스르르 감길 뿐이었다.

"도움이라구요? 지금 도움이라 그랬어요?"

모가 깔깔대고 웃기 시작했다.

"어디서요? 누가 우리 같은 사람들을 도와준대요?"

"내가 도울게요, 모, 그러니까 지금부터 시작해요, 우리."

모가 벌컥벌컥 차를 마시다 말고 고개를 푹 숙인 채 작지만 분노 어린 목소리로 내게 물었다.

"당신이 날 어떻게 돕겠다는 건데요?"

좋은 질문이다. 어떻게 도와야 하지?

"어떤 도움을 받고 싶은데요, 모?"

여전히 고개를 푹 숙인 모가 두 눈에서 펑펑 쏟아지는 눈물을 훔 치다가 너무 부어 지금은 거의 감기다시피 한 눈을 세게 문지르는 바람에 움찔했다.

"난 그쪽 인생을 원해요. 학교에서 공부도 잘하고 싶고, 취직도 하고 싶고, 좋은 집에 살면서 가족한테 돈도 벌어다 주고 싶고……. 나도 돈이 든 내 은행 계좌를 갖고 싶다고요. 다른 사람이 되고 싶다 고요."

일평생 바라던 것들을 죽 늘어놓으면서 나를 바라보던 모의 눈 빛이 내 마음속 깊이 와 닿았다. 내 삶을 달라는 모를 보면서 모에게 없는 걸 내가 가졌다는 생각이 든 순간, 죄책감이 들었다.

"우선 이 폭력적인 관계에서 빠져나와 약을 끊은 다음 거기서부 터 시작해보는 건 어때요?"

섹시한 정신과 의사가 회진을 마치고 돌아왔고 우리는 합심하여 예전이나 지금이나 한결같이 이렇게 여자를 때리는 남자는 떠나야 하는 법이고 우리가 장기적인 계획을 짤 때까지는 쉼터에 가 있어야 한다며 모를 설득해보았다. 많은 사람들이 모를 납득시키려다 실패했다지만 우리는 무슨 일이 있어도 모가 현실을 직시하도록 할 작정이었다. 성공이 코앞이었다. 만사가 순조롭게 진행되어 입소할 쉼터도 찾았고 폭행 증언을 들으러 경찰도 오기로 되어 있었다. 그러다 가해자가 나타나자 우리의 공든 탑은 무너져 내렸다. 모가 흐느끼면서 주삿바늘 자국으로 도배된 그의 팔뚝에 안기자 그 또한 흐느끼며 조잡한 싸구려 꽃다발을 불쑥 내밀더니 온 힘을 다해 반성하는 모습을 보였던 것이다. 사랑을 선포하고 맹세를 재차 다진 두 사람은 깨끗한 주삿바늘과 이 동네 특산주나 다름없는 메타돈 몇 밀리미터로 무장한 채 떠나버렸다.

자, 계획은 실패했지만 여전히 에너지가 넘쳐 주체하지 못할 때 우리는 어떻게 하는가? 물론 진료실에서 열정에 휩싸이게 된다. 우리도 그랬고 결과는 끔찍하기 짝이 없었다. 그가 작게 잉잉거리는 목소리로 키스해도 되냐고 물었기 때문도 아니었고, 키스를 하는 동안 그의 혀가 내 입안에서 모터 달린 믹서기처럼 느껴졌기 때문도 아니었다. 그저 불현듯 내가 얼마나 한심하고 궁상스럽고 자존심도 없는 바보인지 깨달았기 때문이었다.

이 정신과 의사는 내 허영심과 '일등'이 되고픈 욕망을 이용하여 나를 가지고 놀았다. 나는 왠지 심리학이 정신의학의 차선이며 내가 학교 때 공부를 조금만 더 잘했으면 나도 그런 엘리트 집단의 일원이 될 수 있었을 거라는 발상에 휘말림으로써 우리 업계의 위신을 떨어뜨렸다. 물론 최악의 키스도 매력을 순식간에 급감시킬 수 있지만 애초에 매력 자체가 실제로 존재하지 않았고 내 나르시시즘이 부추긴 판타지만 있었을 뿐이었다.

인정하긴 정말 싫었지만 엄마 말씀이 백번 옳았다. 나는 반나절 교대 근무를 마친 후 약물중독 병동을 나와 토트넘 코트 로드를 걸어 내려가 새로 생긴 HIV/AIDS 전문 센터로 갔다. 이 두 환자 집단을 하나로 묶어준 것은 동일한 바이러스지만(전자는 더러운 주삿바늘을 썼다가 감염된 경우이고 후자는 콘돔 없이 성관계를 가져서 감염된 경우이다), 두 부류의 환자들은 그 외 모든 면에서 달라도 너무 달랐다.

몇 주를 약물중독 병동에서 살다시피 한 끝에 이제 처음으로 말기 환자로 구성된 특수 그룹과 만날 예정이었다. 이들과는 앞으로 아주 잘 알고 지내게 될 터였다. 이 환자들은 우리가 돌보고 있는 다른 환자들보다 빠르게 죽어가고 있었다. 죽어가고 있지만 엄연히 살아 있었고, 극도로 여위었지만 종종 말도 못하게 아름답고 세련된 사람들로 피부암과 캐시미어에 뒤덮여 있었다. AIDS에 걸리면 남자들은 런던으로 왔다.

1990년대 초는 게이들과 함께 일하는 것이 신기하고 흥미진진했던 때였다. 말기 환자 병동에도 큰 변화가 있었다. 갑자기 환자들 중 매력 넘치는 젊은이들의 수가 폭발적으로 증가했던 것이다.

암울하고 더럽고 절망적인 약물중독 병동의 세계를 떠나 HIV 병동에 들어설 때면 언제나 전혀 다른 행성에 온 기분이 들었다. HIV

소녀는 왜 다섯 살 난 동생을 죽였을까?

병동은 차별에 맞서 싸우고 친구들과 연인들이 주변에서 스러지는 모습을 지켜보면서 덤처럼 얻은 에너지와 분노가 폭발 직전에 다다른 아름답고 감성적인 사람들이 있는 세계였다. 당시엔 HIV 진단을 받는다는 것은 곧 사형선고나 다름없었다. 요즘엔 그 바이러스가 있어도 살 만큼 살다 가지만 그땐 그 바이러스 때문에 죽었다.

첫날 병동에 들어선 순간 나는 초록빛 수술실 간호사복을 입은 작고 여성스러운 남자의 따뜻한 환대를 받았다. 여러 군데 피어싱을 한 그 남자는 미군을 떠올리게 하는 크루커트스포츠형으로 아주 짧게 깎은 머리 헤어스타일과 눈부시게 하얀 이가 드러나는 가장 멋진 미소를 가진 남자였다.

남자는 양팔을 활짝 벌리더니 360도 돌았다.

"안녕, 멋쟁이 아가씨. 난 간호사 피트라고 해요. 행복한 보금자리에 잘 왔어요."

진심에서 우러나온 환영을 받은 기분이었고 집처럼 편안한 느낌이었다. 피트는 나를 보건상담가들의 사무실이 모여 있는 복도 쪽, 맨 끝에 있는 작은 방으로 데려다주었다. 지금까지 사용한 사무실 중 가장 좋은 사무실이었다. 널마루에는 크림색 러그가 깔려 있었고 옅은 색 벽지와 그에 어울리는 책상, 문서 보관함과 의자 세트가 놓여 있었다.

"마음에 드시는지요, 마담?"

"기대 이상이에요, 피트!"

"흠, 당신네 정신과 쪽 사람들은 늘 이런 반응을 보이더군요. 환자들을 제대로 대접하려면 직원인 우리 자신부터 제대로 대접해주어야 한다는 게 우리 생각이랍니다. 어쨌거나 이 방에서 대화를 나누게 될 사람들은 다 죽어가는 사람들일 텐데 그렇게 죽음을 준비하는 사람들한테 좋은 환경을 누리게 해줘야죠. 안 그래요?"

이 남자한테 엎드려 절이라도 하고 싶었다. 보건상담가 두엇이 내게 커피를 한 잔 가져다주었는데, 나 말고 다른 임상 심리학자는 없었기 때문에 그들이 나에게 이곳을 안내해주었다. 그 시절엔 검사를 받으면 결과가 나올 때까지 기약 없이 기다려야 했으므로 보건상담가의 역할은 그 지옥 같은 기다림이 시작되기 전과 도중 그리고 결과가 나온 후 지원을 제공하면서 좀 더 취약한 서비스 이용자들에게 콘돔과 안전한 섹스를 권하는 것이었다.

"좀 더 취약한 서비스 이용자들이라구요?"

내가 보건상담가에게 물었다.

"닥치는 대로 아무하고나 섹스를 하고는 '난 절대 그런 병에 안 걸린다'고 주장하는 멋 모르는 사람들이요. 거기다 임대 소년들도 있죠."

"임대 소년이요?"

"콘돔 없이 섹스하게 해주면 돈을 두 배로 받는대요."

그날 오후 늦게 피트는 여러 병동이 들어서 있는 병원 본관까지 나와 함께 길을 건너주었다. 자기 친구들 중 3분의 1 이상이 죽었고 또 다른 3분의 1은 죽어가고 있다고 했다. 자신은 감염되지는 않았

소녀는 왜 다섯 살 난 동생을 죽였을까?

지만 3개월마다 검사를 받는다고도 했다.

"혹시 아는 사람을 간호해야 했던 적은 없어요?"

피트가 웃었다.

"아휴, 자기야, 이 바닥에 대해서 부지런히 배워야겠다. 여기선 다들 서로 알고 지내. 다들 친하다니까."

그랬다, 나같이 늘 한 번에 한 명씩만 만나는 순진한 여자는 배울 게 정말 많았다.

병동에 들어서자 진료소에 들어섰을 때 못지않게 열렬한 환영을 받았다. 접수처 직원들의 따뜻한 환대 후 피트가 나를 간호팀에게 소개해주었다. 이번에도 커피 한잔 마시면서 서로를 소개하는 간단한 자리를 가진 뒤 피트가 나에게 환자 몇몇과 안면을 트게 해주겠다고 했다. 나 역시 한시라도 빨리 만나고 싶었다.

다인실은 아예 없었고 모든 환자는 욕실이 딸린 1인실을 이용하고 있었으나 말동무가 필요한 사람들이 병실에서 나와 서로 어울릴 수 있도록 소파, 잡지, 음료 기계가 놓인 공용 공간이 마련되어 있었다. 공용 공간에 아무도 없는 것을 확인하자 피트가 어떤 병실의 문을 두드렸다.

"톰이 집에 있는지 한 번 보자구요!"

"다 벗고 있다면 들어와."

우리 둘 다 옷을 입고 있었지만 어쨌든 들어갔다.

그 문을 지나 그 병실에 들어가는 것은 마치 나니아의 옷장으로 들어가는 것과 같았다.소설 『나니아 연대기』에 나오는 옷장을 비유함. 병실은 어두웠지만 벽마다 매달아놓은 앙증맞은 전구가 반짝반짝 빛나고 있었다. 실내에서는 미모사 향이 났다.

눈이 어둠에 적응하려면 시간이 어느 정도 지나야 했기 때문에 처음에는 침상에 누운 사람의 실루엣밖에 안 보였다. 피트가 내 손을 잡아주었고 우리는 함께 톰 쪽으로 다가갔다.

"안녕, 어서 와요."

지금껏 들어본 그 어떤 목소리보다 부드럽고 감미로운 목소리가 말을 건넸다.

"조명이 시원찮아서 미안해요. 하지만 나한테 감광성感光性, 빛의 세기가 자극이 되어 식물 기관이 오므라지거나 굽거나 펼쳐지는 성질이 좀 있는 것 같아서 그래요."

목소리 하나만으로 사랑에 빠질 수 있다면 바로 그 순간 나는 홀딱 반했을 것이다. 눈이 차차 어둠에 적응해가고 있었고 덕분에 나는 나를 향해 뻗은 가느다란 팔에 달린 손을 잡고 악수를 할 수 있었다.

"아뇨, 이거, 피트, 너무 모범생 스타일이잖아."

"어머나, 죄송해요!"

나는 얼뜨기가 된 기분이었다. 얼결에 톰의 손을 너무 꽉 쥐었다. 피트가 킥킥거렸다.

"이번엔 약간 깍쟁이인 것 같아, 톰."

"아주 잘했어. 나한테 데려와줘서 고마워. 넌 이제 나가도 돼, 피트."

"넵, 전하."

피트가 큰절을 하더니 요란하게 병실을 떠났다.

소녀는 왜 다섯 살 난 동생을 죽였을까?

나는 어리둥절했다.

"아가씨, 나 입안이 바짝 말랐어요."

물주전자를 발견한 나는 빨대가 꽂힌 텀블러에 물을 따라서 톰의 입에 대주었다.

톰이 물을 마시는 동안 내 눈이 마침내 어둠에 완전히 적응하여 그의 얼굴을 제대로 볼 수 있게 되었다. 아, 얼마나 아름다운 얼굴인지. 완벽한 조각품 같았다. 완벽한 아몬드 모양의 녹색 눈동자가 양쪽 눈을 빛내고 있었고 그 아래 광대뼈가 인상적인 봉우리를 이루고 있었다. 머리는 검고 짧았으며 아무렇게나 헝클어뜨린 듯한 머리는 군데군데 뾰족이 솟아 있었고 입술 윤곽은 큐피드의 활 같고 도톰해서 키스를 위해 태어난 입술 같았다. 목은 사슴 같았다.

"짐작했겠지만 한때는 훨씬 괜찮았답니다."

이런 말에는 뭐라고 대꾸해야 할까?

"제가 보기엔 지금도 말도 못하게 멋지신데요, 톰."

"피차일반인데요."

톰이 빨대로 물을 쭉 빨아들이고 나서 말을 이었다.

"그래, 여긴 왜 온 건가요?"

좋은 질문이다.

"그게요. 아, 무슨 말부터 해야 할까요?"

"관등 성명이면 충분하겠죠."

그래서 나는 톰에게 내가 누구고, 어떤 실습을 하고 있고 자격증을 받으면 무슨 일을 하고 싶은지 말해주었다.

"세상을 더욱 아름답고 행복한 곳으로 만들고 싶단 거군요?"

"그렇다고 하면 너무 상투적일까요?"

톰이 매력적인 미소를 날리더니 몇 차례 끙끙대면서 침대에서 상반신을 일으켜 세웠다.

"천만에요. 세상을 아름답게 만드는 게 뭐가 어때서요? 그게 내가 평생을 바친 일이기도 한데."

톰은 어마어마한 재능과 뛰어난 미모를 겸비한 패션디자이너였고, 그 자신이 한 말에 따르면, '이제 안팎이 두루두루 썩어 문드러졌다'고 했다. 그가 디자인한 옷의 브랜드는 나도 알고 있는 것이었다. 그가 디자인한 옷을 입은 신디 크로퍼드, 린다 에반젤리스타, 나오미 캠벨1990년대를 풍미한 슈퍼모델들을 찍은 마리오 테스티노, 피터 린드버그, 애니 레보비츠, 엘렌 폰 운베르트모두 사진작가들의 기념비적인 사진들이 머릿속에 절로 떠올랐다. 이 남자는 패션계의 전설이었다.

"아! 뭔지 알겠다! 제가 그 브랜드를 얼마나 좋아한다구요!"

"혹시 한 벌이라도 가지고 있어요?"

나는 피식 웃었다.

"지금 장난하세요? 제 월급에요?"

톰이 작은 소리로 끙끙거리며 몸을 앞으로 내밀더니 나를 위아래로 훑어보기 시작했다.

"좀 일어나볼래요?"

방이 어둑어둑하니까 내 얼굴이 빨개진 걸 그가 눈치채지 못했으면 싶었다.

소녀는 왜 다섯 살 난 동생을 죽였을까?

"어려워 말구요. 그냥 일어나봐요."

그래서 나는 일어섰다.

"흠. 키? 크고. 어깨? 넓고."

독일 출신 아빠를 닮아서 그렇답니다, 톰. 제 동생을 봐야 하는 건데, 우리 자매는 늘 아마존 여전사 쌍둥이 자매라고 불렸다고요.

"스타일? 아, 이거 미안하게 됐네요. 스타일은 꽝."

나는 풀이 죽은 채 자리에 앉았다.

"문제가 뭔데요?"

"남성복 스타일이요. 구제숍에서 샀죠, 그쵸?"

"네. 이래 봬도 카너비 거리런던의 쇼핑가로 1960년대 젊은이의 패션 중심지에 있는 구제숍이라구요!"

"그렇겠죠. 그 옷 자체는 좋지만 그쪽한테는 좋을 게 없어요."

톰이 고개를 밑으로 쭉 뺐다.

"아휴. 닥터마틴 신발이라니. 왜 그랬어요?"

"안 될 건 또 뭔가요? 여자라고 여자 옷만 입어야 되는 건 아니잖아요."

톰이 웃었다.

"그야 그렇죠. 하지만 그쪽한테는 무성적이다 못해 남성적인 스타일이 안 어울리는데다 이 옷은 다들 몸매 가리기용으로 입는 거잖아요. 당신이 그 옷을 걸치고 있는 몸에 만족한다면 더 잘 어울리겠죠."

한 방 먹은 것 같은 기분이 살짝 들었지만 물론 톰의 말은 틀리지 않았다. 요즘 내가 옷을 입으면서 주력하는 부분은 지난 현장에서 찐 살을 감추는 것이었다. 그렇다고는 해도 이런 사람이 나한테 패션에 관한 조언을 해주었다고 생각하니 엄청 우쭐한 기분이 들기도 했다. 알리하고 로지하고 미건한테 자랑하고 싶어 입이 근질거릴 지경이었다.

"자, 우리 이렇게 하기로 해요. 그쪽이 나와 시간을 보내면서 이 빌어먹을 질병의 공포를 해결해주면 난 당신한테 옷 입는 법을 가르쳐주도록 하죠."

우리의 계약은 공신력이 적잖이 떨어지는 악수로 체결되었고 나는 그 병실에서 나왔다. 피트가 반대편에서 나와 합류했다. 나는 갑자기 햇살 속으로 떠밀린 두더쥐처럼 눈을 깜빡이고 있었다.

"어떻게 됐어요?"

그가 물었다.

"톰이 날 다시 만나고 싶어 하는 것 같아요."

피트가 나를 포옹해주었다.

"잘했어요, 멋쟁이 아가씨! 통과했군요!"

톰은 죽음을 준비하는 자신을 심리적으로 지지해줄 사람으로 내가 적합한지 오디션을 본 것이었다. 주폐포자충 폐렴전 세계적으로 환경에 널리 분포하고 있는 기회 감염 진균인 뉴모시스티스 카리니(주폐포충)에 의해 면역 억제 환자에게 발생하는 폐렴. 에이즈 환자, 항암화학요법 중인 암 환자, 장기 이식을 받은 후 면역 억제제를 복용하는 환자 등 면역이 저하된 환자에게 주로 발생하며, 면역이 정상인 사람에게서는 거의 발생하지 않는다에 대한 치료 반응이 아주 좋기 때문에 위급한 상황

소녀는 왜 다섯 살 난 동생을 죽였을까?

은 아니었지만 언제든 닥칠 일이라는 걸 그도 알고 있었다. 대신 나는 인생을 확 바꿔줄 스타일 변신을 할 수 있게 될 것이다. 분명 나도 원하는 계약이었지만 내가 이 계약을 이행할 수 있을지 확신할 수는 없었다.

이번 현장은 분주했다. 약물중독 병동과 HIV 병동을 오가야 했기 때문이다. 메타돈을 타기 위한 모의 정기 순례는 계속되었다. 모가 잘 지내는지 말을 걸어 확인하고 싶은 마음에 틈만 나면 나도 모르게 모가 오지 않았나 살폈다. 처음에는 새로 생긴 멍도 더 이상 안 보이기에 희망적이라 여겼다. 나중에 알게 된 사실이지만 사실 그 모든 상황은 가학-피학 관계에서 보편적으로 나타나는 학대 후 밀월기였다.

이제 약물중독 병동의 고정 방문객들과도 안면을 트게 된 나는 대기실에서 그들과 정감 어린 농담까지 주고받게 되었다. 지옥 같은 장소조차 얼마 안 가 이렇게 친근하고 정상에 가깝게 느껴지기 시작하는 걸 보니 세상사가 참 우습다는 생각이 들었다.

병동에는 헤로인 중독자들뿐만 아니라 중증 벤조디아제핀^{수면제}나 신경안정제로 많이 쓰이며 외상후 스트레스장애, 공황장애, 알코올의존증, 적응장애, 불안장애 등과 같은 정신병의 완화 및 치료에 사용된다. 부분 마취가 필요한 치과 치료에도 쓰인다 '젤리' 주사 중독자들도 있었다. 고정 방문객들 중에는 상습적으로 주사를 놓다가 한쪽 다리를 절단해야 했던 이들도 몇몇 있었다. 코카인 중독자들과 각성제 중독자들도 몇몇 있었는데 이들은 옷차림이 깔끔하고 영양 상태가 양호한데다 신체 기능상의 문제도 없는 편이라 알아채기가 훨씬 쉬웠다. 정제 코카인은 아무 데서나 처방받을 수 있는 게 아니었기 때문에, 백색가루에 대한 심리적 의존 문제를 풀어줘야 하는 이런 환자들은 대개 나한테 의뢰가 들어왔다.

찰리코카인의 별칭는 얄궂고 고약한 약물이다. 우리 뇌를 속이는 데 도사나 다름없는 찰리는 도파민 흉내를 내서 쾌락 중추를 활성화시킴으로써 인생이 대형 유람선이라고 착각하게 만든다. 1990년대에는 내가 알던 사람들 중에도 코카인을 기분 전환용으로 사용하던 사람이 꽤 있었다. 파티에 가면 으레 찰리가 있을 정도였다. 가장 흥미로운 점은 내가 알던 사람들 대부분은 찰리를 시작했다가도 한동안은 알아서 멀리하는 자제력이 있었던 것 같은데 약물중독 병동을 찾는 사람들은 어째서 그러질 못하는가 하는 점이었다.

주중 마지막 날 같은 시간에 병원을 찾는 사람들이 있어 결국 나는 그들을 전부 모아 일주일에 두 번씩 이른 저녁에 모이는 그룹을 운영했다. 그룹의 구성원들은 다양했다. 열 명으로 구성된 그룹 중 제시카는 서른한 살의 런던 금융가의 증권 중개인이고 샘은 스물세 살로 전도유망한 프로 운동선수, 이조벨은 서른한 살의 클럽 홍보 전문가, 커티스는 쉰네 살의 프로 음악가로 이조벨의 파트너이다. 나는 크리스의 도움을 받아 이 그룹을 신중하게 짰다. 심리-교육적 치료에 인지행동 치료 기법을 일부 투입하고, 함께 나누고, 서로의 이야기를 듣고, 서로를 지지하는 아주 중요한 요소도 가미했다.

제시카는 출세 지향적이고 성취욕이 높은 집안 출신으로 자기 자신에 대한 기대치가 어마어마하게 높은 사람이다. 치열한 노력 끝에 남성 중심의 직종에 종사하게 된 제시카는 최고가 되기로 결심한 후 야근을 밥 먹듯 하고 종종 사무실 책상에서 잠을 자가면서 큰 건을 중개했다.

모든 환자가 돌아가면서 그룹에 자신을 소개하고 자신의 사연을 공개할 수 있도록 2, 3분씩 시간이 주어졌다. 제시카가 제일 먼저 나섰다.

"안녕하세요. 제스제시카의 애칭라고 합니다. 나이는 서른하나고 코카인을 애정합니다."

마약류 중독자 익명의 모임에 이미 나가본 경험이 있는 사람들은 "안녕하세요, 제스" 하고 화답해주었다. 제시카가 킥킥거리며 말을 이었다.

"아휴, 무슨 말부터 해야 할지 모르겠네요. 사실 할 말이 그렇게 많지도 않아요! 3년 전 일하면서 느끼는 쾌감이 너무 좋았고 그걸 놓치기 싫어서 퇴근 후 코카인을 하기 시작했는데, 그러다가 계속하게 되었습니다."

그룹 내에서 킥킥거림과 끄덕거림이 돌았다.

"와우, 뭘 좀 아는 분이시네!"

커티스가 몸을 앞으로 내밀어 제시카에게 하이파이브를 제안했다. 나는 살짝 불안했다. 이 그룹은 긍정 그룹이 되어서는 안 되기 때문이었다.

"고마워요!"

커티스가 고개를 까딱하며 목례를 했다. 나는 용케 제시카와 눈을 맞춘 다음 티 나지 않게 내 시계를 가리키려 했다.

"죄송요. 아무튼 뽕 간 느낌이 너무 좋았어요. 코카인이 주는 활력도 좋았고요. 맙소사, 체중 감소는 빼먹으면 섭섭하죠."

찰리는 정말 얄궂은 유혹꾼이었다.

"이젠 아무리 해도 성에 차질 않아요. 아침에도, 점심에도, 저녁에도 코를 씩씩거리죠. 하루 종일 미친 듯이 달린 끝에 지난 분기엔 목표의 3분의 1 이상을 초과 달성했다니까요!"

제시카가 잠시 말을 멈추더니 미소를 띤 채 또 한 번의 하이파이브를 기다렸지만 그룹은 조용했다. 실망한 기색이 역력했다.

"회의만 하려고 하면 떨려서 진정하기 위해 약을 흡입해야 해요. 주말에는 코카인을 안 하려고 내내 침대에만 누워 지내지만 우울해서 죽을 지경이고요. 그런 제 자신이 혐오스럽네요."

제시카가 울먹이자 이조벨이 의자를 제시카 곁으로 끌어 손을 꼭 잡아주었다. 내가 목격한 임상 현장을 좀처럼 따라잡지 못하던 대학 강의는 임상 심리학자의 역할을 규명하는 부분에 이르자 흥미진진해졌다. 허영심 때문에 나더러 의사가 될 수 있었을 거라고 했던 정신과 의사한테 미쳤던 순간도 있었지만 이제 나는 점점 더 내가 선택한 이 멋진 직업에 빠져들고 있었다.

나는 임상심리사로서 우리의 역할이 하나의 공식을 창출하는 과정, 즉 현존하는 문제들의 배후에 있는 내러티브, 이야기를 신중하게 평가하고 이해해나가는 과정이 좋았다. 환자는 증상을 통해 자신을 드러내게 되는데(이 경우에는 통제가 불가능할 정도로 과도하게 각성제를 사용한 것이 되겠다) 우리는 그 증상을 없애기 위해 약을 처방하기보다 애초에 그 증상이 왜 생겨나게 됐는지를 살펴보고, 그 '왜'를 이해함으로써 환자로 하여금 그들이 하는 행동의 근거가 된 역기능 신념과 맞서 싸우면서 동시에 더욱 건전한 내러티브를 만들어낼 수 있게 하려고 훈련을 받는다.

나는 새로이 얻게 된 이 강력한 깨달음으로 그 한심한 정신과 의사를 엿 먹이고 싶었다. 나는 한 인간을 단순히 어떤 증상을 보이는 존재로 간주해버리지 않고 실질적이고 장기적인 변화를 촉진하기 위해 그러한 증상을 깊이 파헤치는 전문가 집단의 일원이 된다는 사실이 그렇게 자랑스러울 수가 없었다. 우리 임상심리사들은 어떤 증상을 '보고, 알아내고, 고친다'기보다 그 안에 담긴 의미를 포착해내는 인본주의적인 접근 방법을 쓰는 사람들이다.

제시카는 똑똑하고 논리적이었다. 자신에게 심각한 마약 문제가 있다는 사실을 인식하고 있었지만 그럼에도 내러티브를 파악할 필요성은 있었다. 그룹의 도움을 받아가며 우리는 제시카의 이야기를 종합해보았다.

제시카는 어느 모로 보나 완벽주의자였다. 어릴 때부터 무엇이건 맡은 일을 최고로 잘해냈을 때에만 부모의 관심을 받을 수 있었다. 따라서 그것이 그녀의 목표였다. 크로스컨트리 지역 우승자, 뛰어난 바이올리니스트, 날씬하고 건강한데다 일등을 놓치지 않는 딸. 제시카에게는 이것들을 달성하여 부모에게 자부심을 느낄 수 있게 해주는 것이 목표였다.

제시카는 성과와 최고의 업적이 사랑과 존경을 획득하는 수단이라 믿으면서 자랐다. 최고로 잘해내고 최고가 되는 것은 제시카네 가족 사이에서 거래되는 감정의 화폐였다. 시간이 흐르면서 이러한 믿음은 점점 더 확고해져 이제는 흑백논리가 되어버렸다.

'사랑받으려면 나는 최고가 되어야 한다.'

이러한 기저 신념이 모든 일의 동기가 되었고, 여유 부릴 틈을 주지 않았으며, 더욱 최악인 것은, 한 치의 실수도 허용하지 않았기 때문에, 자기 자신에 대한 제시카의 기대치는 한없이 높아져만 갔다. 급기야 경쟁이 치열하고 성과 중심적인 증권 중개업에 발을 들여놓게 되면서 초인이 되지 않고서는 더 이상 최고를 달성할 수도, 최고가 될 수도 없는 지경에 이르렀던 것이다. 바로 이 지점에서 코카인을 만나게 되었다.

"결국 내가 잘하려고 하면 할수록 기분은 점점 더 우울해지더라고요. 언제나 전보다 더 잘해야 직성이 풀리죠. 코카인이 없으면 원하는 만큼 오랜 시간, 열심히 일할 수가 없어요."

"제시카, 자신에 대해서 어떻게 생각하고 있죠?"

내가 물었다.

"코카인에 취했을 때의 내가 좋아요. 자유롭고 재미있고 자신만만한 사람이 된 것 같아서요. 게다가 일도 논스톱으로 할 수 있거든요."

자신의 한계와 내재하는 역기능 신념을 인정한 다음 이를 허물어뜨리고 자아와 자신의 가치를 재정의할 용기를 얻으려면 제시카

소녀는 왜 다섯 살 난 동생을 죽였을까?

에게는 지지가 필요했다. 이를 해내지 못하면 평생 코카인 중독에서 벗어나지 못할 운명이었다.

제시카와 마찬가지로, 샘, 이조벨, 커티스와 나머지 구성원들도 내성이 너무 높아져버려서 마약을 점점 더 많이, 점점 더 자주 해야 할 지경에 이르러 그들의 도파민 수용체가 그 속도를 따라잡을 수 없게 되었다. 따라서 두뇌가 고장 났을 때 코카인을 더 투여하는 것 말고는 달리 방도가 없는 지경에 이르렀다.

샘의 내러티브는 흥미로웠는데 그 이유는 코카인이 모순 효과 투여 목적과 반대되는 효과를 가져와 그를 진정시켜 주었기 때문이다. 학교에서는 가만히 앉아 있지 못했지만 스포츠 분야에서는 두각을 나타냈던 영리한 소년, 샘은 빠른 속도로 움직일 때에만 행복했다. 심지어 8주간 계속된 그룹 모임 도중에도 샘은 모두에게 커피를 한 잔 더 타주겠다거나 화장실을 가야겠다는 핑계를 대며 90분 내내 중간중간 자리를 뜨곤 했다.

별로 내키진 않았지만 나는 샘에 대해 문제의 그 정신과 의사와 상의했다. 그 끔찍했던 키스 이후 나는 최대한 그를 피했고 그 결과 우리 관계는 현재 사무적이고 적당히 친밀한 정도가 되었다. 그 또한 샘이 주의력결핍 과잉행동장애, 즉 ADHD attention deficit hyperactivity disorder 미확진 환자일지도 모른다는 데 동의했다.

ADHD 아동에게는 주요 증상과는 전혀 맞지 않는 것처럼 보이는 일종의 각성제를 처방하는데 그 이유는 간단하다. 그 아이들의 망상활성계, 즉 RAS reticular activating system, 뇌에 널리 퍼져 있는 영역으로 뇌의 각성, 흥분, 집중 등에 관여한다. 후뇌에서 시작하여 상부의 중뇌, 전뇌에 이르도록 신경이 그 물망처럼 구성돼 있어 의식의 여부를 조절하게 된다의 활성이 저하되었기 때문이다. 내생적 자극이 부족한 이런 아이들은 평생을 바쁘게 살면서 각성 수준을 가동시켜야 한다. 이 아이들에게 가만히 앉아 있는 일은 불가능하다.

샘은 용케 스피드에 대한 욕구가 중시되는 직업을 축구 경기장에서 찾아냈으므로 정신과 의사는 그를 직접 맡아 RAS 활성 저하에 대한 약을 처방해주었고 결국 샘은 코카인을 끊을 수 있었다.

이조벨과 커티스는 아주 멋진 사람들이었지만 나는 그들에게는 큰 기대를 걸지 않았다. 사랑스러운 커플이었지만 둘이 속한 세계는 마약과 광란의 파티와 떼려야 뗄 수 없었다. 두 사람을 하나로 묶어준 약과 상호 의존성은 둘의 관계 또한 속박했다. 그 시절의 나는 그 둘이 모든 매듭을 풀 수 있도록 돕기에는 연륜이 턱없이 부족했다. 그렇지만 그들이 그룹의 일원이어서 얼마나 다행스러웠는지 모른다. 일단 친절하고 마음 따뜻한 사람들이었고 각성제의 세계에 대해서는 나보다 훨씬 많은 것을 알고 있었기 때문이다. 내가 난감해졌을 때 구세주가 되어주기도 했다.

이 그룹을 운영하는 것은 매우 즐거운 일이었다. 모임 막바지에 이르자 최소 3분의 1 정도가 약을 줄인 상태였고 두 명은 2주 넘게 입에도 대지 않게 되었다. 이조벨과 커티스의 약물 사용량은 오르락내리락했다. 제시카는 약을 줄이고 나와 개인 상담을 시작했으며 샘은 지금 그 정신과 의사에게 치료를 받고 있다.

그룹 모임의 마지막 날, 우리는 다 함께 포옹하며 작별 인사를 나눴다. 나는 이 사람들이 정말 좋았고 이들이 내게 보여준 솔직함이 존경스러웠기 때문에 떠나보내려니 아쉬웠다. 그러다 작별의 마지막 순간 커티스가 혼이 빠져나갈 듯 재채기를 했고 그의 비중격에서 나온 덩어리가 핑 하고 날아가 내 오른쪽 귀를 지나 벽에 가서 철퍼덕 하고 들러붙었다.

그날 저녁 집으로 가기 위해 병동을 나섰을 때 나는 또 하나의 낯익은 그룹과 마주쳤다. 그들은 바로 약물중독 병동 바깥에서 살다시피 하는 그 동네 마약 거래상들이었다.

"이봐요들. 여기엔 살 사람 없다니까."

약물중독 병동에 익숙해지면서 나에게는 전과 다르게 두둑한 배짱이 생겼다.

그래서 이 사람들이 전혀 무섭지 않았다. 오히려 재미있었다.

"아뇨, 의사 양반, 좀 봐줘요. 선생 때문에 장사 망하게 생겼다고."

귀신도 울고 갈 사업 수완을 지닌 마약 거래상들은 유혹에 약한 예전 단골들이 약물중독 병동을 나서길 기다렸다가 판매 중인 제품 중 최상품의 샘플을 무료로 나눠줌으로써 잽싸게 그들을 다시 낚아 올렸다.

"꺼지지 않으면 경찰 부릅니다."

우리는 승산 없는 싸움을 벌이고 있었다.

다음 날 오전 나는 톰과 보낼 시간을 기대하며 시내로 가는 만원

지하철에 올랐다. 햇살이 쨍쨍하고 눈부시게 환하면서 청량한 아침이었다. 한 마디로 내가 가장 좋아하는 날씨였다. 나는 카푸치노를 홀짝이며 HIV 병동 쪽으로 여유롭게 걸어갔다. 병동에 도착해보니 현수막을 든 소규모 군중이 정문 주위에 모여 있었다. 한 명이 확성기를 들고 뭐라고 외치고 있었지만 하나도 알아들을 수가 없었다.

피트가 정문 옆에 서서 나에게 손짓을 하고 있었다. 느긋했던 평소와 달리 불안한 표정이었다. 나는 걱정이 되어 그가 있는 쪽으로 바삐 걷기 시작했다. 그때 뭔가가 나를 쳤다. 본능적으로 손을 들어 이마에 대보니 뜨뜻미지근한 피가 만져졌다. 그때 뭔가가 또 나를 쳤는데 이번엔 공이었다. 고개를 숙인 채 성난 군중을 뚫고 나아가 피트가 서 있는 계단까지 한달음에 달려갔을 때 등에 작은 돌멩이 여러 개가 날아와 부딪혔다.

"어서 안으로, 빨리."

피트가 내 팔을 낚아채고는 자기 쪽으로 잡아당겼다.

"도대체 무슨 일이에요?"

나는 비틀거리며 대기실로 들어가 창밖을 내다보았다.

현수막에는 '에이즈: 하느님이 동성애에 내리는 벌'이라고 쓰여 있었다. '죽어라, 게이 새끼들', '지옥 불에 타죽어라, 호모 자식들'이라 쓰인 현수막도 있었다.

"광신도들이에요. 어디 좀 봐요. 괜찮아요?"

피트가 내 상처를 살펴본 후 동료에게 소독용 물티슈와 일회용 반창고를 부탁했다.

소녀는 왜 다섯 살 난 동생을 죽였을까?

"빌어먹을 정신병자들. 저놈들이 언제 올지는 아무도 모른다니까."

다시 한 번 창밖을 내다보니 증오로 잔뜩 일그러진 얼굴을 한 어떤 젊은 여자가 눈에 띄었다.

"갈보! 호모랑 놀아나는 창녀!"

그 여자가 나를 보고 목청 높여 외쳤다. 내가 그 여자에게 손가락 욕을 날리자 피트가 날 잡아끌었다.

"안 돼요. 저 사람들이 우리한테 원하는 게 바로 그거라고요. 무시하면 얼마 안 있다가 가버릴 거예요."

광신도든 차별 쩌는 종교 이념이든 신경 끄라지!

"왜 내가 이 빌어먹을 병이 죽으라고 할 때 죽어야 되는 거지? 통증은 왜 참아야 하고, 빌어먹을 PCP, 주폐포자충 폐렴인지에 숨 막혀 죽어야 하는 이유는 뭐냐고? 난 지금 당장 죽고 싶단 말이야."

PCP에서 회복하여 병동에서 퇴원한 톰이 자기 사무실, 내 맞은편에 꼿꼿이 앉아 있었다. 첫 상담 한번 정말 끝내주는구나!

"무슨 말인지 잘 모르겠어요, 톰."

톰이 웃었다.

"왜 이래, 잘 알면서. 무슨 말인지 아주 잘 알고 있잖아."

자살하고 싶은 게 진심이냐는 질문은 어떻게 해야 하지?

나는 크리스의 접근법을 본받아 이렇게 물었다.

"지금 나한테 자살할 생각이란 말을 하려는 건가요?"

톰이 킥킥거리며 웃다가 이내 심하게 기침을 하기 시작했다. 폐를 정기적으로 꽉 막았던 PCP에서 이제 막 벗어났으니 그럴 만도 했다. 나는 그에게 물을 한잔 건네주었다.

"생각이라고? 아, 생각이라면 이제 할 만큼 했다고. 어떻게 해야 할지는 알고 있어."

"그렇다면 왜 실행을 하지 않은 건가요, 톰?"

다시 한 번 내 지적은 세상에서 가장 짜릿한 미소에 맞닥뜨렸다.

"당신 스타일이 마음에 들어. 피트 말이 맞았어, 당신은 깍쟁이야!"

나는 계속 밀고 나갔다.

"톰, 뭘 할 계획이었죠?"

톰이 손을 앞으로 뻗더니 우리 사이에 놓인 작은 테이블 위 티슈 박스에서 티슈를 몇 장 뽑은 다음 티슈를 물컵 안의 물에 적셔 얼굴을 가볍게 문지르기 시작했다. 감쪽같았던 스틱 컨실러배우들이 분장할 때 쓰는 막대 형태의 파운데이션가 지워졌다. 그러자 드러난 그의 맨얼굴은 숨이 막힐 만큼 충격적이었다. 톰의 아름다운 얼굴은 카포시 육종사람 헤르페스바이러스 8번이라 부르는 바이러스에 의해 발생하는 피부암의 일종으로 HIV 감염자나 에이즈 환자에게 흔히 나타난다. 자주색 반점처럼 보인다으로 얼룩져 있었다. 갈색과 자줏빛이 도는 작은 종양성 병변 두 개가 그의 피부를 좀먹고 있었다. 병색이 완연한 모습이었다.

"날 허영쟁이라 불러도 좋아. 천박하다고 해도 좋고. 콘돔 섹스도 할 수 있어. 하자고 할 사람은 없겠지만. 매달 복용하는 어마어마한 항생제도 참을 수 있고. 하지만 이건……."

그가 자기 얼굴을 가리키며 말을 이었다.

"제기랄, 이건 괴물 같잖아. 빌어먹을 엘리펀트 맨elephant man. 19세기 영국에 실존했던 인물로 프로테우스 증후군에 걸려 몸에 극단적인 기형이 발생한 조지 프 메릭의 실화를 그린 데이비드 린치의 영화 제목이 돼버렸다고."

"외형이 내면을 규정하는 건 아니잖아요, 톰."

"말도 안 되는 소리. 지금 빌어먹을 거식증 환자와 상담 중인 게 아니라고."

나는 물러서지 않을 작정이었다.

"톰, 나 방금 맞이 갈 뻔했어요."

"그럼 아주 잘된 거네."

"아뇨! 그 맛이 아니고요. 돌에 맞아서 맛이 갈 뻔했다구요."

톰이 고개를 끄덕거렸다.

"아하! 그 속 좁아터진 신도들의 알량한 동정심을 말한 거야. 끔 찍할 정도로 멋대가리 없는 사람들 같으니라고. 그래서 다친 거야?"

"아뇨."

"역시 우리 선생님답네!"

"중요한 건 말이에요, 톰. 그 사람들 모두 당신이 죽길 바란다는 거예요. 그 사람들은 이 바이러스를 너무 좋아해요. 자기들의 편견 을 합리화해주니까. 뭐하러 거기 넘어가요?"

"거기 넘어가겠다는 게 아니야. 내가 원하는 대로 하겠다는 거지."

"전에 시도해본 적이 있나요?"

톰이 리넨 셔츠의 양 소매를 걷어올리자 양쪽 손목에 난 희미한 흉터가 드러났다.

"이 훈장들을 보라고."

"그래서 어떻게 됐는데요?"

"어떻게 됐냐면 내가 빌어먹을 겁쟁이였다는 거지. 어떻게 됐냐면 내가 너무 아파서 깊이 긋질 못했다는 거야. 죽을 정도로 피가 나올 때까지 기다리질 못하고 친구를 불렀다고. 젠장, 난 빌어먹을 겁쟁이야."

밖에서는 비가 내리기 시작했다. 톰이 두 눈을 감고 말했다.

"난 비 오는 소리가 그렇게 좋더라."

"나도 그래요, 톰."

"새파랗게 젊고 자신만만한 청년이었을 때 런던 패션 위크에서 선보인 내 첫 컬렉션이 야외에서 열렸지. 젠장, 비가 우라지게 많이도 내렸다니까!"

우리 둘 다 웃었다.

"그래서 어떻게 됐는데요?"

"내 옷이 세상에서 가장 아름다운 몸에 찰싹 달라붙었어. 옷 모양은 자취를 감췄지만 옷하고는 비교도 안 되게 아름다운 실루엣을 드러냈고. 나는 겁에 질려서 어쩔 줄 몰랐지만 모델들은 야외무대로 나갔고 내가 디자인한 옷은 본래의 아름다움을 되찾았지."

"그래서 젖은 티셔츠 축제주로 젊은 여성들이 흰색이나 엷은 색 티셔츠를 입고 가슴 부위에 물을 뿌리거나 들이부은 뒤 관객 호응도나 심사위원 채점으로 순위를 겨루는 대회를 위해 디자인해주는 일을 시작하게 된 거군요?"

톰이 손바닥을 맞부딪치며 말했다.

"이미 알고 있군? 그래, 맞아! 그해 나는 '올해의 젊은 디자이너'에 뽑혔어."

솔직히 톰을 자살 생각에서 벗어나게 해주고 싶어서 직업에 대해서 물어본 거였지만 어쨌거나 그에 대해서 알아둘 필요는 있었다. 톰은 한 마디로 대단한 사람이었다. 재능도 있고 멋진데다 최초로 커밍아웃을 한 게이 패션디자이너 중 한 사람이기도 했다.

"그러니까 당신은 아이콘인 셈이네요."

"요 여우, 아부에 안 넘어갈 사람은 없을걸!"

"아부 아니에요, 톰. 커밍아웃하게 된 이유는 뭐였어요?"

"난 '커밍아웃' 같은 거 안 했어. 그냥 나로 살았을 뿐이야."

"그렇다면 지금도 자신으로 살면 되잖아요? 왜 자살을 하려고 해요?"

톰이 머리 위로 양팔을 쭉 뻗은 후 어깨를 좌우로 움직여 우두둑 소리를 냈다.

"나는 디자이너로서 게이라는 사실을 공개하기로 선택한 거지 이 병까지 선택한 건 아니거든."

이 말에는 반박을 할 수가 없었다.

"타냐 선생이 내 입장이라면 어떻게 하겠어?"

"톰, 지금 내 얘길 하자는 게 아니잖아요."

"그건 답이 아니지."

생각을 좀 해봐야 할 문제였다. 환자에게 자신을 드러내선 안 되고, 환자에게만 초점을 맞춰야 하지만 그런 규칙을 톰에게 강요하는 건 지나치게 모욕적인 처사가 될 터였다.

"모르겠어요, 톰."

"솔직하게 말해줘서 고맙군."

톰이 퇴원을 한 상태이므로 외래환자로 그를 계속 보고는 있었지만 나에게는 다른 환자들도 있었고 명단에는 별의별 부류가 다 있었다. 수많은 남자들을 만났는데 개중에는 가슴 아프게도 죽을까 봐 죽을 만큼 겁먹은 젊은이들도 있었다. 그중 몇몇은 가족들한테도 커밍아웃을 하지 못한 상태였기 때문에 하늘이 무너지는 것처럼 충격적일 소식 두 가지를 털어놓을 마음의 준비를 할 수 있도록 지지해줘야 했다.

'저기, 엄마, 아빠, 저 게이예요. 그리고 HIV 양성이래요.'

현실을 완강하게 거부한 채 모든 게 크나큰 착오였다는 말을 해줄 누군가를 찾아 HIV 검사소를 순례하는 부류도 있었다. 약물중독 병동 환자 중 정기적으로 나를 찾아오는 환자 몇몇도 있었는데 이들은 감염된 피를 일부러 자신에게 주사하고는 HIV 진단을 받아 기뻐하면서 수급 대상자가 될 날을 학수고대했다. 그다음 부류는 '멀쩡한 건강염려증 환자들'이다.

'멀쩡한 건강염려증 환자'란 에이즈에 대하여 만성적 공포를 품고 있는 사람들이다. 이 중에는 건강에 대한 불안감이 만성이 되어 급기야 광장공포증까지 걸린 사람이 부지기수이다. 공중화장실 변기, 컵 가장자리, 거리에서 자신들을 스쳐가는 낯선 사람 때문에 에이즈에 걸릴지도 모른다는 병적인 불안감이 그 원인이다. 톰과의 상담 후에는 멀쩡한 건강염려증 부류에 대하여 비판하지 않기가 정말 힘들어졌다.

그때는 몰랐지만 지금에 와서 생각해보니 나는 그 현장에 있으면서 반항적이랄 수 있을 만큼 정치적으로 공정한 사람이 되었다. 죽음에 직면한 사람들에게 압도당한 나머지 나는 심리적 고통은, 그것이 어떤 식으로 발현되든, 그 고통을 느끼고 있는 당사자에게는 실재적인 것이며 그 사람이 그 고통을 극복할 수 있게 도와달라는 요청을 받았다는 것 자체가 특권이라는 사실을 자꾸 까먹었다.

크리스와 진료소 근처에 있는 커피숍에서 만났다. 한동안 크리스를 보지 못했는데 크리스가 연차휴가 중이었기 때문이다. 그래서인지 15분가량 앉아서 기다리고 있던 테이블 쪽으로 크리스가 다가오는 게 보이자 새삼 내가 크리스를 참 많이도 보고 싶어 했구나 싶었다.

"안녕하셨어요, 다시 뵈서 너무 반가워요!"

크리스가 묵직한 가방 여러 개를 아무렇게나 내려놓았다.

"커피 주문했어요?"

"네. 교수님 걸로는 더블 에스프레소를 주문해놨지요."

크리스가 빙그레 웃었다.

"제법인데요."

크리스가 한 모금 들이켰다가 얼굴을 움찔하더니 황설탕 한 봉지를 들이부었다.

"듣자 하니 톰을 보고 있다고요."

이 여잔 나에 대해서 모르는 게 없는 걸까?

"네. 정말 대단한 사람이에요. 상담 시간이 아주 기다려질 정도로요."

또 한 모금 맛본 크리스가 설탕을 한 봉지 더 넣었다.

"다행이네요. 하지만 그 환자를 덜컥 맡아버리기 전에 먼저 나한테 검토 사례로 보여주었으면 좋았을 텐데 아쉽네요."

또 시작이군. 이번 상담 현장에서 저지른 첫 번째 실책.

"그게요, 교수님께서 휴가라 자리를 비우셨잖아요. 그나저나 왜요?"

"내 생각엔 이 정도 실습 경력밖에 없는 타냐 선생이 감당하기에는 벅찬 환자거든요. 마지막 실습 현장도 벅찰 텐데 논문도 완성해야 하잖아요. 그나저나 섹션별 초안의 시간표도 제출하라고 할 예정인데 그것도 만만치 않은 일이죠."

나는 충격에 빠졌다. 왜 톰이 감당하기 벅찬 환자란 말이지? 사랑스럽고 멋진 말기 환자 톰이?

"네에? 레이나 이모젠보다도요? 몰리나 해럴드보다도요?"

"그때랑 또 다를 거예요."

나는 카푸치노 거품을 떠서 스푼째 핥아먹었다. 꼬리를 내릴 수도 있다. 아니면 크리스의 수법으로 내가 선수를 치는 방법도 있다.

"이번엔 저한테 설명해주셔야 할 거예요, 교수님. 이번이 제 마지막 현장이잖아요. 이 정도면 준비된 거 아닌가요?"

"그냥 나만 믿어요."

"못 믿는다는 게 아니라 뭐가 문제인지 알아야죠."

"지금 문제라고 그랬어요?"

제기랄, 크리스가 열받았다.

"좋아요, 타냐 선생이 톰을 맡아도 될지 판단이 안 서는 이유에 대해서 말해주도록 하죠."

"네, 해주세요. 무슨 말씀이신지 들어는 보겠지만 끝까지 함께하 겠다고 그분하고 약속했다는 말씀은 드려야겠네요. 게다가 이번 현 장 시작했을 때 교수님이 자리를 비우셨으면서 이제 와서 저더러 손 을 떼라고 하시니까 정말 힘드네요."

크리스가 기가 차다는 듯 웃었다.

"오기 부리지 말아요."

"전 약속을 어기진 않을 거예요."

"어겨도 괜찮아요. 그 환자 내가 대신 봐주면 되니까."

"그럴 순 없어요. 그 환잔 제 환자니까요."

크리스의 얼굴에 어려 있던 웃음기가 싹 가셨다.

"톰은 말기예요. 타냐 선생, 이 바이러스에 대해서 얼마나 알고 있죠?"

나는 심호흡을 하고 나서 읊기 시작했다.

"혈청 변환은 감염 3주에서 12주 사이에 일어납니다. 급성 레트 로바이러스 증후군의 초기 증상은 일반적으로 인플루엔자 유형의 발열, 림프절종대lymphadenopathy, 림프절이 부어오르는 질환로 나타나는데 몸통에 발진이 생기거나 입과 생식기에 종기가 날 수 있습니다."

나는 잠깐 말을 멈췄다. 크리스는 고개를 숙인 채 커피를 저으면서 내 말을 듣고 있었다.

"혈청 변환 후에는 잠복기, 즉 증상이 없는 시기가 찾아옵니다. 하지만 면역 체계가 점점 손상됨에 따라 CD4+ T세포가 감소하면서 기회감염으로 발병이 시작됩니다."

나는 다시 한 번 말을 멈췄다. 크리스는 여전히 아무 말도 하지 않았다.

"기회감염의 증상은 구토, 설사, 발열, 체중 감소 등으로 대개 3개월에서 6개월 동안 지속됩니다. 또한 전신성 림프절병증은……."

크리스가 고개를 들어 나를 보며 물었다.

"그게 무슨 뜻입니까?"

맙소사, 저렇게 의기양양해하다니 치사하다.

"그건 환자의 림프절이 1군 이상 비대증을 보이는데 원인을 알 수 없고 통증도 없는 경우를 뜻하며……."

"환자라구요?"

크리스의 말 자르기가 워낙 갑작스러워서 살짝 짜증이 났다.

"네, 환자요. 뭐가 문젠데요?"

크리스가 피식 웃으며 말했다.

"아무것도 아니에요. 계속해봐요."

"커피 한 잔 더 하시겠어요?"

"조금 있다가요. 계속해봐요."

젠장, 더 하려고 했던 말이 뭐였더라?

"음……T세포의 수가 200개 이하로 떨어지면 에이즈로 진단할 수 있습니다. 관련 증상으로는 PCP, 악성종양, 악액질이 있는데, 악액질은 전신 쇠약을 뜻하는 용어이며(여기서 회심의 미소가 나왔다), 그 밖에 칸디다 식도염이라고도 불리는 아구창과 호흡기 감염증도 있습니다."

크리스가 느릿느릿하게 박수를 쳤다. 뭐지?!

"잘했어요. 설명 잘 들었어요. 의학을 전공했어야 했는데 아쉽군요."

뜨끔했다. 대체 무슨 말이지?

"저기, 교수님께서 알고 있는 걸 말해보라고 하셔서……."

고개를 쳐든 크리스는 매우 열받은 표정이었다.

"그래요, 내가 말해보라고 했죠. 나는 심리학자다운 설명을 해보라는 거였어요."

"아뇨, 바이러스에 대해서 알고 있는 걸 말해보라셨죠."

"난 타냐 선생이 임상 심리학자다운 대답을 할 거라 기대했어요."

이 여자는 도대체 나한테 뭘 원하는 걸까?

"방금 선생이 이모젠에 대해서 했던 첫 보고가 떠오른 거 알아요? 그때 기억해요?"

나는 자리에서 일어나 카푸치노와 더블 에스프레소를 한 잔 더 주문하러 갔다. 마음을 가라앉힐 시간이 필요해서였다. 이 여자랑 있으면 왜 이렇게 쉽사리 화가 나는 걸까?

"다시 해보겠습니다."

나는 크리스의 음료를 크리스 쪽으로 밀어놓으며 말했다.

"톰은 말기 환자입니다. PCP주폐포자충 폐렴가 재발하고 있고 얼굴에는 KS카포시 육종가 있습니다. 화가 나 있고 병이 이만큼 오래 진행되면서 이제는 자신이 직면한 현실에 대처하기 위해 도움을 청하는 단계에 이르렀습니다. 부인하는 단계는 이미 졸업했고요. 더 이상 충격을 받지는 않지만 심하게 화가 나 있어요."

크리스가 계속하라는 뜻으로 고갯짓을 했다.

"그래요, 톰이 저한테 도움을 요청했다는 사실에 굉장히 우쭐한 기분이 든 건 사실이에요. 그 사람한테 홀딱 반한 것도 사실이고요. 그렇다고 배신 때리진 말아주세요. 전 자신 있다고요."

크리스가 나를 빤히 응시했다.

"배신을 때려요? 많이 듣던 말 같군요. 나는 타냐 선생이든 그 누가 됐든 일부러 시간까지 내서 돕겠다는 사람한테 배신을 때리진 않아요. 그걸 다른 말로 바꾸고 싶겠죠, 아마도?"

나는 망연자실했다. 그래서 일단 심호흡을 했다.

"교수님, 그 말은 구어적 표현이잖아요, 안 그래요? 악의를 가지고 한 말은 아니었어요. 좀 과민반응하시는 것 같네요."

나는 내 커피를 홀짝이면서 일부러 시선을 피했다. 심장이 마구 방망이질 치기 시작했다. 크리스가 말을 이었다.

"우리 관계에는 넘지 말아야 할 선이 있다고 생각해요. 때로는

소녀는 왜 다섯 살 난 동생을 죽였을까?

말을 삼가야 할 때도 있고요. 내가 선생 실습에서 어떤 역할을 맡은 사람이고, 궁극적으로 자격증을 받게 해줄 사람이란 사실을 기억하도록 해요. 그 점을 잊지 말라고요."

나는 배알이 뒤틀리고 열이 올랐다. 화를 누그러뜨려야 한다는 생각은 들었지만 꾹꾹 억눌러왔고 여전히 해소되지 않은 분노가 부글부글 끓어오르는 건 어쩔 수가 없었다.

"당연히 다 기억하고 있죠. 두 번째 현장에서 죽을 만큼 힘들었을 때 절 홀로 내버려두신 것도 기억하고 있고요."

이제는 크리스가 커피를 홀짝이며 내 시선을 피할 차례였다.

"게다가 제가 기억하기로는 갑자기 사라진 이유에 대해서 아무런 해명도 안 해주셨죠, 아마. 대학 측에서는 교수님이 안 계신 동안 대타라도 구해주겠다는 전화 한 통 없었구요. 아무것도 안 해주셨잖아요."

나는 계속 퍼부었다. 크리스가 천천히 고개를 들었다. 얼굴은 돌처럼 굳어 있었고 눈빛은 흔들림 없이 확고했다.

"그러니까 내가 타냐 선생한테 배신을 때렸다는 거군요."

크리스가 어이없다는 듯 피식 웃더니 고개를 절레절레 저었다. 내가 지금 무슨 짓을 하고 있는 거지? 내 자격증이 이 여자 손아귀에 있는데. 한 발 물러나야 할 때였다.

"그게 아니라, 제 얘기는요……."

"알아들었고 참고하겠어요. 이제 하던 얘기나 계속할까요?"

아주 싸늘한 목소리였다. 내가 지켜야 할 선을 넘어버린 것이다.

크리스가 커피를 마지막 남은 한 방울까지 마시는 동안 어색한 침묵이 흘렀다.

"좋아요. 다시 톰 얘기로 가서. 그래, 어떻게 할 작정이죠? 이 남자는 죽음을 받아들일 마음이 없는데. 타냐 선생이 도울 수 있는 사람은 톰 말고도 많아요.*"

"톰의 부탁을 들어주기 위해서 최선을 다할 작정입니다."

크리스가 피식 웃더니 고개를 가로저었다.

"고집 하나는 정말 끝내주는군요."

크리스는 나를 보고 있지 않았지만 나도 미소를 지어보았다.

"사돈 남 말 하시는 것 같은데요."

크리스가 떠날 채비를 하며 덧붙였다.

"좋아요. 약속을 이행하세요. 단, 반드시 나한테 계속 보고하는 거 잊지 말고요. 이번 일도 만만치 않을 테니까."

그렇게 말해주시니 참 감사합니다, 교수님. 레이랑 이모젠이랑 해럴드랑 몰리를 겪은 마당에 이번 현장이야 식은 죽 먹기죠. 그럼에도 나의 승리는 공허하게만 느껴졌다. 아주 제대로 말아먹은 대화가 아닐 수 없었다.

사람들이 죽으러 오는 곳인데도 병동에는 파티 분위기가 물씬 나는 일이 종종 있었는데, 연예계 슈퍼스타들(가수나 배우, 코미디언을 비롯해서 바이러스에 감염된 그 밖의 유명 인사들)이 즉석 공연을 펼치기라도 하면 웬만한 파티 저리 가라 할 정도였다. 크나큰 슬픔과 상실감이 감도는 장소에 있으면서 세상 그 누구보다 열정적이고 활기찬 사람들 곁에서 즐거운 시간을 보내고 있다 보면 기분이 아주 묘해졌다. 내 인생 최고의 라이브 공연 중 몇몇은 바로 이 병동에서 본 공연이었다.

피트가 어떤 젊은 청년이 임종을 앞둔 방으로 와달라고 부탁하려고 온 것은 내가 티켓을 살 엄두조차 낼 수 없었던 어떤 가수의 오후 공연을 넋 놓고 보고 있을 때였다.

"섭외 가능한 여자가 당신밖에 없네요. 함께 가달라고 부탁해도 될까요? 어머니 되시는 분이 너무 힘들어하시네요."

나는 가겠다는 뜻으로 고개만 끄덕이고 정작 자리에서는 꿈쩍도 하지 않고 있었다. 시대의 아이콘이나 다름없는 당대 최고의 뮤지션과 겨우 몇 발자국 떨어진 곳에 앉아 그 사람 노래를 따라 부르면서 최소한 두 번 정도 눈까지 마주치는 행운이 내게 찾아오다니 믿기질 않던 참이었다. 사안에 비해 내 움직임이 너무 굼뜨다는 건 나도 알고 있었다. 다 죽어가는 남자 곁에 있게 된다는 생각은 나도 엄연한 초대 손님으로 참석하고 있었고 떠나기 싫을 정도로 멋진 비공개 파티와는 동떨어진 세상의 일처럼 보였다. 그래서 피트가 내 어깨를 톡톡 두드렸을 때 나는 화들짝 놀랐다.

"어서요, 예쁜이 아가씨. 당신이 꼭 필요한 자리라고요."

죄책감이 든 나는 자리에서 벌떡 일어나 모여든 군중을 헤치고 나아갔다. 공연 중인 가수를 마지막으로 한 번 더 보려고 뒤를 돌아보았을 때 그가 내게 키스를 날려주었다. 피트를 따라 쌍여닫이문을 지나 기나긴 복도를 내려가는 내내 음악 소리도 내 뒤로 아득히 멀어져갔지만 나는 여전히 몽롱했고 얼굴에서 미소를 지울 수가 없었다.

병실은 조용했고 사람들이 한가득이었다. 모두들 침대에 누워있는, 해골같이 비쩍 마른 젊은 청년만 보고 있었다. 그 청년 옆에 누워 그를 안아주고 있는 또 다른 젊은 남자는 그의 파트너인 듯했다. 그 남자의 입은 죽어가는 청년의 귓가에 바짝 붙어 있었다. 무슨 말인가 속삭여주고 있는 모양이었다.

침대의 다른 쪽에는 어떤 여자가 앉아 있었는데 이 병실에서 유일한 여자였다. 그녀는 의자에 장대처럼 꼿꼿한 자세로 앉아 시선은 젊은 청년의 얼굴에 고정한 채, 청년의 한쪽 손을 쥐고서 엄지손가락으로 손을 쓰다듬고 있었다. 내가 그 여자 쪽으로 다가가자 여자는 나와 눈을 맞추더니 이내 자기 아들 쪽으로 시선을 되돌렸다. 나는 어느 정도 거리를 둔 채 그녀 뒤에 조심스럽게 섰다.

침대 발치에는 또 다른 청년 셋이 있었는데 서로에게 팔을 두른 채 다 함께 어깨동무를 하고 있었다. 그중 한 명은 다른 한 명의 가슴에 얼굴을 파묻고 소리 죽여 흐느껴 울고 있었다. 이 세 청년의 모습은 먼 훗날 때가 왔을 때 내 세 단짝들이 내 곁을 지켜주었으면 하고 마음속으로 바라던, 바로 그런 모습이었다. 병실에는 침묵이 흘렀지만 고통은 손에 만져질 듯 또렷하게 느껴졌다.

죽음이 임박한 청년은 힘겹게 숨을 쉬고 있었다. 호흡은 불규칙해서 깊고 느릿느릿했다가 얕고 긴박했다가를 오갔다. 때때로 크게 숨을 들이마신 다음에는 여지없이 극심한 고통과 함께 무호흡이 뒤

따랐다. 피트는 몸을 숙이고 청년의 메마른 입술을 살살 축여주었다. 청년의 파트너가 뭔가 묻는 듯한 표정으로 올려다보자 피트가 고개를 끄덕거렸다. 파트너가 청년의 어머니 쪽을 바라보자 어머니도 그에게 고개를 끄덕여 보였다.

이 사람들이 지금 왜 이러는 거지?

침대 발치에 있던 세 친구들도 다가와 몸을 숙여 차례로 친구에게 입을 맞췄다. 한 명은 내내 오열했고 다른 한 명은 친구의 머리를 쓰다듬으며 반쯤 벌린 입에 키스를 했고 나머지 한 친구는 다 죽어가는 청년의 부서질 듯한 몸에 팔을 두르고 그의 가슴 위에 머리를 올려놓았다.

이제 청년의 어머니 차례가 되었다. 청년의 파트너가 침대에서 스르륵 내려와 존중의 뜻으로 멀찌감치 물러나 있자 어머니가 아들 곁에 서 있다가 몸을 숙였다. 두 손으로 청년의 얼굴을 감싸 쥔 채 입을 연 어머니에게서 나온 목소리는 고요하고 평온한 이 병실에 들어온 이후 처음으로 듣게 된 목소리였다.

"사랑하는 우리 아들, 엄만 네가 더 이상 힘들지 않았음 좋겠어. 이제 너를 보내야 할 때인 것 같구나."

목소리가 갈라졌지만 그녀는 계속 말을 이었다.

"사랑하는 리처드, 엄만 네 엄마라는 사실이 언제나 자랑스러웠단다. 넌 내게 아주 오랫동안 기쁨을 주었고 엄만 데번 주에서 보낸 휴가, 함께 게 잡던 일, 네 졸업식, 너와 함께 본 훌륭한 연극들, 네가 작성한 수편의 기지 넘치는 기사들을 영원히 마음속에 간직할 거야.

넌 세상에서 가장 멋진 아들이야. 엄마가 조엘은 항상 챙길게, 약속
하마."

이 기품 넘치는 부인은 몸을 숙여 아들의 이마, 두 눈, 입술에 입
을 맞췄다.

"이제 가려무나, 우리 아들. 편히 쉬어. 아들, 엄마가 사랑해."

청년의 어머니는 침대에서 물러나 주저앉더니 소리 없이 눈물
만 흘렸다. 내가 몇 발짝 다가가 어머니의 어깨에 손을 올려놓자, 놀
랍게도 어머니도 손을 위로 뻗어 내 손을 잡았다. 이름이 조엘일 것
으로 추정되는 남자 친구는 다시 자기 연인 옆으로 스르륵 기어들어
가 그를 다정하게 품에 안고는 귀에 대고 무슨 말인가를 속삭였다.
시간이 지나면서 숨 쉬는 소리가 점점 더 힘겨워지고 리듬도 더욱
불규칙해졌다. 병실은 쥐 죽은 듯 고요했다. 그러다 이내 모든 소리
가 멈췄다. 피트가 조심스럽게 호흡이 멈춘 몸 쪽으로 다가가 고개
를 한 번 끄덕여 보이더니 청년의 두 눈을 감겨주었다. 통곡 소리가
침묵을 깨고 울려 퍼졌다. 어머니가 의자에서 일어나더니 울고 있는
청년들 한 명 한 명과 차례로 포옹을 한 후 병실에서 나갔다. 나도 따
라 나갔다.

"잠깐 시간 보내실 수 있도록 다른 방으로 모셔다 드릴까요?"

"고맙지만 사양할게요."

"물 좀 드릴까요?"

"고맙지만 사양하겠습니다. 정말 괜찮아요. 괜찮으시다면 택시
좀 불러주실 수 있을까요?"

소녀는 왜 다섯 살 난 동생을 죽였을까?

"댁에 혼자 가시려고요? 제가 동행해드릴까요?"

"아뇨, 그러지 않으셔도 됩니다. 감사합니다. 남편이 집에서 기다리고 있거든요."

방금 아들이 죽는 걸 지켜본 여자와 '일상적인' 대화를 나누다니 기분이 아주 묘했다.

"아. 부군께선 못 오셔서 유감입니다."

부인이 나를 보더니 미소를 지었다.

"그이는 3년 동안 리처드랑 말을 안 했어요."

무슨 말을 해야 할지 몰라 당황스러웠던 나는 멍하니 전단지만 건넸다.

"혹시라도 너무 힘들어서 도움을 받고 싶으시면 유가족을 위한 상담이 있으니까 생각해보세요."

그녀가 내 손을 잡았다.

"고마워요, 아가씨. 하지만 그런 일은 없을 거예요."

그녀가 전단지를 다시 건네며 한 마디 보탰다.

"그럼 난 이만 아래층에 있는 접수처에서 택시나 기다려야겠어요. 마음 써줘서 고마워요."

그렇게 그녀는 유가족 지원 안내 전단지를 꼭 쥔 채 숨도 못 쉬고 멍하니 서 있는 나를 남겨둔 채 황급히 가버렸다.

톰과의 다음 상담은 다시 병동에서 이루어졌다. 그가 약물 과다 복용으로 밤중에 입원했기 때문이다. 그 소식을 들은 순간 나는 충격에 휩싸였다. 병실에 도착해서 침상 옆 의자에 앉은 나는 병동 안 내 사무실에서 급히 달려오느라 숨을 헐떡이고 있었다. 톰이 나에게 물컵을 슬며시 건넸다.

"보나 마나 나 때문에 기분이 좋지는 않겠지?"

장에서 독성 물질을 제거하기 위해 투여해야 했던 활성탄의학용 숯 가루로 독극물 중독 시 해독을 위해 사용함 때문에 여전히 검게 얼룩져 있는 톰 의 입술에는 희미한 미소가 번져 있었다.

"실은 궁금해요, 톰."

"도대체 왜 그랬냐고?"

나는 고개를 끄덕였다.

"음……내가 왜 그랬겠어? 그야 빌어먹을 내 인생은 내 인생이 니까."

나는 반박할 수가 없었다.

"당신은 몰라, 좆도 모른다고, 이 병이 말 그대로 어떻게 머리를 망가뜨리는지. 이젠 정말 진절머리가 나. 동정도, 연민도 씨발 진절 머리 난다고. 내가 지랄 맞게 괴물처럼 보인다는 사실을 나도 뻔히 다 아는데 나더러 좋아 보인다고 말하는 인간들도 진절머리가 나. 젠장, 불쌍하다고 자주는 것도, 이제 와서 특별한 친구가 되고 싶다 고 얼쩡거리는 인간들도 죽도록 싫어."

그가 거울을 보더니 말했다.

"입술이 너무 말랐잖아."

내가 물에 적신 헝겊을 건네자 그가 자기 입술에 갖다 댔다.

"염병할 자선 모임도, 빌어먹을 모금 행사도 싫어. 이 좆같은 바이러스가 빌어먹게도 자꾸 눈에 띄는 것도 싫고. 그리고 무엇보다도 이 병의 대명사 같은 사람이 되는 게 제일 싫다고."

그가 헝겊을 다시 적셔달라는 몸짓을 해 보였다.

"입술에 묻은 숯가루 좀 닦아줄까요?"

"내가 빌어먹을 팔 병신이라도 된 줄 알아? 이젠 염병할 내 입술도 스스로 못 닦는 줄 아느냐고?"

그가 씩씩거리며 헝겊을 낚아채더니 메마르고 시커메진 입술을 슥슥 문지르기 시작했다. 그러자 입술에서 피가 났다.

"젠장."

톰이 헝겊을 병실 반대편으로 집어 던진 후 손에 꽂힌 관을 잡아당겼다.

"빌어먹을 이 병원에서 나가겠어."

나는 벌떡 일어나 그의 손에 내 손을 얹었다.

"안 돼요."

톰이 내 손을 떨쳐내려고 했다.

"톰, 제발 그만해요."

그는 투덜거리며 다시 침대에 기대앉더니 두 눈을 감았다.

"나랑 신세를 교환하지 않겠어?"

"그게 무슨 소용이 있는데요?"

톰이 나에게 미소를 지어 보였다.

"아무 소용없겠지. 어쨌든 당신이 이런 꼴을 당하길 바라진 않으니까. 아니 철천지원수라도 이런 꼴을 당하라고 저주하진 않을 거야."

그가 말을 멈추더니 다시 두 눈을 감았다.

"아, 정정! 생각해보니까 이런 꼴을 당하면 참 통쾌할 것 같은 놈들이 몇 명 있네."

병실이 침묵에 잠겨 톰이 잠든 것은 아닐까 하는 생각이 들었다. 나는 의자를 움직였다.

"나 아직 살아 있어. 아직 안 죽었다고. 무슨 말이든 들을 준비도 돼 있고."

내 예상을 빗나가고 있었다. 톰은 이 바이러스를 이해할 수 있게 도와달라고 했지만 너무나 분노에 차 있어서 내가 감당하기엔 벅찬 상태였다.

"제가 당신한테 도움이 될지 확신이 안 서네요, 톰."

"그렇게 생각하는 이유가 뭔데?"

"당신이 도움을 받고 싶어 하지 않는 것 같기 때문이죠."

그가 눈을 떴다.

"아, 알았어. 들러줘서 고마웠어. 다른 사람들처럼 당신도 가버리라고."

"다른 사람들이라뇨?"

"나가떨어진 사람들 말이야, 당신처럼."

"뭐에 나가떨어졌다는 건데요?"

그가 몸을 돌려 나를 보았다.

"나를 나가떨어지게 하고 있는 이 빌어먹을 바이러스에 나가떨어졌다고."

나는 나가떨어지지 않을 작정이었다.

"잘 들어요, 톰. 나 때문에 실망했을까 봐 마음이 아프네요. 하지만 이 말은 해야겠어요. 내 솔직한 생각으로 지금 벌어지고 있는 일은 당신이……그러니까 당신이……."

차마 말이 나오질 않았다. 어떻게 감히 그 말을 하겠는가?

"내가 뭘, 깍쟁이 아가씨."

나는 침을 꿀꺽 삼켰다.

"당신이 나나 나 이전 사람들한테……실패할 수밖에 없는 덫을 놓았다는 거예요."

톰이 원래대로 몸을 뒤로 기대고 또다시 눈을 감더니 낄낄거렸다.

"내가 그러는 이유는?"

"우리가 실패해야 이 바이러스에 직면한 당신의 무력감이 극대화되니까요."

이번엔 아무 반응이 없었다. 내가 아주 제대로 망쳤다는 직감에 나가려던 참이었다.

"나는 신의 권능 같은 건 믿지 않아, 따라서 흥정할 건덕지가 없는 셈이지. 신이든 그 비슷한 존재든 내 바이러스를 없애주시면 그대가로 훌륭한 작품에 내 인생을 바치겠노라고 기도할 대상이 없단 말이야, 왜냐하면 난 신자가 아니니까. 게다가 나는 사후 세계도 안 믿어. 믿는다고 해도 가고 싶지도 않아. 개똥밭에 굴러도 이승이 좋거든."

나는 가만히 앉아 있었다. 아무런 소리도 내고 싶지 않아서였다.

"잘난 척하면서 나선 적은 한 번도 없어. 내가 속한 세계에서 난 그냥 언제나 나였고 나도 나를 있는 그대로 받아들였어. 성 정체성으로 규정되고 싶은 마음은 조금도 없었고 다행스럽게도 지금까지 살면서 그게 주요한 이슈로 떠오른 적은 없었지. 패션계에 종사하는 남자들은 게이이려니 하나 보더라고. 누군들 알겠어? 하지만 중요한 건 나한테 지금 이 바이러스가 있고, 나는 동성애자로 규정되어 있고, 다들 내가 앞장서서 차별에 맞서 싸워주길 바란다는 거야……. 그리고,"

톰이 울기 시작했다. 나는 의자를 움직여 그가 누워 있는 침대 곁으로 바짝 다가갔다.

"난 그냥 다시 내가 되고 싶어."

톰이 티슈를 찾아 주위를 두리번거리기에 내가 한 움큼 뽑아 건넸다.

"그럼 당신이 어떤 사람인지 얘기해봐요, 톰."

그가 킁 하고 코를 풀었다.

"뭐라고?"

"당신이 어떤 사람이냐고요? 당신의 유산은 뭐죠?"

"말하자면 내 묘비에 어떤 말이 새겨질 것 같으냐 그런 거야?"

"아뇨. 말하자면 당신이 남길 발자취 같은 거요."

"죽여주는 옷들."

"그 밖에는요?"

"재능 있는 젊은이들을 위한 일자리."

"그리고요?"

"그리고 훌륭하신 부모님, 귀여운 남동생, 그리고 운 좋게도 내가 친구라고 부를 수 있는 멋진 사람들."

"그 사람들은 톰 어디가 좋은 걸까요?"

톰이 미소를 지었다.

"그건 그 사람들한테 물어봐야지."

"전 톰한테 묻고 싶은데요."

"왜 이래, 사람 민망하게시리."

나는 의자에 몸을 깊숙이 기댔다.

"음, 사람들이 그러는데 내가 마음이 넓대."

잠시 후 톰이 덧붙였다.

"내가 마음 씀씀이가 좋다고도 하고."

"그런가요?"

톰이 또다시 눈물을 흘리기 시작했다.

"그럼, 그렇고말고. 저기, 미안한데 저 수건 좀 갖다 줄 수 있을까?"

나는 새 수건을 찾아 적신 다음 물기를 꼭 짰다.

"뭐 하나만 약속해줄 수 있어?"

"글쎄요, 톰. 일단 들어보고요."

"어떻게 죽든지 간에 정신이 나가진 않을 거라고 약속해줄 수 있겠어?"

톰은 지금 잔인하고 고약한 종말인 에이즈성 치매 얘기를 하고 있었다.

"본인한테 그런 일이 일어날 거라고 생각하는 이유가 뭔데요?"

"내 남자 친구가 2년 전에 죽었어. 내가 죽을 때까지 보살펴줬지. 그 사람 완전히 정신이 나가서 기저귀 신세까지 지더니 껍데기만 남았어. 나중에는 나도 못 알아보더니 막판엔 정말 공격적으로 변했어."

그 순간 나는 해럴드를 떠올렸다.

"그분을 끝까지 보살펴주셨군요."

톰은 터져 나오려는 울음을 애써 억눌렀다.

"그랬지."

"친구분들 말씀이 맞네요. 당신은 정말 착하고 다정한 분이세요."

"난 정신 나가는 거 정말 싫어. 그럴 일은 없을 거라고 나한테 미리 알려줄 방법이 혹시 없을까?"

없었다.

톰이 다시 눈을 감았다.

"톰, 정신이 나갈지도 모른다는 생각이 왜 들었는지 말해주세요."

이제 그는 침대 위에 꼿꼿이 앉아 나를 빤히 응시하고 있었다.

"깜빡하는 일이 너무 많았거든. 몸도 천근만근이고. 매사에 의욕도 없고. 머리도 안 돌아가."

톰이 자기 이마를 힘껏 쳤다.

"너무 싫어."

"잠은 잘 주무시는지 말씀해주세요."

"말도 못하지. 잠이 일찍 깨는데 몸이 찌뿌둥해. 그런데 잠이 다시 들질 않으니까 그냥 누워서 도대체 내 머리가 얼마나 맛이 간 건지 그 생각만 하는 거야."

실습한 지는 2년 반이 넘었다지만 아직 자격증도 없는 내가 어떻게 내 직감을 따를 수 있겠는가? 이번 건은 크리스에게 넘겨야 하는 걸까?

"톰, 지금 말한 내용은 제가 듣기엔 임상우울증 같은데요."

여전히 눈은 꼭 감은 채였지만 그가 내 말을 다 듣고 있다는 건 알 수 있었다.

"내 생각엔 지금 감당해야 하는 일이 너무 버겁고 모든 게 절망적으로 느껴져서 우울해진 것 같아요."

임상우울증에 관해서는 강의 두어 번과 에세이 세 편이 다인 주제에 나는 계속 밀고 나갔다.

"수면 장애에 아침 일찍 잠에서 깨고, 하고 싶은 일도 없고, 재미있는 일도 없고. 기억력도 떨어지고. 혼란스럽기도 하고."

톰이 고개를 끄덕거렸다.

"엎친 데 덮친 격으로 불안감까지 생길 수도 있어요."

톰이 미소를 지었다.

"설마, 그걸 다 눈치챈 거야?"

"조금은요. 왜 안 그렇겠어요? 단, 중요한 건 불안감이란 녀석이 뇌 기능을 저하시켜서 기억 손실을 유발할 수 있다는 거예요."

마지막 말만은 내가 제대로 짚어낸 말이길 빌었다.

"그럼 치매가 아니고? 그냥 불안하고 우울한 것뿐이라고?"

"그렇다고 '그냥' 정도로 치부할 문제는 아니죠. 예의 주시할 필요는 있을 것 같아요."

"그럼 불안감하고 우울증은 해결할 수 있는 거야? 내 뇌도 재충전되고?"

"톰, 그건 당신한테 달렸어요. 당신이 원한다면 우리가 도울게요."

피트가 문 밖에서 초조하게 나를 기다리고 있었다.

"톰은 여전히 자해할 가능성이 있는 건가요? 당직 정신과 의사를 다시 아래로 모셔와야 할까요?"

머릿속으로 수백만 가지 답변을 헤아려보았다.

"아뇨, 이제 자해는 안 할 것 같아요."

피트는 안도한 표정이었다.

"그것참 다행이네요."

"그래도 톰이 불안감하고 우울증에 대해서는 도움 받을 준비가 된 것 같으니까 어쨌든 당직 정신과 의사는 불러주세요."

피트가 고개를 절레절레 저었다.

"그럴 리가 없을 텐데요. 톰은 전에도 이런 적이 있었거든요."

"다시 시도해보자구요. 이번엔 준비가 됐을 수도 있으니까."

"좋아요. 선생님이 확신하신다면야."

사실 나도 확신 따윈 없었고 무서워 죽을 것만 같았다.

나는 내 팔로 내 몸을 감싼 채 크리스 맞은편에 앉아 있었다.

소녀는 왜 다섯 살 난 동생을 죽였을까?

"죽음은 더 이상 감당이 안 돼요."

"왜요?"

"몰라요, 그냥 못하겠어요. 이 사람들이 죽는 모습, 남겨진 사람들이 느끼는 날것 그대로의 슬픔, 마지막 숨이 넘어가는 순간을 지켜보면서 저 자신을 분리하질 못하겠어요. 교수님, 지금 머릿속이 엉망진창이에요."

"왜요?"

울음을 참기 위해 안간힘을 다하느라 말을 할 수가 없었다.

"지금 톰 상태는 어떻죠?"

나는 톰과의 최근 상담 내용을 요약한 다음 그가 불안감과 우울증에 시달리는 것 같다는 내 육감을 열렬히 설명했다.

"일단, 톰이 그 점을 인정하게 했으니, 올바른 방향으로 한 걸음 내디뎠다고 볼 수도 있겠네요."

"하지만 그건 심리학의 책임 회피가 아닌가요? 정신과 의사를 불러다 약만 들입다 먹이는 거 말이에요."

"세로토닌 고갈은 세로토닌 고갈인 거예요. 정신과 의사가 할 일은 정신과 의사한테 맡겨요."

나는 마음이 한결 놓였다.

"아 참. 훌륭한 역설적 개입이었어요."

역설적 뭐라고라? 크리스가 틈을 주지 않고 말을 이어준 덕분에 내 무식이 탄로 나지 않을 수 있었다.

"자, 에릭슨의 가족 치료에 대한 강의를 기억해봐요. 톰이 당신을 실패의 덫에 걸려들게 했다고 그에게 말하면서 톰이 그 반대 행동을 하게 만들었잖아요. 그게 딱 그 반대의 행동을 하게 만드는 전략이었던 거예요."

내 표정은 멍했다.

"그때가 바로 톰이 당신 말에 관심을 갖게 된 때예요."

역설적 개입이라. 뭐가 됐든 난 두 손 두 발 다 들었다.

크리스가 돌연 화제를 바꿨다.

"그나저나 더 이상 죽음을 감당 못 하겠다니 그게 다 무슨 말이에요? '잡다한 일'이 너무 많아서 걸리적거리기라도 한 거예요?"

잡다한 일? 잡다한 일이라니! 그걸 그렇게 부르시겠다?

"그렇다고 할 수 있겠네요."

"좋아요, 그럼 그 얘길 해봅시다."

나는 크리스를 살펴보았다. 온화한 표정에 시선은 내게 고정되어 있었다. 내가 소매로 얼굴을 훔치자 크리스가 자기 가방을 뒤적이더니 티슈 케이스를 건넸다.

"저기요, 교수님. 제안만으로도 정말 감사해요. 배려해주신 것도 감사하구요."

나는 잠시 말을 멈추고 침을 꿀꺽 삼켰다.

"그래도 선생님께서 저를 상담해주시는 건 좀 아닌 것 같아요."

크리스가 미소를 지었다.

"그래요, 선생 말이 맞아요. 내 역할에서 벗어난 행동을 하면 안 되죠."

전혀 예상하지 못한 대답이었다.

"어쩌면 지금 당장은 상담이 필요 없을지도 모르죠. 지금 이 순간 필요한 건 수다나 떨면서 이번 현장을 잘 마칠 수 있도록 약간의 도움을 받는 게 다일 수도 있어요."

맙소사, 상황이 그렇게 간단하다면야 얼마나 좋으련만, 전혀 그렇지가 않았다. 밤에는 장례식 꿈을 꿨고 카펫 위에 묻은 할머니의 피, 널따랗게 퍼진 핏빛 얼룩이 자꾸 떠올랐다. 이건 수다로 해결될 문제가 아니었다. 크리스가 고개를 내밀고 말했다.

"잘 들어요, 지금은 상담받을 준비가 안 되어 있지만 언젠간 준비될 날이 올 거예요. 하지만 지금 당장은 해야 할 일이 이미 산더미처럼 쌓여 있는데 굳이 자신을 분해했다가 재조립하는 일까지 더할 필요는 없겠죠. 적절한 때가 아니긴 해요."

"그럼 다른 현장으로 이동시켜 주세요."

"아뇨, 그건 안 돼요."

나는 뭐라고 말해야 할지 몰라 양손에 얼굴을 파묻고 땅이 꺼져라 한숨을 쉬기 시작했다.

"나한테 말해봐요. 자자, 한 번 해보자구요."

이 여자를 믿어도 될까? 내 인생 최악의 순간들에 대해서 털어놓은 후 이 여자한테 그 일을 머릿속에 저장한 다음 나 대신 해석해달라고 해야 할까? 그동안 직감과 배려로 끊임없이 나를 놀라게 한 그녀였지만 나를 완전히 혼란에 빠트린 적도 있었고 괴롭히거나 겁을 준 적도 가끔 있는 여자였다.

"해럴드 할아버지가 말씀하시길 제가 할머니의 살인 사건을 아직 제대로 겪어내지 못했대요. 할머니가 살해당하신 것 때문에 제가 아직도 너무 화가 나 있고 애도도 충분히 하지 못했다면서요."

"해럴드란 분 아주 현명하신 분이군요. 그리고요?"

"그리고 지금 제가 하는 일이라고는 딱하게도 저 자신을 인도해 줄 감정의 나침반도 없는 주제에 남자들, 그 남자들의 애인과 친구들이 임박한 죽음 때문에 겪는 지옥을 헤쳐나가게 도와주겠답시고 갈피도 못 잡는 상담을 하는 것밖에 없네요."

크리스가 담배에 불을 붙이더니 내게 한 대 권했다.

"고맙지만 사양할래요. 지금 줄이려고 노력하는 중이라서요."

크리스가 연기를 내뿜었다. 유혹적인 담배 연기였다.

"알겠어요. 자, 이모젠을 돕기 위해 타냐 선생도 이모젠처럼 성적 학대를 받아야 했나요?"

"아뇨, 무슨 그런 말씀을!"

"해럴드 할아버지가 선생을 믿고 본인의 인생사를 들려주었을 때 선생도 할아버님처럼 홀로코스트에서 살아남아야 했나요?"

"에이, 왜 그러세요. 말도 안 되게."

"내 말 잘 들어요. 말 되는 소리 해줄 테니까. 환자들을 돕기에 앞서 자기 인생에서 일어난 험난한 경험을 완벽하게 받아들여야 한다고 생각하거나, 환자들의 고통을 완전히 이해해야만 이 일을 할 수 있다고 생각한다면, 꿈 깨요."

이 말을 듣는 순간 스스럼없는 말투에 정곡이 찔렸다는 사실에

충격을 받았다.

"제가 열다섯 살 때 할머니께서 헤로인에 중독된 임신부한테 부지깽이로 맞아 돌아가셨어요."

"알고 있어요."

크리스가 도대체 어떻게 이런 것까지 알게 되었을까 하는 생각도 내 말문을 막지는 못했다.

"할머니는 어려운 분이셨어요. 아빠에 대한 적대감이 어마어마하셨죠. 두 분은 너무 비슷했어요. 창의력 넘치고 자유분방하고 감정적이라는 점에서. 하지만 할머니는 정말 종잡을 수 없는 분이셨어요. 일요일 점심은 늘 악몽이었죠. 할머니가 오시고 나서 얼마 안 있으면 꼭 아빠랑 싸움이 크게 났고 할머니는 그렇게 싸운 채로 집에 가셨어요. 그게 제 유년기를 규정했죠."

"그렇군요. 인간은 그보다 더한 일에도 살아남아요. 그리고요?"

"담배 좀 피워도 될까요?"

크리스가 불을 붙여 내게 건네주었다.

"계속해봐요."

"아빤 텔레비전 분야에서 유명한 분이셨어요. 할머닌 아빠를 감정적으로 궁지에 몰아넣어서 당신을 아빠 프로그램에 출연시키게끔 하셨죠. 아빤 어쩔 수 없으니까 할머니를 출연시키셨는데, 두 사람 사이가 너무 눈에 띄게 적대적이어서 프로그램이 망했어요."

"어째서요?"

"저도 잘은 모르지만 할머니가 단 한 번도 아버지를 살갑게 대해준 적이 없다는 건 알고 있어요. 아주 어렸을 때부터 아빠 할머니를 '어머니'라고 부른 적이 없고 이름만 불렀대요. 할머니 주장에 따르면요. 두 분 다 혼돈의 삶을 사셨죠. 할머니가 수많은 애인과 함께 할머니 인생을 사시는 동안 아빠는 기숙학교를 전전했거든요. 그러다 할머니가 살해를 당하니까 불쌍한 아빠는 용의자가 되셨죠."

크리스가 의자에서 몸을 앞으로 내밀었다.

"저런. 그래서 어떻게 됐나요?"

어떻게 되긴, 엄청 파란만장했지. 무슨 말을 해야 할까?

"저희 집 앞에 기자들이 진을 치니까 엄만 그 사람들한테 꺼지라고 하셨어요."

크리스가 웃었다.

"누굴 닮아 그렇게 당돌한가 했더니 이제 알겠군요."

"동생이랑 저는 가족이 친하게 지내는 집으로 보내졌는데, 그 집 사람들은 친절했지만 텔레비전을 계속 켜놓는 바람에 우리 자매는 뉴스를 다 볼 수밖에 없었어요."

"그렇게 바람직한 상황은 아니었군요. 그래서요?"

"아빠가 범인이 아니란 걸 아는 형사가 두 분 계셨어요. 할머니의 의료보험 등록카드에 묻은 혈흔에서 살인범의 지문을 발견한 덕분에 3주 만에 그 여자를 잡았는데 임신 중인 마약중독자였죠."

"그래서요?"

"그 여자는 체포 후 재판을 받고 보잘것없는 형을 선고받았는데 감옥에서 출산한 지 18개월 만에 출소했어요."

"그래서 어떻게 했죠?"

"살인범의 심리에 관한 책을 엄청 많이 읽었어요. 그때 심리학에 눈을 뜨게 됐죠. 할머니를 죽인 살인범에게 내려진 거지 같은 양형에 대해서 빌어먹을 내무장관한테 편지까지 썼다니까요."

"그런데요?"

"사법제도에 대한 설명과 함께 심심한 조의를 표한다는 틀에 박힌 문구가 적힌 거지 같은 답장을 받았죠."

나는 자리에서 일어나 방 안을 서성거렸다. 앉아 있다 보니 폐가 눌리기도 했고 여기까지 말하고 나니 숨도 잘 안 쉬어졌기 때문이다. 크리스는 자기 자리에 가만히 앉아 있었다. 고개를 돌려 방 반대쪽 벽에 등을 기대고 서 있는 나를 보려고 고개를 돌리지는 않았다.

"자, 분명하게 짚고 넘어가기 위해 말하자면, 할머님께서는 둔기에 맞아 사망에 이르신 거군요."

끝내주는 어휘 선택이군.

"아버님께서 의심받았지만 얼마 후 진범이 체포되었고요."

나는 고개를 끄덕였지만 크리스는 내 몸짓은 보지도 않고 하던 말을 계속 이었다.

"선생은 보잘것없는 양형 때문에 의문이 생겨 편지를 보냈지만 답장은 불만족스러웠어요. 대신 지적인 자극을 받는 분야를 발견해 냈구요."

요약 한번 잘하는군.

"선생은 사람들이 어떤 행동을 왜 하는지에 관심이 생겼어요. 심지어 그 행동이 삶의 어두운 면에 근거한 행동이라도 말이에요."

크리스가 내가 있는 쪽으로 몸을 돌리고 말을 이었다.

"그렇다면 선생은 죽음의 고약한 속성을 본 거예요. 그래서 화가 나 있는 거고요. 이렇게 한 번 생각해봐요. 이 남자들은 지독하게 고약한 죽음을 몸소 겪고 있는 중이라 다들 빌어먹게 화가 나 있기 때문에 그런 과정을 헤쳐나가도록 이끌어줄 사람으로 죽음의 'ㅈ'도 모르는 틀에 박힌 상담사는 필요로 하지 않아요. 그 사람들한테는 선생 같은 사람이 필요한 거죠."

이게 지금 비난일까, 칭찬일까?

"내가 해주고 싶은 말은 이거예요. 그 경험을 상자에 담은 다음 마음 한구석에 있는 다락방 어딘가에 처박아두도록 하세요. 그렇다고 사라지지는 않겠죠. 그 상자를 열어서 내용물을 온전히 들여다볼 준비가 될 때까진 계속 쓰라릴 거고요. 어디까지나 내 생각일 뿐이지만 지금은 그 상자를 열 때가 아니에요. 그런 다음에는 할머니의 죽음을 겪으면서 얻게 된 것들에 집중하세요. 생과 사의 가장 어두운 면도 겪어봤고 그런 경험이 초래할 수 있는 공포가 어떤지도 잘 알게 됐잖아요. 그런 경험을 활용해서 객관성을 잃지 않고 자신과 환자들 모두에게 유익하게 써먹든, 할머니가 살해당했을 때도 포기하지 않았던 걸 지금 포기하든 선택은 자기 몫이에요. 자, 지금으로서 내가 해줄 말은 이게 다예요. 알아들었어요?"

나는 고개를 끄덕였고 크리스는 떠났다.

상자에 담아 다락방에 처박아놓았다 언젠가 마음의 준비가 되면 상자를 열어 들여다보라. 하지만 지금은 때가 아니다. 그 경험을 십분 활용하여 환자들에게 최선을 다하라. 이번에도 크리스는 역시나 간단명료한 말로 나의 정곡을 제대로 찔렀다.

스물다섯 살이란 나이에 나는 장례식 베테랑이 되었다. 말기 환자 병동에서 죽어가는 사람들과 함께 지내다 보니 전에는 생각조차 해보지 않았던 삶의 한 부분을 온몸으로 체험하게 되었다.

장례식은 고단한 행사였다. 충분히 예상되는 그 모든 스트레스에 덤으로 복장에 대한 현실적인 걱정까지 해야 했다. 여기 남자들은 자신들의 상담사가 마지막 순간까지 세련되길 바랐다. 48시간이라는 시간차를 두고 각각 죽음을 맞이한 한 커플은 심지어 죽기 며칠 전 내게 복장에 대한 조언을 해주기까지 했다.

매달 장례식을 대략 다섯 군데나 참석하다 보니 감정적으로 진이 다 빠진 상태였다. 전 생애를 통틀어 가장 힘든 시기에만 반짝 친분을 쌓은 사람, 죽어가면서 느끼는 감정을 정리하는 과정에서 내밀한 대화를 나눴고, 커다란 암 덩어리가 전두엽을 야금야금 좀먹는 바람에 때때로 이상하게 행동하는 것을 목격한 사람의 사적인 관계망에 들어간다는 것은 엄청난 스트레스였다. 그 스트레스는 실로 극심했다. 장례식에 갈 때마다 어떤 표정을 지어야 할지, 옷은 어떻게 입고 가야 할지 난감할 때가 많았다. 게다가 자신들이 사랑했던 사람의 마지막 몇 주에 대해서 더 많은 것을 알고 싶은 마음에 이것저것 묻는 비탄에 잠긴 친척들로부터 내밀한 비밀을 알려달라는 압박을 받을 때면 무슨 말을 해야 할지 몰라 더욱 곤란했다. 그러나 비밀 보장 의무는 사후에도 유효했다. 망자가 특정한 가족 구성원을 증오했다는 사실을 알고 있을 때도 있었다.

'그년을 조심하세요. 그년은 악어의 눈물을 흘리는 나쁜 년이거든요.'

더럽게 어려웠다. 일요일마다 돌아가면서 친구들과 함께 밥을 해 먹기로 했는데 이번 일요일은 내 차례였다. 적잖이 부담스러운 장면을 연출한 후(예나 지금이나 난 요리엔 젬병이었다) 미건, 알리, 로지가 다 함께 내 침대에 앉아 내가 내일 장례식에 입고 갈 옷 고르는 것을 도와주기로 했다.

이번 장례식은 성대한 장례식이 될 터였다. 병동에 있을 때 그토록 자주 우리 모두에게 즐거움을 선사해주었던 유명한 가수가 급기야 이 잔인한 바이러스에 굴복하고 말았다. 이 장례식은 올해 초대받은 장례식 중 단연 최고였고 나는 피트의 '외 1인'으로 참석할 예정이었다.

미건은 대수롭지 않게 여기는 듯했다.

"외 1인? 이게 장례식이야, 파티야?"

"겸사겸사지."

옷장 안에 있던 옷들을 잡아 빼 침대 끝에 놓으며 내가 말했다.

미건은 여전히 시큰둥한 반응이었다.

"미안하지만 얘들아, 날 구식이라고 욕해도 별수 없어. 나 죽으면 거무칙칙하고 수수한 옷으로 입고들 와라. 다들 검정색 옷 입고

　소녀는 왜 다섯 살 난 동생을 죽였을까?

와서 엉엉 울어줬음 좋겠다고. 이건 정말 너무 괴상하단 말야."

사우스 웨일스 밸리사우스 웨일스에서 광산이 몰려 있는 지역으로 광업이 쇠퇴함에 따라 여러 가지 사회·경제적 문제를 겪었다 출신인 미건은 런던으로 이사 왔지만 웨일스의 방식을 늘 고수해온 만큼 전통적인 가치관을 절대로 잃지 않았다.

"난 너무 질투 난다, 얘! 피트한테 외 2인 초대장 좀 구해달라고 하면 안 될까?"

알리가 말했다. 미건이 알리한테 신발 한 짝을 던졌다.

"이교도!"

두 친구는 침대 위에서 레슬링을 하기 시작했고 알리는 이내 미건을 꼼짝 못 하게 내리눌렀다.

"잘 들어, 가시나야, 너 죽으면 나는 몸에 쫙 달라붙는 핑크색 옷 입고 갈 거다!"

"그러기만 해봐, 귀신 돼가지고 평생 쫓아다닐 테니까!"

잠시 후, 우리는 형편없는데다 찝찝하게도 미지근하기까지 한 샤도네이를 홀짝이면서 장례식 복장 스타일 만들기에 착수했다. 각자 한 벌씩 옷을 고른 후 진지한 표정으로 나를 욕실로 데리고 가서 그 옷을 입힌 후 기다리고 있던 나머지 친구들에게 짜잔 하고 선보이는 식이었다. 알리가 첫 타자로 제일 오랜 시간 공을 들였다.

"우욱! 미치겠네, 알리, 거들은 왜 입으란 거야?"

"왜냐하면. 그냥 닥치고 숨이나 참아봐."

알리가 거들을 쭉 끌어당겨 입혔다.

"숨을 못 쉬겠어. 잘하면 내일 장례식장에서 내가 세상 하직하겠는데."

"닥치고 팔이나 번쩍 들어."

알리가 몸에 딱 붙는 짧은 스팽글 드레스를 나한테 뒤집어씌웠다. 머리는 뒤로 완전히 빗어 넘겼고 가짜 속눈썹을 붙이고 포르노에 출연하는 여배우처럼 입술에는 반짝거리는 립글로스를 발랐다.

"음. 네가 이 옷을 왜 골랐는지는 알겠어, 알리. 그런데 파티복 분위기만 나고 장례식 분위기는 별로 안 난다."

로지가 느릿느릿 말했다.

"애를 여장 남자처럼 보이게 만들었잖아."

미건이 말했다. 그다음은 미건 차례였다. 미건은 검정색 부팡스커트_{망사로 부풀려 페티코트식으로 활용한 스커트}와 닥터마틴 바이커 부츠로 고딕풍_{위아래 모두 검은색 옷을 입고 화장도 마치 뱀파이어를 연상시키듯 하는 음울하고 음침한 취향을 일컫는 말}의 미망인을 선택했다. 이번에도 로지가 제일 먼저 심사평을 남겼다.

"좋아, 미건, 전통미를 유지하면서 동시에 딱딱한 분위기를 희석시키려는 네 의도는 알겠어, 그런데……."

알리가 말이 끝나기도 전에 한마디 했다.

"그런데 열라 무시무시해 보여."

상황이 별로 안 좋게 돌아가고 있었다.

로지가 화장실에 들어가 문을 잠갔다.

"자, 넌 뭐가 입고 싶니?"

"로지, 나도 모르겠어."

변기에 앉아 소변을 보는 로지의 얼굴에 수심이 가득해 보였다.

"알았어, 자 내 말 잘 들어. 너는 때와 장소에 맞게 입으면서 프로페셔널한 분위기도 풍겨야 해. 내일은 장례식이지만 그다음 날엔 병동으로 돌아가서 일을 해야 할 테니까 말이야."

로지가 화장지를 홱 잡아 뜯더니 확신에 찬 모습으로 바지를 추켜올렸다.

"여기서 기다려, 나한테 감이 왔으니까."

10분 뒤, 의상 공개회에서는 뜨거운 박수가 한 차례 터져 나왔다. 언제나처럼 로지가 한 건 제대로 터뜨려주었다. 무릎을 살짝 덮는 길이의 검은색 홀터넥 펜슬 드레스, 검은색 짧은 카디건, 비치는 검정 스타킹, 빨간색 립스틱과 여기에 어울리는 빨간색 클러치백, 그리고 검정색 하이힐. 이제 복장 준비는 완료. 그날 밤은 아까보단 나은 와인 한 병과 느긋하고 소박한 수다로 마무리되었다.

"있잖아, 너희들은 너희들 장례식이 어땠으면 좋겠어?"

친구들이 일제히 경악스러운 표정으로 나를 쳐다보았다.

"뭐 그딴 걸 물어보고 그러니?"

"알리, 진지하게 물어보는 거야. 네 장례식에 대해서 생각해본 적 있어? 누구누구 올지? 어떤 말들을 해줬으면 좋겠는지? 음악은 뭘 틀지?"

미건이 우리의 와인 잔을 다시 채우며 말했다.

"너무 소름 끼치잖아!"

"그러지 말고! 생각해봐. 언제 죽을지 안다는 것의 유일한 장점 가운데 하나는 자기 장례식을 미리 계획할 수 있다는 거야. 내가 다루는 상당수의 남자들이 다 그래. 되게 멋있다. 그 남자들은 마지막 파티를 계획하는데 그 파티를 자기들이라면 손님으로 초대받고 싶을 법한 딱 그런 파티로 만들거든."

그렇게 우리는 우리 문화에서 금기하고 있는 장례식을 망치는 방법에 대해서 기나긴 논쟁을 벌였다.

잠시 후 로지가 우리에게 종이 한 장과 연필 한 자루씩을 돌렸다. 미건이 와인을 한 병 더 땄고 알리는 접시에 KP영국의 제과 회사 소고기 맛 감자칩을 뜯어놓았다. 다들 과자를 아작아작 씹어 먹고 와인을 홀짝이며 각자가 이상적으로 생각하는 장례식 계획표를 작성했다.

나의 경우, 도리스 데이가 부른 '퍼햅스, 퍼햅스, 퍼햅스'를 꼭 틀어야 했다. 프랭크 시나트라의 '대츠 라이프'와 그 밖에 여러 노래도 틀고 싶었다. 나머지는 내가 죽을 때까지 비밀이지만 열라 좋은 파티가 될 것이다. 친구들의 장례식 계획으로 말할 것 같으면 음, 그건 우리끼리만 알고 있기로 했다. 모두들 자신을 제외한 나머지 멤버의 계획서 사본을 가지고 있는데 그건 우리 중 누가 제일 먼저 갈지 모르기 때문이다.

이번 현장도 순식간에 막바지에 다다랐다. 이때처럼 바쁘게 지낸 적도, 커피를 많이 마신 적도, 잠을 못 잔 적도 없었던 것 같다. 임상 실습 시간을 쪼개 두 병동과 대학을 오가며 보냈고 집에 와서는 매일 밤 사례 보고서를 작성하고 끈기 있게 논문에 매달렸다. 늘 피곤했지만 임상 현장에서 보내는 시간이 너무 좋았고 두 병동 모두에 정이 듬뿍 들었는데 특히 약물중독 병동이 그랬다. 자격증을 따고 나서 일하고 싶은 곳이 여기가 아닐까 하는 생각이 들 정도였다. 자격증을 딸 수 있다면 말이다. 그 생각을 하자마자 덜컥 겁이 났다.

모는 약물중독 병동의 레이더망에서 완전히 사라졌고 그래서 나는 그녀가 걱정되었다. 제시카는 자기 자신이 업무 성과보다 더 중요하다는 생각을 하게 되어 코카인을 끊을 수 있었다. 멀쩡한 건강염려증 환자 몇몇은 이제 집 밖에서도 에이즈에 대한 공포를 다락방 상자에 고이 모셔둘 수 있게 되었다.

피트와 나는 몇 번이고 포옹을 했고 서로 연락처를 주고받았다. 슬프게도 내가 마지막으로 그를 본 것은 몇 년 전 열린 그의 장례식에서였다. 그리고 얼마 후 톰에게 작별 인사를 해야 할 때가 왔고, 그날은 쌀쌀하지만 햇살이 쨍쨍하고 그냥 보내기 아까운 날이었기 때문에 우리는 소호광장에서 만났다.

"그럼 이제 어디로 가요?"

"나도 몰라요, 톰. 일단 졸업부터 해야죠. 그다음에는 두고 봐야 알겠지만 난 약물중독 병동에서 일하고 싶어요."

"와우! 그것참 배꼽 빠지게 재미있겠군."

"거기서 일하게 되면 연락할게요."

"나한테 연락하면 안 되지."

이 사람 무슨 소릴 하고 있는 거지?

"왜 안 된다는 거죠, 톰?"

톰이 내 손을 잡았다.

"우린 친구가 아니니까."

뒤통수를 얻어맞은 기분이었다.

"내 말 잘 들어, 사랑스러운 선생. 나는 자기 환자였잖아. 자기는
이제 앞으로 나아가려 하고 있고. 우리한테는 더 이상 접점이 없어.
그렇게 돌아가는 건 줄 알았는데."

그의 말은 옳았고 나는 바보가 된 것 같았다. 우리는 얼마 동안
수다를 떨었고, 매력덩어리 톰은 바이러스에 대해서 예전만큼 화가
나지는 않으므로 자살은 하지 않기로 했다.

"그 결정에 만족하나요, 톰?"

"뭐, 다시 살아보기로 한 거 말이야?"

나는 고개를 끄덕였다.

"그래. 내 생각일 뿐이지만 우울감과 불안감이 내 정신을 갉아먹
고 있었다는 당신 말이 맞았던 거 같아. 그걸 아는 것만으로도 정말
도움이 되더군. 그래서 결국 약은 전혀 먹지 않았지. 이제 내 관점이
죽음에서 삶으로 바뀌었다고 말할 수도 있겠네."

나는 미소를 지으며 이 아름다운 남자를 꼭 껴안아주고 싶은 충
동을 꾹 참았다.

"맞아, 다시 삶을 선택하고 미친 듯이 디자인하는 지금이 나는
행복해."

우리는 함께 웃었다. 톰이 가방으로 손을 뻗으며 말했다.

소녀는 왜 다섯 살 난 동생을 죽였을까?

"선물이야."

나는 환자에게 선물을 받는 것은 손가락질받을 일이라는 걸 어떻게 말해야 할까 궁리하면서 천천히 포장을 풀었다. 가죽으로 장정된 작은 몰스킨 스케치북이 나왔다. 나는 그 스케치북을 손에 쥐었다.

"아휴 참, 안을 봐야지, 안을."

톰이 준 것은 지금까지 내가 본 것 중 가장 섬세하고 아름다운 스케치가 가득한 책이었다. 스케치 하나하나가 한 점의 예술 작품이었다. 페이지마다 몸에 꼭 맞는 옷을 입은 여자가 등장했다.

"그 여자가 누군지 알겠어, 귀염둥이 아가씨?"

나는 고개를 가로저었다.

"잘 봐, 몸의 굴곡 하며 그 지긋지긋한 자세를."

이건 나의 스타일 변신 스케치였다. 규정 따위는 집어치우고 나는 이제 곧 '내 환자였던 남자'가 될 톰을 꼭 껴안았다.

"당신은 우라지게 터프한 아가씨라고! 도대체 누굴 닮은 거야?"

많이 야위었지만 여전히 멋진 이 남자의 얼굴에 눈부신 미소가 번지기 시작했다.

더 나은 인간이 되어가는
25년간의 여정

나는 1992년에 자격증을 땄다. 졸업식 날, 런던의 한복판에서 친구들과 함께 축하 파티를 열었다. 그날 저녁, 술집에서 지하철역으로 걸어가다가 구걸 중인 만삭의 여자를 보았는데 동냥 컵에 돈을 넣어주면 그 돈을 어떻게 쓸지 너무 잘 알고 있었기에 아예 샌드위치와 뜨거운 음료를 사다주었다.

고개를 들어 나를 본 그녀의 동공은 마약 때문에 수축되어 있었다. 그런데 그 왜소한 여자는 내가 아는 사람이었다. 바로 모였던 것이다. 모는 나를 알아보지 못했고 내가 베푼 호의를 그다지 고맙게 여기지도 않았다.

"꺼져, 씨바. 가서 잘난 당신 도움 필요한 사람이나 찾아보라고."

그래서 나는 그렇게 했다. 약물중독 서비스 기관에 자리가 나서 몇 년 동안 헌신적인 팀과 함께 일하면서 각성제 남용 치료에 관한 박사 논문도 준비했다.

자격증을 딴 신참 임상 심리학자로서 제일 먼저 맡은 일은 서포트 그룹을 결성하는 것이었는데 결국 모와 비슷한 삶을 사는 임신부 중독자들을 다루게 되었고, 그러다 보니 모 생각이 자주 났다. 지금쯤 그녀는 어떻게 지내고 있을까?

사실 이 직업과의 인연은 내가 열다섯 살 때 할머니께서 당신의 집 거실에서 임신한 약물중독자에게 살해당하면서 이미 시작되었다는 사실을 깨닫게 된 것은 몇 년 후 '크리스'(이제는 소중한 친구가 되었고 오늘날까지 내 직업 생활의 멘토 노릇을 해주고 있다)에게 이야기를 하면서였다. 먼 길을 돌아오기는 했지만 그 경험은 결국 나를 원점으로 되돌려놓았다.

올해로 이 일에 몸담은 지는 25년이 다 되어가고 이 책을 내겠다는 생각을 하면서 12년을 보냈다. 이 책은 회고록이 아니다. 내가 소개한 사례들은 전부 다 허구이다. 실습 도중 내가 만난 각양각색의 사람들에게 영감을 받기는 했다.

나는 정신 건강 분야 종사자들이 자신들이 직접 다룬 사례라며 내놓은 책을 수없이 많이 읽어보았다. 그런 책을 읽을 때마다 퍼뜩 드는 생각은 스포트라이트가 치료를 받는 사람들에게만 집중되고 그 치료를 맡은 우리 같은 사람들에게는 절대 향하지 않는다는 것이다.

내가 보기에 이러한 접근법은 세상에는 '미친' 사람들과 '미치지 않은' 사람들만 있다는 아주 위험하고도 보편적인 믿음을 조장하는 듯하다. 또한 정신 건강 분야 종사자의 역할을 과대평가하고 있기도 하다. 따라서 우리가 어느 정도 거리를 둔 채 유리한 위치에서 관찰하고 평가하고 처방하고 치료하는 사람들처럼 보일 것이다. 나는 우리 일이 그런 식으로 돌아간다고 생각하지 않는다.

내가 쓴 이야기를 통해 나는 심리 치료가 제공해줄 수 있는, 혼돈에서 질서로 향하는 여정을 전달하려고 노력했다. 거의 25년 전 일들을 돌이켜보면서 나는 지금보다 훨씬 젊은 나 자신을, 늘 뛰어나지는 않았던 사람, 실습이 진행됨에 따라 혼돈에서 질서로 향하는 길을 용케도 헤쳐나간 사람으로 그리려고 했다.

그 시간 동안 내가 얼마나 불안해했는지, 그리고 얼마나 오만했는지, 또 얼마나 순진무구했는지를 잊고 있었다. 내가 치료해야 하는 사람들보다 오히려 내 머릿속이 더 뒤죽박죽인 적도 많았다. 내가 이렇게 노련한 상담사, 아니 어쩌면 전보다 더 나은 인간이 될 기회를 갖게 된 건 그들 덕분이다.

아량을 베풀어 이 책의 초고를 읽어준 이들은 내가 군데군데 나의 심각한 기량 부족을 기꺼이 폭로한 것을 보고 깜짝 놀랐다. 내가 정신 건강 장애가 있는 사람 근처에는 얼씬도 하지 말아야 할 사람으로 보일까 봐 걱정한 사람들도 있었는데 특히 우리 엄마가 그랬다.

"너 지나치게 솔직한 거 아니니, 얘야?"

엄마는 이런 말까지 했다.

나는 늘 정신 건강에 문제가 있는 사람들에 대한 고정관념에 도전하고, 자신이 처한 정신적 곤경으로 인한 부담감과 삶을 주체하지

소녀는 왜 다섯 살 난 동생을 죽였을까?

못해 미칠지도 모른다는 두려움에 맞서 싸우는 마음 약한 사람들에게 찍힌 낙인을 지워주고 싶었다. 정신 건강에 문제가 있는 사람을 도우려는 사람인 이상 내가 가진 두려움과 부족한 부분을 공개하는 것은 그러한 과정의 중요한 일부분인 것처럼 느껴졌다.

요컨대 온전한 정신의 끝은 어디며, 정신이상의 시작은 어디인가? 우리 중에서는 운 좋게도 스스로 혹은 도움을 받을 수 있는 관계망 내에서 인생의 난관을 용케 잘 극복하고 전화위복의 계기로 삼는 이들이 있다. 그 결과 우리는 스스로를 '성공했다'고 규정한다. 반면 우리 중에는 계속 부인하거나 자신의 '불운'을 투사할 대상을 찾아냄으로써 문제에 대응하는 이들도 있다.

양육은 본질적으로 중요하다. 보호망이 위험 요인보다 훨씬 넓은 가정에서 태어난 사람은 남달리 강한 자의식과 자신감, 대처 능력을 기를 수 있다. 본성 또한 우리 인생의 내러티브에 핵심적인 역할을 담당한다. 우리 중에는 정신 건강의 취약성을 유발하는 기질을 물려받은 이들이 있다. 살면서 받는 스트레스와 압력이 감당할 수 없을 만큼 커질 때, 우리는 전前 세대에 얽힌 집안 내력을 살펴볼 필요가 있다. 실제로 가족사는 반복되는 경향이 있기 때문이다.

우리는 이러한 난관을 내러티브를 통해 이해한다. 혼돈에서 질서로 나아가는 여정에서 핵심이 되는 부분은 내러티브, 즉 '이야기'를 통해서 이루어지는 경우가 많다. 이야기는 우리가 어떤 감정을 느끼는지 파악할 수 있게 해주고 그런 감정들을 용인하고 수용할 수 있게 해준다. 이 책의 등장인물들은 각자 자신의 인생에서 가장 험난한 여정에 대해 들려준다.

그때도 그랬지만 현직에서 일하고 있는 지금까지도 그 여정의 일부분을 함께했다는 사실에 무한한 영광을 느낀다. 그러나 이 책에 등장하는 사람들이 정신 건강에 문제가 있는 사람들 전체를 대변한다는 생각은 하지 않았으면 좋겠다. 그러한 문제의 경중도는 매우 광범위한 스펙트럼에 걸쳐 존재하기 때문에 엄밀히 말하면 우리 모두는 그 스펙트럼상 어딘가에 해당될 수밖에 없다.

자, 그럼 이쯤에서 깔끔하고 정갈한 내용으로 이 책을 마무리해야 할 듯하다.

나는 그동안 무엇을 배웠을까? 내가 치료했던 사람들은 어떻게 됐을까? 그들 모두 '호전'되었고 전보다 더욱 행복한 삶을 살아가고 있다는 소식을 전해야 마땅할 것이다.

그러나 역시 현실은 그렇지가 못하다. 정신 건강은 근본적으로 정확한 진단이 나오고 치료가 되거나, 혹은 죽음이나 장애 등등을 예측할 수 있는 신체 건강과는 다르다. 간단명료하게 설명할 수가 없다는 것이다.

정신보건 기관에서 이야기하는 바에 따르면 일반적으로 우리가 치료하는 환자의 3분의 1은 '호전'되고, 3분의 1은 그 상태 그대로이고, 나머지 3분의 1은 악화된다고 한다. 우리가 모두를 '치료'할 수 있는 건 아닌데, 이는 '치료'가 불가능한 이들이 있기 때문만이 아니라 가끔은 방법을 모를 때가 있기 때문이기도 하다. 사실 '치료'라는 말은 정신 건강에 문제가 있는 사람들을 도와야 할 때는 별 쓸모가 없는 단어이다. 물론 도움을 받아들일 준비가 안 됐거나 받아들일 마음이 없는 사람들도 있다. 태어날 때부터 정신 건강에 문제가 있어서 앞으로 어떻게 살아갈 것인가를 계속 고민해야 하는 이들도 있다. 때로는 이야기가 끝나지 않을 때도 있다. 왜냐하면 상담사로서 우리가 아무리 듣고 싶어도 환자는 환자대로 삶을 계속 살아나가고, 우리는 우리대로 삶을 계속 살아나가기 때문에 그 이야기를 못 들을 수도 있기 때문이다.

또 어떤 때는 결코 회복하지 못할 것이 분명한 환자들, 즉 걷잡을 수 없이 악화될 것이 눈에 선한 환자들을 보기도 하는데, 파국이 닥칠 것을 알면서 그냥 지켜봐야 할 때도 있다. 이 과정을 옆에서 보는 건 정말 힘든 일이다.

그러므로 상담사는 충분히 냉정하고 객관적인 사고를 해야 한다. 공과 사의 경계를 분명히 하고, 우리가 모두를 다 도울 수 없다는 사실을 인정하고 씩씩하게 앞으로 나아가야 한다. 물론 여기에도 위험은 존재한다. 우리 중 다수가 우리가 방금 보거나 들은 것 때문에 느끼는 공포에서 벗어나기 위해 심각한 상황에서 부적절한 농담을 던지기도 한다.

이모젠이 올가미에서 풀려난 다음에 내가 했던 농담을 기억하는가? 냉소주의는 유용한 방어기제가 될 수 있다.

가끔 우리가 치료하는 이들과 관계를 맺는 것이 아주 힘겨울 때가 있는데, 그것은 위협을 당하고 있고 궁지에 몰렸다고 느끼고 있는 그들에게 우리가 오히려 학대를 당하기 때문이다. 그것은 언어폭력일 수도 있고, 물리적인 폭력일 수도 있다. 아니 어쩌면 그들이 두렵기 때문이기도 한데 이것은 그들을 통해 너무나 싫어서 외면하고만 싶었던 우리 자신의 모습을 발견했기 때문일 것이다.

그래서 우리는 그런 부분을 그들의 문제로 돌리고는 '환자'라는 꼬리표 뒤에, 문제가 있는 건 그들이지 우리가 아니라는 착각 뒤에 숨는 것이다.

이런 이야기를 하는 과정에서 고통을 유발하고 싶지는 않았지만 진단과 분류를 극복하기 위해서는 우리가 반드시 그 아래 숨은 진짜 인간을 보고 그들의 이야기가 얼마나 슬픈지 알겠다고 이해해줘야 하지 않을까 싶다.

이디스와 그녀의 상처 받기 쉬운 상냥한 마음씨, 너무나 암울해서 생각만으로도 못 견디게 괴로운 비밀을 지니고 있는 이모젠, 분노에 찬 상태에서 죽어가는 멋쟁이 남자 톰. 실존하는 사람들과 실제 삶을 말이다.

나는 이 책에 동정이 별로 안 가는 사람들의 이야기 또한 포함시켰다. 섹스 치료 커플인 마틴과 엘리스, 좌절감에 빠져 매사를 통제하려 드는 엄마 데이지, 코카인을 콧구멍에 쑤셔 넣으며 최고의 수입을 올리고 있는 도시 여자 제스. 그들은 모두 특권층 출신인데 어째서 그토록 힘들어하는 걸까? 그러나 안락한 라이프스타일이 마음이 아주 약한 사람들에게 온전한 정신이라는 가면을 제공해주는 경우는 꽤 많다……. 이런 경우를 나는 심심찮게 목격한 바 있다.

그다음에는 모와 모의 약물중독 병동 동지들, 더러운 침낭에서 나오길 거부했던 어린 폴도 있었다. 그들에 대한 우리의 감정을 어찌 해야 할까?

내 경험에 따르면 우리 사회는 그들을 버린다. 공격적이고 분노에 찬 아이들, 약탈과 도둑질을 일삼는 마약중독자들. 왜 우리가 그들을 동정해야 하는 걸까? 설마 우리가 그들의 반사회적인 행동을 용서해주고 변명해주면서 자기 힘으로 살아갈 능력을 뺏고 있기 때문에? 그들이 사회가 용납하기 힘든 방식으로 자신의 상처를 드러낸다는 이유 때문에 우리 사회가 그들을 버리지 않기를, 나는 간절히 바란다.

우리는 이모젠과 몰리가 궁지에 몰려 숨어버리고 움츠러들 때 따뜻한 마음과 함께 활짝 벌린 두 팔을 내밀어야 한다. 그러나 화가 나 있는 모와 물리적 공격성을 보이는 폴에게는 그래서는 안 된다. 그들은 우리를 거부하고, 우리에게 겁을 주고, 우리를 갈취하고, 때로는 우리에게 해를 입히기 때문이다.

분명히 말하지만 우리 할머니의 머리를 때려죽인 여자를 만났다면 나 역시 그 여자한테 부지깽이를 휘두르고 싶은 강한 충동에 사로잡히지 않았을 거라 장담할 수는 없다. 그러나 우리 할머니를 죽인 살인자가 모처럼 약에 취해 있는 여자였다는 것. 나는 그 사실을 잊지 않으려 노력한다.

그다음으로는 레이가 있다. 레이 같은 사람은 어떻게 해야 할까? '인격 장애'로 보이는 사람들, 애초에 치료가 불가능한 사람으로 보이는 사람들은 어떻게 해야 하는 걸까? 그런 사람들은 타인에게 공감하지도 못하고 타인의 욕구를 이해하지도 못하므로 반사회적 행동을 저지를 경우에 대비하여 감금해야 할까? 아니면 그들의 인권을 존중해서 제멋대로 살아가도록 내버려둬야 하는 걸까?

지금 여기서 이런 질문들에 답하는 건 불가능하다. 특히나 나의 경우는 전문가로서의 냉철한 지성과 어머니이자 외손녀로서 겪은 경험에서 비롯되는 정서 사이에서 고민할 사항이 한두 가지가 아니다. 너무나 복잡한 문제이기 때문에 딱 떨어지는 답 같은 건 없다.

매리언과 준과 프랭크의 이야기를 통해 나는 그 옛날 정신적 혹은 도덕적으로 결함이 있다고 낙인찍힌 사람들이 받았던 차별과 소외가 오늘날까지도 거의 사라지지 않았다는 점을 보여주고 싶었다. 요즘에는 재미 삼아 정신병원으로 구경을 가는 사람은 더 이상 없지만 우리는 마음껏 소리 지르고 '정신 차리라'고 막말을 할 수 있는 매정한 텔레비전 프로그램을 통해서건, 타인의 몰락을 보고 싶어 하는 끝없는 욕망을 통해서건 여전히 위기에 처한 사람들을 지켜보면서 관음적 즐거움을 누린다. 게다가 그러한 몰락이 '모든 걸 가진' 자들에게 일어나면 우리는 더없이 즐거워한다.

준과 프랭크는 자신들을 있는 그대로 받아들여주는 곳, 익숙한 곳에서 계속 살고 싶어서 정신병원에 남고 싶어 했던 걸까? 무관심한 지역사회로 다시 편입되는 것보다 나아서?

달라진 건 아무것도 없다. 우리는 정신병을 두려워하는 나머지 정신병을 싫어하고, 정신병이 우리 자신에게 닥치는 것도 싫어한다. 또한 정신병을 강 건너 불구경이나 반대해야 할 대상으로 삼기만 할

뿐 정신병이 있는 타인을 진심으로 신경 쓸 시간도, 마음도 갖추고 있지 않다. 우리는 마음이 아픈 사람들이 우리가 받아들일 수 있는 방식으로, 우리가 난처해하지 않는 방식으로 아프길 바라고, 그렇지 못한 경우에는 등을 지고 연을 끊어버린다. 우리는 정신병이라는 것을 규정된 시간 범위와 제한적인 조건 내에서 치료하라고 요구하는 건강 상식을 믿어버린다.

그러나 내 직업의 정체성과 접근 방식에 대한 이해의 폭을 차차 넓혀가던 실습 마지막 해에 만난 어린 소녀 몰리의 경우에서 보았다시피, 위기에 처한 사람들은 자신의 질병 때문에 느끼는 고통보다 훨씬 더 많은 고통을 품고 있다. 대개의 경우 그들의 문제는 그들 가족 전체가 위기에 처해 있다는 표시이다.

우리 사회는 위기에 처해 있다. 나는 현재 아동 및 청소년 정신 건강 컨설턴트이다. 심각한 문제가 있어 상담 센터를 다녀가는 어린이와 청소년의 수는 폭발적으로 늘고 있고, 그 아이들이 그러한 문제를 겪는 연령도 점차 낮아지고 있다. 아이들은 우리 사회의 현실을 그대로 보여주고 있다. 그 아이들은 우리 사회가 동정심과 이해심이 부족하고, 적자생존에만 사로잡혀 있다는 것을 알려준다. 우리는 그 아이들이 하는 말을 '들어보겠다고' 애쓰고는 약을 처방해준다(최근 아동 및 청소년의 정신 질환 치료를 위해 약을 처방하는 경우가 기하급수적으로 늘었다).

어떤 이들은 정신 건강 치료를 둘러싼 수많은 복잡하고 부당한 사건들에 문제를 제기하기 위해 이 책을 쓴 거라 생각할지도 모르겠다. 그러나 아니다. 내가 이 책을 쓴 이유는 그저 각자 나름의 이유로 힘겨운 삶을 살아가기 위해 고군분투하고 있는 사람들에 관한 놀라운 이야기들을 들려주기 위해서이다. 만난 것 자체가 크나큰 영광이었고 내가 많은 것을 배울 수 있었던 사람들에 관한 이야기를.

이제 나는 이 책에 등장하는 사람들 중 그 누구도 실존 인물이 아니며, 따라서 그들의 이야기를 공개함으로써 비밀 보장 서약을 어기는 우를 범하지 않았다는 사실을 다시 한 번 알리면서 이 책을 마무리하려고 한다. 또한 안타깝게도 이 책에 등장하는 사람들이 실제 존재한다는 것, 그들의 일부가 우리 모두의 내면에 존재한다는 말을 남기고 싶다.

정신 건강 분야에 종사하는 내내 재능 있고 헌신적인 사람들이 모인 팀과 함께 일할 기회가 많았는데, 이번에 이 책을 쓰는 동안에도 아주 환상적인 팀을 만나 작업할 수 있었다.

나에게 문학 쪽 에이전트인 윌 프랜시스(와 쟁클로&네스빗의 팀)를 소개해준 내 에이전트 소피 로리모어에게 감사의 마음을 보낸다. 소피는 그토록 오랜 기간 내 머릿속에 처박혀 있던 글감을 글로 써낼 수 있도록 나를 격려해주었고, 출판 제안서 작업과 이후 여러 버전의 초고 작업을 함께하면서 내내 나의 든든한 지원군이 되어주었다.

팬 맥밀란 출판사 관계자 여러분과 욘 버틀러의 팀, 재치와 재능이 넘치는 신디 챈에게 무한한 감사의 말을 보낸다. 이 책이 미국에서 출판되기까지는 P. J. 마크 그리고 플랫아이언 북스의 밥 밀러와 그의 팀의 공이 컸다.

특히 25년 전 나와 함께 실습했던 동료 실습생들에게 힘입은 바가 큰데 이 책의 내용에 대해 이루 말할 수 없이 소중한 의견을 남겨준 임상 심리학자 지넷 맥글러글린, 해럴드에 대해 자세한 정보를 제공해준 임상 신경심리학자 주디 월을 특별히 언급하고 싶다. 내가 아는 한 최고의 일반의인 내 친구 루스 위트비 박사, 노른자 같은 피드백을 준 위대한 정신과 의사 마이클 크레이그 교수님도 빼놓을 수 없다.

그 누구보다도 내 커리어의 멘토이자 모든 이들에게 따뜻한 마음과 능력과 헌신을 아끼지 않는 여성, 웬디 케이시 박사님께 무한한 감사를 드리는 바이다. 오래전 함께 일했던 소중한 내 동료들, 론 앨콘 박사, 딜런 그리피스 박사, 내게 많은 걸 가르쳐주신 토니 로스 교수님, 엘자 이픈 박사와 매기 코언에게도 감사의 말씀을 전하고 싶다.

학창 시절 영어를 가르쳐주셨고 읽기와 쓰기에 대한 사랑을 불어넣어 주신, 내가 가장 좋아하는 케이 무어 선생님께도 크나큰 감사의 마음을 품고 있다.

홀로코스트 때 겪은 집단 수용소 경험을 아낌없이 들려주신 용감하고 멋진 애브럼 쇼필드와 '어린이 이송 작전'Kindertransport, 유대인 난민위원회가 유대인 어린이 1만 명을 독일 폴란드 등지에서 탈출시켜 영국으로 보낸 일 당시의 경험을 들려준 쇼필드 씨의 부인 비라에게도 심심한 감사를 표하고 싶다.

'내 단짝들', 케이트, 젠, 루스, 지넷, 자나키, 제인에게! 너희들은 멋지고 든든한 친구들이야. 베티나, 엠마, 레슬리, 빅토리아, 그리고

소녀는 왜 다섯 살 난 동생을 죽였을까?

린, 스테프 외 주 1회 모이는 줌바댄스와 케틀벨 강좌반 친구들 모두 고마워요!

친구이자 가족이 된 마티유, 그리고 마이클과 에릭에게도 고마운 마음을 전하고 싶다.

내 인생에서 가장 특별한 여자들, 경이로운 우리 엄마 엘피 여사, 내 동생 카트리나, 아름다운 조카 클래라, 모두에게 깊은 사랑과 감사의 마음을 전하고 싶다. 마지막으로 특히 내 딸 릴리, 넌 멋진 소녀야, 우리가 함께 웃던 순간들을 사랑한단다.

늘 영감의 원천이었던 멋쟁이 아버지 존은 2005년에 돌아가셨다. 아빠, 하루도 보고 싶지 않은 날이 없네요. 하늘에서라도 이 책을 읽을 수 있으면 좋겠어요.

내 남편 브루스에게. 당신이 내 곁에 없었다면 이 책을 쓸 수도 없었을 거고, 지난 24년 동안 해온 일들 중 거의 아무것도 해내지 못했을 거예요. 그리고 내 멋쟁이 아들 잭, 너 때문에 엄마가 얼마나 자랑스러운지 모른단다. 그리고 매일 가져다주는 차, 정말 고마워.

마지막으로 대부분 자원도 부족한 악조건에서 상처 받기 쉽고 두려움에 떠는 이들을 돕기 위해 피곤한 줄도 모르고 일하고 있는 정신 건강 분야 종사자 여러분 모두에게 경의를 표하는 바이다. 또한 이 일에 종사하면서 만났던 수많은 아이들, 청소년들, 그리고 어른들, 여러분의 여정에 함께할 수 있어서 영광스러웠습니다. 여러분을 절대로 잊지 않을 겁니다.

소설보다
더 소설 같은 이야기

※이 글에는 본문 내용의 스포일러가 될 만한 성격의 문장이 들어 있음을 미리 밝힙니다.

'stranger than fiction'이라는 표현이 있다. 현실이 소설보다 더 기이하다는 뜻이다. 가끔 영화나 드라마를 보면서 "에이 설마 저런 사람이 있으려고……." 혹은 "어떻게 저런 일이 일어날 수 있어?" 하는 생각을 해보지 않은 사람은 없을 것이다. 우리는 우리의 실제 삶보다 소설이나 영화가 훨씬 극적일 거라 단정하는 경향이 있다. 하지만 사실은 그 반대인 경우가 더 많다. 〈양들의 침묵〉에 등장하는 연쇄 살인범 '버펄로 빌'은 실존 인물인 테드 번디와 에드 게인을 결합한 인물이다. 사람을 죽인 다음 그 가죽으로 옷이나 장신구 등을 만들고 그걸 입기까지 한 엽기적인 행위는 에드 게인의 실제 범행 수법이었다.

저자 타냐 바이런이 명명백백히 밝히고 있듯 직업적 윤리 원칙인 기밀 유지 의무에 따라 자잘한 사항은 바뀌었지만 어쨌든 이 책에 소개한 사례들은 사실을 바탕으로 하고 있다. 저자의 얼굴에 칼날을 들이댄 소시오패스 레이, 새아버지의 성적 학대로부터 동생을 보호하고자 수영장에 빠진 동생을 구해주는 대신 발로 머리를 눌러 수면 위로 못 나오게 한 이모젠, 남편의 외도를 알고 부부 침대 엄마 옆자리를 고집하는 일곱 살짜리 딸아이를 내쫓지 않은 데이지, 잘못된 어휘 사용으로 결혼 전 성생활에 문제를 겪게 된 커플 엘리스와 마틴, 식모살이하던 집의 남자들에게 강간당해 임신한 후 강제로 입원당한 정신병원에서 아이를 낳은 친모의 존재를 노년에 알게 된 매리언, 치매에 걸린 부인을 돌보다 자신마저 알츠하이머에 걸렸음을 알아차린 노인 해럴드, 가정에 소홀한 남편 때문에 극심한 외로움에 시달리고 있는 엄마에게 엄마 노릇을 계속할 수 있게 해주려고 일부러 음식을 거부해 성장을 억제한 몰리, 학대를 일삼는 남자 친구에게서 벗어나지 못하고 결국 약물중독의 덫에 빠져버린 모, 에이즈에 걸려 죽음을 코앞에 둔 전설적인 패션디자이너 톰. 이들은 모두 타냐의 환자였고 정황은 살짝 바뀌었을지 몰라도 실존 인물이었다.

이보다 더 불행할 수 있을까

먼저 이모젠을 보자. 그렇게 어린 나이에 이모젠은 남들은 평생 동안 곁에서 직접 목격이라도 할까 말까 한 일을 겪었다. 부모의 이혼이 시작이었다(여러 사건 중 그나마 가장 평범한 사건이지만). 보통 어린

아이라면 그것만으로도 충분히 힘들 텐데, 이모젠의 아버지는 이혼 후 아예 머나먼 이국땅으로 날아가 성 정체성까지 바꿔버렸다. 유일한 애착 대상인 어머니는 일 때문에 바빠 양육을 외국인 가정부에게 거의 일임해버렸다. 그리고 얼마 후 미모의 남자 모델과 재혼하여 이모젠에게 동생을 안겨주는데, 내내 외동이었던데다 부모의 이혼과 재혼을 모두 겪은 상황을 생각해보면 이모젠으로서는 받아들이기 힘들었을 것이다. 그런데 그것이 불행의 끝이 아니었다. 이모젠의 아름다운 새아버지는 외모는 아름다웠을지 몰라도 행실은 전혀 아름답지 않았기 때문이다. 그저 여자를 밝히는 호색한에 지나지 않았으면 어머니만 속 끓이고 말았으련만 그는 소아성애증이었다. 그리고 그 마수의 손길을 이모젠에게 뻗친 것으로 모자라 더욱 어린 동생 메이지에게마저 평생 씻지 못했을 상처를 남겼다. 어리지만 새아버지의 행동이 나쁜 행동이라는 것 정도는 알고 있었던 이모젠은 동생을 구해주기 위해 그만 익사시키고 만다(우리 언론 같으면 아마도 조회수를 늘리기 위해 '열두 살 소녀, 다섯 살 동생 익사시켜'라는 자극적인 제목의 기사를 내보내지 않을까?). 결국 새아버지는 감옥에 가고 이제 어머니와 (배 속의 새 동생도) 함께 아버지가 있는 미국으로 가기로 했지만 과연 그 이후 이모젠의 삶은 어땠을까? 그 소녀가 다시 어른을 믿을 수 있을까? 죄책감에서 벗어날 수 있을까?

지혜는 세월과 무관하다

어릴 때부터 나는 나이 든다는 것에 대한 판타지가 있었다. 한 마흔쯤 되면 더 이상 고민 같은 건 하지 않고 모든 게 안정되어 있을 거라 생각했다. 그리고 나이테가 늘어감에 따라 나무가 굵어지듯 인간도 나이를 먹으면서 (뱃살만 느는 것이 아니라) 지혜가 늘 거라 생각했다. 나이를 먹으면서 지혜로워지는 것을, 마치 밤이 지나면 아침이 오듯, 아주 당연한 이치라 여겼던 것이다. 그러나 중년이 된 지금 지혜가 저절로 느는 건 아니라는 것을 깨닫게 되었다. 지혜는 세월과 무관하다. 끊임없이 자신을 갈고닦지 않으면 아집과 이기심만 늘 뿐 지혜는 전혀 늘지 않는다. 그런 생각을 품고 있는 내게 이상적인 노인상을 보여준 것이 바로 해럴드 할아버지였다. 치매에 걸려 서서히 망가져가는 부인을 바라보는 것만으로도 이미 한계치 이상의 스트레스를 받고 있었을 텐데, 그는 그 와중에 자신에게 치매 진단을 내려야 할 저자를 가엽게 여긴다. 오히려 그런 소식을 전해야 할 상황을 만들었다며 미안해한다. 최악의 소식을 듣고 그 소식을 전한 사람에게 화풀이를 할 수도 있었을 텐데……. 나 또한 저자의 친구처럼 해럴드 할아버지에게 필요한 게 빌어먹을 관장에 지나지 않기를 얼마나 빌었는지 모른다. 모두의 간절한 바람에도 불구하고 해럴드 할아버지는 알츠하이머 확진 판정을 받고 말았다. 그렇지만 해럴드 할아버지는 영화 〈노트북〉에서처럼 할머니가 세상을 떠날 때 곁을 지켜주었다. 젊어서는 할머니가 할아버지의 든든한 보호막이 되어주었지만 늙어서는 할아버지가 아픈 할머니를 돌봐주고 또 마지막 순간을 함께해준 것이다.

자살로 딸을 놓아준 엄마의 이야기

가장 가슴 아프고 안타깝고 슬펐던 건 바로 몰리의 사연이었다. 한참 부모에게 투정 부릴 나이에 자신의 독립으로 외로워질 엄마를 걱정해 극도의 식이 제한으로 죽음의 문턱까지 다녀온 소녀, 몰리. 그런 딸의 마음을 알고 교통사고를 가장한 자살로써 딸을 놓아준 엄마. 장례식장에서 몰리가 추도사로 시를 읽는 순간, 나도 모르게 눈물이 흘렀다. 평소 시를 즐겨 읽지도 않거니와 신파라면 몸서리를 칠 정도로 싫어하는 나이지만 그 부분에서는 코끝이 찡해지며 그냥 눈물이 줄줄 흘러나왔다. 새는 알을 깨고 나온다고 했던가? 이제 몰리는 아브락사스에게 날아갈 일만 남은 걸까?

다르다와 틀리다

저자가 가장 마지막에 배치된 현장은 약물중독자와 말기 환자 병동이었다. 패션계의 아이콘 같은 존재인 디자이너 톰은 HIV 바이러스에 감염되어 서서히 죽어가고 있다. 이 사례를 읽으면서는 어린 시

소녀는 왜 다섯 살 난 동생을 죽였을까?

절(1980년대) 에이즈란 단어를 처음 들었던 때가 생각났다. 당시 미디어에서는 에이즈에 대한 정확한 정보보다는 동성애에 더 초점을 맞췄던 것으로 기억한다. 종교계에서는 신이 내린 징벌이라고도 했다. 그런데 이 책에도 그런 풍경이 등장한다. 저자가 어느 날 말기 환자 병동에 출근해보니 한 무리의 사람들이 피켓과 현수막을 든 채 시위하고 있었는데, 그중 한 현수막에는 '에이즈: 하느님이 동성애에 내리는 벌'이라는 문구가 쓰여 있다. 그렇다면 몇 십 년이 흐른 지금은 이러한 시각이 좀 완화되었을까?

물론 예전에 비해 에이즈나 동성애에 대한 편견이 완화되기는 했을 것이다. 하지만 나는 얼마 전 전철에서 마주친 어떤 아주머니를 보고 전혀 나아진 것이 없다고 생각하게 되었다. 그 아주머니는 동성애 반대 서명판을 들고 있었는데 사람들이 거기에 서명을 하겠다고 자발적으로 그분을 불러 세우는 현장을 목격하게 된 것이다. 사람이 사람을 사랑하겠다는데, 그것을 금지하는 사람들. 누군가의 허락을 받아야 사랑을 할 수 있는 사람들. 남들과 다르기 때문에 사는 것이 버거운 것은 잘나가는 패션계 아이콘, 톰에게도 예외는 아니다. 톰이 죽어가는 과정은 '다르게 산다는 것'이 아직도 우리 사회뿐 아니라 세계 최고의 선진국이라는 곳에서도 얼마나 큰 고통인지를 절감하게 해준다.

우리들 대부분은 상충되고 보완되는 자아들을 모아놓은 다발

도저히 글로는 옮기기가 어려운 일들이 있다. 어떤 일을 겪은 뒤 그 경험을 글로 옮기려고 하면, 극적으로 미화하게 되거나, 어쨌든 늘 사소한 부분은 부풀리고 중요한 것은 무시하게 되곤 한다. 아무튼 마음먹은 대로 글이 술술 써지는 일은 절대로 없다. 하지만 나는 이제 오늘 오후에 내게 일어났던 일을 글로 써야만 한다.

―실비아 플래스의 일기 중에서

타냐 바이런은 이처럼 도저히 글로 옮기기 어려운 일들을 겪었음에도 자신에게 일어났던 일을 글로 써냈다. 그것도 아주 훌륭하게. 그녀는 소설도 아닌 임상 사례집으로 독자들의 눈물을 훔치는 데 성공했고, 나 같은 독자에게도 예외는 아니었다. 사실 임상심리 사례 모음집이라는 간단한 소개글만 보면 '전지전능한 상담사가 사람을 180도 바꿔놓았다는 자기 자랑을 늘어놓겠구나' 하는 짐작을 하게 된다. 그런데 책을 펼치면 이 책이 기존 심리 상담책과 확연하게 다르다는 걸 알 수 있다. 그것은 바로 타인의 문제를 해결해주겠다고 나선 상담사 본인의 심리가 적나라하게 드러나 있다는 것이다. 물론 겁에 질린 의사에게 수술받고 싶은 사람은 없듯 겁에 질린 상담사에게 고민을 털어놓고 싶은 사람 또한 없을 것이다. 하지만 상담사 또한 도전 앞에서 긴장하고 겁먹는 인간이라는 사실을 깨닫게 되면, 다시 말해 심리적으로 완전무결한 인간은 없다는, 어찌 보면

소녀는 왜 다섯 살 난 동생을 죽였을까?

너무나 당연해 보이는 진리를 새삼 깨닫고 나면, 이렇게 힘들어하는 혹은 마음 아파하는 내가 그렇게 이상한 건 아니라는 안도감이 드는 것도 사실이다.

어쩌면 저자가 본문에서 인용한 바 있는 실비아 플래스의 (충실하지 못했던) 남편 테드 휴즈가 실비아 플래스의 일기 서문에서 표현했듯 '우리들 대부분은 상충되고 보완되는 자아들을 모아놓은 다발'에 불과하지 않을까? 이 책에 따르면 상담사 또한 그런 우리들 중 한 명인 것이다. 그래서 우리는 저자가 자신의 분노, 두려움, 부당함 등을 솔직하게 토로할 때 오히려 안도하게 되는 것이다.

상담사의 구원 판타지 같은 건 없지만, 그럼에도 이 책에 등장한 모든 이들(레이만 빼고)이 지금은 고통 받지 않고 잘 살고 있기를 빈다. 또한 정상과 비정상의 구분은 모호하며 이 책에 등장하는 캐릭터들이 우리 모두의 내면에 존재한다는 저자의 메시지를 많은 국내 독자들과 함께 공감할 수 있기를 바라본다.

2016년 8월
황금진

소녀는 왜 다섯 살 난 동생을 죽였을까?

1판 1쇄 발행 | 2016년 10월 5일
1판 2쇄 발행 | 2016년 10월 28일

지은이 | 타냐 바이런
옮긴이 | 황금진
발행인 | 김태웅
총 괄 | 권혁주
편집장 | 이경숙
기획편집 | 박지호, 민혜진
디자인 | 윤정
마케팅 총괄 | 나재승
마케팅 | 서재욱, 김귀찬, 왕성석, 이종민, 조경현
온라인 마케팅 | 김철영, 양윤모, 탁수지
제 작 | 현대순
총 무 | 한경숙, 안서현, 최여진, 강아담
관 리 | 김훈희, 이국희, 김승훈, 이규재

발행처 | 동양북스
등 록 | 제10-806호(1993년 4월 3일)
주 소 | 서울시 마포구 동교로 22길 12 (04030)
전 화 | (02)337-1737
팩 스 | (02)334-6624

http://www.dongyangbooks.com
blog.naver.com/dymg98

ISBN 979-11-5703-203-7 03180

이 도서의 국립중앙도서관 출판예정도서목록(CIP)은 서지정보유통지원시스템 홈페이지(http://seoji.nl.go.kr)와
국가자료공동목록시스템(http://www.nl.go.kr/kolisnet)에서 이용하실 수 있습니다.
(CIP제어번호:CIP2016022205)